江苏文化产业发展研究报告

2017

主 编 张为付

南京大学出版社

图书在版编目(CIP)数据

江苏文化产业发展研究报告. 2017 / 张为付主编. —
南京：南京大学出版社，2018.4
ISBN 978 - 7 - 305 - 19923 - 3

Ⅰ. ①江… Ⅱ. ①张… Ⅲ. ①文化产业－产业发展－
研究报告－江苏－2017 Ⅳ. ①G127.53

中国版本图书馆 CIP 数据核字(2018)第 028040 号

出版发行 南京大学出版社
社　　址 南京市汉口路 22 号　　 邮　　编 210093
出 版 人 金鑫荣

书　　名 **江苏文化产业发展研究报告(2017)**
主　　编 张为付
责任编辑 秦　露　王日俊

照　　排 南京理工大学资产经营有限公司
印　　刷 江苏凤凰数码印务有限公司
开　　本 787×1092　1/16　 印张 15　 字数 332 千
版　　次 2018 年 4 月第 1 版　 2018 年 4 月第 1 次印刷
ISBN 978 - 7 - 305 - 19923 - 3
定　　价 138.00 元

网　　址:http://www.njupco.com
官方微博:http://weibo.com/njupco
官方微信号:njupress
销售咨询热线:(025)83594756

指 导 委 员 会

主　　任　陈章龙　宋学锋

委　　员　赵芝明　时　现　章寿荣　潘　镇

　　　　　谢科进　邢孝兵　张为付　宣　烨

　　　　　杨向阳　原小能　徐　圆

编 辑 委 员 会

主　　编　张为付

副 主 编　张　敏

编写人员　王洪平　王　倩　王梓健　顾　薇

本书为江苏高校优势学科建设工程资助项目（PAPD）、江苏高校人文社会科学校外研究基地"江苏现代服务业研究院"、江苏高校现代服务业协同创新中心和江苏省重点培育智库"现代服务业智库"的阶段性研究成果。

书　　名：江苏文化产业发展研究报告（2017）

主　　编：张为付

出版社：南京大学出版社

目 录

综 合 篇

区 域 篇

行　业　篇

专题调研篇

企 业 篇

政 策 篇

数 据 篇

综合篇

第一章　当前文化产业发展的特点

党的十八大以来,在以习近平同志为核心的党中央坚强领导下,各地区各部门紧紧围绕全面建成小康社会目标和"五位一体"总体布局,全面推进文化体制改革,逐步建立健全文化发展政策和体制机制,进一步优化文化发展环境,文化建设取得长足进展。

2016年是"十三五"规划的开局之年,也是供给侧结构性改革的深化之年。在宏观经济下行的背景下,中国文化产业逆势增长,不仅发展速度保持快速增长,而且"文化＋"融入相关产业发展之中,提升了经济发展质量,促进了经济转型升级,为中国经济的发展提供了新动力,并成为新常态下经济稳定增长和结构优化升级的重要推动力。党的十八大以来,特别是2016年,我国的文化产业发展表现出如下四个方面的特点[1][2]:

一、产业规模不断扩大,经济贡献度显著提升

1. 文化产业增长较快,整体竞争力明显提高

十八大以来,中央和国务院有关部门进一步加大了文化产业政策的扶持力度,制定出台了一系列针对性强、含金量高的政策措施,明确了政策导向,优化了产业环境,有效推进了文化领域供给侧结构性改革。我国文化产业实现较快增长,文化产业规模不断壮大,整体竞争力明显提高;产业结构不断优化,文化服务业成为推动文化产业发展的主体力量,文化产业对国民经济增长的贡献逐年增大。经初步测算,2016年我国文化产业实现增加值30 254亿元,比2012年增长67.4%,年均增速13.7%(未扣除价格因素影响,下同),比同期GDP现价增速高5.4个百分点,文化产业呈现出快速增长的态势。从对国民经济增长的贡献看,文化产业增加值占GDP的比重由2012年的3.48%提高到2016年的4.07%,增加了0.59个百

---

①　国家统计局. 2016年全国规模以上文化及相关产业企业营业收入增长7.5%[EB]. (2017 - 02 - 06)[2017 - 10 - 06]. http://www.stats.gov.cn/tjsj/zxfb/201702/t20170206_1459430.html.

②　国家统计局. 文化强国建设稳步推进,文化改革发展成绩显著——党的十八大以来经济社会发展成就系列之二十[EB]. (2017 - 07 - 27)[2017 - 10 - 06]. http://www.stats.gov.cn/tjsj/sjjd/201707/t20170727_1517428.html.

分点,占比呈逐年提高的态势,对 GDP 增量的贡献年平均达到 6.0%,表明文化产业对推动国民经济保持中高速发展正发挥越来越重要的作用。同时,文化产业因资源消耗低、环境污染少、科技含量高,具有低碳经济、绿色经济的特点,为国民经济转型升级和提质增效提供了有力支撑。

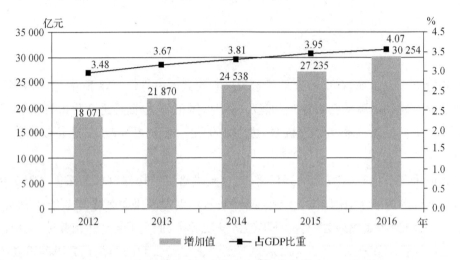

图 1-1-1　近 5 年我国文化产业增加值及其占 GDP 比重

2."互联网+文化"优势明显,文化新业态发展强劲

十八大以来,文化与国民经济相关产业加速融合发展,跨界融合已成为文化产业发展最突出的特点。文化产品和服务的生产、传播、消费的数字化、网络化进程加快,基于互联网和移动互联网的新型文化业态成为文化产业发展的新动能和新增长点,"互联网+文化"优势明显,文化创意和设计服务业蓬勃发展。分行业看,在文化产业的 10 个行业类别中,以"互联网+"为主要形式的文化信息传输服务业发展迅猛。2016 年,全国规模以上文化信息传输服务业的营业收入为 6 053 亿元,比 2015 年增长 33.4%,文化新业态发展势头强劲。

3. 文化骨干企业不断壮大,整体实力稳步提升

十八大以来,各地区和有关部门加强文化产业园区和基地规划建设,大力促进区域文化产业协调发展,推进资源整合、优化布局和结构调整,我国文化骨干企业数量逐年增加,企业规模持续扩大,规模化、集约化、专业化水平进一步提升,增强了文化产业的发展动力,对文化产业发展的贡献不断提高。2016 年,全国共有文化骨干企业 5.5 万家,比 2012 年增长 50.1%,年均增长 10.7%;企业从业人员为 872 万人,比 2012 年增长 24.6%,年均增长 5.7%;实现营业收入 94 051 亿元,比 2012 年增长 67.2%,年均增长 13.7%。这些骨干企业已经成为文化产业实现较快发展的主体力量,以 2015 年为例,文化骨干企业数仅占全部文化产业法人单位的 4.3%,但实现增加值 17 796 亿元,占文化产业增加值的比重达 65.3%,比 2013 年提高 0.5 个百分

点,有力地支撑了我国文化产业发展。

二、文化需求快速增长,文化发展空间不断扩大

1. 文化产业投资主体多元化,投资规模持续扩大

十八大以来,在国家文化产业政策引导下,我国文化产业投资主体呈多元化格局,固定资产投资规模持续扩大,社会资本进入文化产业领域的步伐不断加快。2016 年,我国文化产业固定资产投资额达 33 713 亿元,比 2012 年增长 115.5%,年均增速 21.2%,高于同期全社会固定资产投资年均增速 8.8 个百分点。文化产业固定资产投资占全社会固定资产投资的比重为 5.7%,比 2012 年提高 1.4 个百分点。

2. 居民文化消费需求上升,有力拉动文化发展

文化消费是文化发展的基础,也是文化发展的目的,更是扩大内需的重要组成部分。十八大以来,我国城镇化的持续推进和城市人口的不断增加带动了文化消费需求增长,同时,随着居民生活质量逐步提高,人民群众多样化、多层次的精神需求快速增长,为文化消费提供巨大的发展空间和市场。2016 年,全国居民用于文化娱乐的人均消费支出为 800 元,比 2013 年增长 38.7%;年均增长 11.5%,增速比同期全部人均消费支出高 2.5 个百分点;文化娱乐支出占全部消费支出 4.7%,高于 2013 年 4.4%的水平。2016 年全国电影票房收入 493 亿元,是 2012 年的 2.4 倍,年均增速达到 24.0%,推动了电影市场快速增长。居民文化消费水平不断提高,对文化产品和服务的更高需求有力地拉动了文化产业的发展。

3. 文化产品贸易保持顺差,"一带一路"合作成效显著

十八大以来,我国加快发展对外文化贸易,尤其是国务院《关于加快发展对外文化贸易的意见》出台后,我国文化贸易迈上新台阶:文化产品进出口连续多年保持顺差,与"一带一路"沿线国家的文化贸易取得积极进展,文化交流、文化贸易和文化投资并举的"走出去"新格局逐渐形成,文化"走出去"步伐加快,国家文化软实力得到提升。2016 年,我国文化产品进出口总额 885 亿美元,占全国货物进出口总额 2.4%,比 2012 年提高 0.1 个百分点,文化产品贸易顺差为 688 亿美元。我国对"一带一路"沿线国家文化产品进出口总额达 149 亿美元,比 2012 年增长 15.4%;占文化产品进出口总额的 16.8%,比 2012 年提高 2.3 个百分点。其中,出口 126 亿美元,增长 21.6%。

三、现代公共文化服务体系逐步形成,均等化水平进一步提高

1. 公共文化设施逐步完善,服务能力不断增强

十八大以来,各级政府切实履行了在文化领域的公共服务职能,不断加强现代公共文化服务体系建设,着力补齐文化民生短板,努力保障人民群众基本的文化权益,初步建立起了覆盖城乡的公共文化服务体系。"三馆一站"公共文化服务设施全部免费开放,基本实现了"县有公共图书馆、文化馆,乡有综合文化站"的建设目标;深入实施广播电视村村通、文化信息资源共享、农家书屋等重大文化惠民工程,公共文化服务能力和普惠水平不断提高。

2016年,全国共有群众文化机构44 497个,比2012年增加621个,增长1.4%;公共图书馆3 153个,比2012年增加77个,增长2.5%;博物馆4 109个,比2012年增加1 040个,增长33.9%;文物保护管理机构3 318个,比2012年增加613个,增长22.7%。

截至2016年底,全国广播综合人口覆盖率为98.4%,比2012年提高0.9个百分点;全国电视综合人口覆盖率98.9%,比2012年提高0.7个百分点。2016年,全国有线电视实际用户达2.3亿户,比2012年增加1321万户,增长6.1%。

2016年,全国图书总印数90.4亿册(张)、电子出版物出版数量28 839万张,分别比2012年增长14.0%和9.5%。2016年我国成年国民各媒介综合阅读率为79.9%,较2012年提升3.6百分点;2016年我国成年国民人均图书阅读量为7.86本,较2012年增加1.12本。

2. 公共文化投入加大,各地区均实现较快增长

以政府为主导,以公共财政为支撑,把公共文化产品和服务项目、公益性文化活动纳入公共财政经常性支出预算是公共文化服务体系建设的重要原则。十八大以来,各地区高度重视公共文化服务建设,地方一般公共预算文化体育与传媒支出持续增加,中部地区增幅居于首位。2016年,我国地方一般公共预算文化体育与传媒支出2 917亿元,比2012年增长40.6%;其中:东部地区1 273亿元,增长46.0%;中部地区576亿元,增长58.7%;西部地区857亿元,增长28.8%;东北地区210亿元,增长20.8%。

3. 居民文化消费水平持续提高,城乡差距逐步缩小

随着新型城镇化的推进尤其是城乡一体化进程的加快,我国城乡居民收入和消费支出不断提高,城乡居民在文化消费上的差距逐步缩小。分城乡看,2016年城镇居民人均文化娱乐消费支出1 269元,比2013年增长34.2%,年均增速10.3%,比同期城镇居民人均消费支出年均增速高2.6个百分点;占城镇居民人均消费支出5.5%,比2013年5.1%的水平提高0.4个百分点。农村居民人均文化娱乐消费支

出 252 元,比 2013 年增长 44.0%,年均增速 12.9%,比同期农村居民人均消费支出年均增速高 2.3 个百分点;占农村居民人均消费支出 2.5%,比 2013 年 2.3%的水平提高 0.2 个百分点。由于农村居民文化娱乐消费支出的增速高于城镇居民,城乡居民文化娱乐消费支出之比由 2013 年的 5.4:1 降低到 2016 年的 5.0:1。

四、"文化＋互联网"融合进一步加深,文化企业营收大幅增长

2016 年,"文化"进一步向其他产业渗透、融合。从创意农业到特色小镇,从文化节庆到城市品牌,从故事挖掘到创意策划,从产品的种类到品质,都体现出文化的内涵和精神的温度。在很多地区,文化旅游成为发展新引擎,特色文化产业成长为新的支柱性产业。走出"吹拉弹唱"的"小文化",融入国民经济的"大文化",看不见、摸不着的"软实力",正成为拉动一方经济的"硬实力"。我国在"互联网＋"背景下,出现了一批文化创意新形态、新业态,如网红与网红经济、视频与直播、虚拟现实 VR 与增强现实 AR、IP 与泛娱乐、弹幕与 B 站等方式,文化众筹、互联网文化金融与艺术金融、文化贸易与跨境电商、网剧与网络大电影、微信公众号、手机栏目以及企业运营、商业模式等众多创新形态。这一系列文化新形态、新业态是以现代数字技术和移动互联网为核心支撑的文化形式。与传统的文化业态不同,文化新业态具有技术密集、知识密集、附加值高等特性,体现出数字技术对传统文化行业与形式的升级和创造。

据国家统计局对全国规模以上文化及相关产业 5 万家企业调查,2016 年,上述企业实现营业收入 80 314 亿元,比 2015 年增长 7.5%(名义增长未扣除价格因素),增速比 2015 年加快 0.6 个百分点。文化及相关产业 10 个行业的营业收入均保持增长,文化服务业快速增长。其中,实现两位数以上增长的 3 个行业分别是:以"互联网＋"为主要形式的文化信息传输服务业营业收入 5 752 亿元、增长 30.3%,文化艺术服务业 312 亿元、增长 22.8%,文化休闲娱乐服务业 1 242 亿元、增长 19.3%。分区域看,东部地区规模以上文化及相关产业企业实现营业收入 59 766 亿元,占全国 74.4%,中部、西部和东北地区分别为 13 641 亿元、5 963 亿元和 943 亿元,占全国比重分别为 17.0%、7.4%和 1.2%。从增长速度看,西部地区增长 12.5%、中部地区增长 9.4%,均高于东部地区 7.0%的增速,而东北地区继续下降,降幅为 13.0%。

"十三五"时期是全面建成小康社会决胜阶段,也是促进文化繁荣发展关键时期。我们必须坚定文化自信,贯穿创新、协调、绿色、开放、共享的新发展理念,坚持以社会主义核心价值观为引领,立足我国文化发展改革实际,努力推动文化建设适应新形势、形成新机制、实现新进展,确保 2020 年文化小康各项任务的实现,持续推进社会主义文化强国建设,进一步开创文化繁荣发展的新局面。

第二章　2016 年江苏文化产业发展情况

2016 年,面对复杂多变的宏观经济环境和艰巨繁重的改革发展任务,江苏全省上下认真贯彻中央和省委省政府决策部署,坚持稳中求进工作总基调,自觉践行新发展理念,以供给侧结构性改革为主线,适应把握引领经济发展新常态,开拓创新,砥砺前行,全面建设高水平小康社会,推动经济社会全面、快速、跨越式发展,实现了"十三五"良好开局。江苏文化产业的发展也展现出了新的气象和特点。

一、产业规模持续扩大,文化产业国民经济地位稳步提升

2016 年,江苏省文化及相关产业增加值连续三年突破 3 000 亿元,达到 3 800 亿元,位列全国第二,仅次于广东省,文化产业增加值占地区生产总值的比重连续两年达到 4.99%,接近 5%,基本实现了将文化产业打造成江苏省国民经济支柱产业的发展战略目标。截至 2016 年底,江苏省文化及相关产业法人单位数近 15 万家,文化企业总量超过广东排名全国第一,从业人员接近 160 万人,企业资产总规模、主营业务总收入均达到 1 万亿元,其中年营业额 500 万元以上的规模企业达到 6 800 余家,并涌现出一批自主创新能力强,竞争力、影响力、辐射力较高的规模企业。近年来,江苏文化产业基地、园区建设的速度加快,全省目前共有 200 余个文化产业园区,含 1 个国家级文化产业试验园区、16 个国家文化产业示范基地、4 个国家级动漫产业基地、3 个国家级文化与科技融合示范基地,同时建成 14 个省级文化产业示范园区、44 个省级文化产业示范基地,数量和规模均居全国前列。

从 2012—2016 年江苏文化产业发展的统计数据(表 1-2-1,图 1-2-1)来看,江苏省文化产业发展的平均增速明显快于地区国内生产总值的发展增速,占国内生产总值的比重也呈稳步上升的趋势,文化产业对全省经济增长的贡献率以及文化产业在国民经济中的地位均逐年稳步提升。在"经济新常态"的背景下,江苏文化产业增加值的增幅有所起伏,并呈现出总体趋缓的态势。

表 1-2-1 2011—2015 年江苏省文化产业发展规模及增加值占 GDP 的比重 单位:亿元

年份	江苏省国内生产总值	同比增长	文化产业增加值	同比增长	占 GDP 比重
2012	54 058	9.15%	2 330	30%	4.31%
2013	59 753	9.6%	2 701	13.70%	4.52%
2014	66 814	8.7%	3 167	17.25%	4.46%
2015	70 116	8.5%	3 500	10.51%	4.99%
2016	76 086	7.8%	3 800	7.89%	4.99%

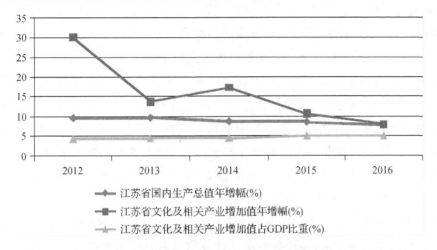

图 1-2-1 2012—2016 年江苏省文化产业增加值增幅及与 GDP 增幅比较

二、发展战略目标明确,政策扶持力度进一步加大

2016 年 11 月召开的江苏全省文化产业发展推进会明确指出,江苏全省要进一步明确文化产业发展的战略目标,准确把握文化产业发展的工作取向,推动文化产业融合发展、创新发展、特色发展和开放发展。努力增创江苏文化产业发展新优势,激发企业活力,壮大市场主体;做优载体平台,推动集聚发展;加强科技支撑,培育新兴业态;强化创意引领,放大乘数效应;发展文化金融,健全服务体系;完善供给结构,促进文化消费。加快发展壮大文化产业,为推动文化建设迈上新台阶、高水平全面建成小康社会作出新的贡献。此外,江苏省委省政府明确了"十三五"时期文化产业发展的战略目标:一是体现江苏"实力"。到 2020 年,全省文化产业增加值比 2015 年翻一番,占 GDP 比重超过 6%。要锁定国内文化产业发展"第一方阵"的目标,文化发展综合指数保持全国前列,文化产业全球竞争力显著增强;二是彰显江苏"品质"。新一轮文化产业发展不仅要追求规模速度,更要注重质量效益。到 2020 年,现代文化产业体系基本形成,新兴业态占比 60% 以上,文化创新能力水平居于全国前列。培育

一批有广泛影响力、富有江苏特色的文化产业名品、名区、名城（镇），拥有一批文化产业领军人才，打造一批国内领先、具有国际竞争力的大型文化产业集团；三是打造江苏"特色"。江苏文化产业发展总体上走在前列，在新一轮发展中要抓住、用好新机遇，积极探索新路子。按照国家有关规划要求，发挥自身特点优势，努力在数字创意、智能制造、创意引领文化旅游、优秀传统文化融入时尚生活等方面先行先试，谋求先发效应，打造江苏文化产业特色。

2016年下半年，江苏陆续出台了一系列进一步推动文化产业发展的政策措施，并公布了2015—2016年度"江苏民营文化企业30强"名单，南京金陵金箔、无锡凤凰画材、高淳陶瓷等企业上榜。在政策扶持方面，《关于促进文化科技融合发展的二十条政策措施》既有普惠性政策，也有精准扶持政策，重点化解企业文化科技创新瓶颈问题，并推出了一批富有含金量的政策措施；《文化金融合作试验区创建实施办法（试行）》明确要求到2020年，创成一批省级金融合作试验区；《文化金融特色机构认定管理办法》共有5章10条，包括省级文化金融特色机构的认定条件、认定程序、管理考核等方面的相关规定；《文化金融服务中心认定管理办法》共有5章10条，分别在认定条件、认定程序、政策措施等方面做了相关规定；江苏省开拓海外文化市场行动方案（2016—2020）提出，要配合"一带一路"愿景与行动的实施，推动文化贸易供给侧结构性改革，到2020年，建设20个左右具有一定实力的省级对外文化贸易基地（示范区），入选国家级文化出口重点企业和重点项目50个左右，培育省级文化出口重点企业和重点项目100个左右，在境外布局一批具有国际竞争力和影响力的文化出口品牌产品和服务。

三、体制机制创新力度加大，新兴业态呈快速增长之势

当前，全球新一轮科技革命和产业变革正在催生新创意、新业态、新经济发展浪潮，文化产业发展呈现出许多新的趋势和特点，在国家和地区发展大局中的地位和作用更为凸显，必须以新发展理念为引领，主动顺应发展大趋势，准确把握工作取向，努力体现时代性、把握规律性、富有创造性。近年来，江苏省不断加大文化产业发展的推进力度，推动体制机制创新、结构业态优化、资本市场建设、产业集约和集聚的全面发展，全省文化产业呈现出全方位、纵深化的良好态势。为推动文化与科技的融合，江苏省深入贯彻落实《国家文化科技创新工程纲要》，出台了《关于促进文化科技融合发展的二十条政策措施》《江苏省重点文化科技企业管理办法》《江苏省重点文化科技产业园管理办法》等一系列重要政策，将文化科技创新项目列入财政科技专项资金计划，推动了文化类高新技术企业认定，加快了文化科技创新平台建设，有效促进了文化与科技融合发展。至2016年末，全省文化科技申报专利近5 000项；省级财政科技专项资助近6亿元，支持320多项文化科技创新项目研发；186家文化企业被认定

为高新技术企业。无锡国家数字电影产业园、常州创意产业基地成为国家级文化科技融合示范基地。

当前，数字化浪潮已席卷文化产品创作、生产、传播、消费等各个环节，网络文学、网络音乐、网络剧、网络演出、网络动漫、网络游戏、网络视频直播、微电影、数字阅读等新兴业态不断涌现，以"互联网＋"为主要形式的文化信息传输服务业发展迅猛，互联网文化产业已成为文化产业发展的"风口"。从江苏企业发展看，新兴业态呈快速增长之势。例如，无锡数字电影产业园布局数字拍摄和后期制作产业，2016年实现产值20多亿元，用3年时间完成了传统影视基地十年的发展。苏州蓝海彤翔搭建文化大数据平台，采取众包、众筹模式，汇聚300多万专业人才形成创新创业"蓝海"，每天完成的影视动漫项目总额近400万元。此外，江苏坚持大力推动动画产业建设。作为文化产业的重要组成部分，江苏动画产业无论是产业资源集聚、动画原创数量增幅，还是自主优秀品牌的数量，都走在全国的前列。全省拥有全国最多的国家级动画产业发展基地，即南京、无锡、常州、苏州国家动画产业发展基地和昆山、张家港国家影视网络动漫实验园，影视动漫创作生产和产业开发企业300多家，开设动画相关专业的大专院校60多所，形成了华东地区乃至全国具有较强影响力和产业辐射能力的动画产业集群。今后，江苏将进一步贯彻创新驱动战略，抓住国家实施"互联网＋"行动和江苏科技强省建设的重大机遇，加大政策支持力度，着力推进文化科技创新，大力培育文化新业态。

四、重点文化企业稳步成长，公共文化服务日趋完善

从重点企业看，2016年，省属6家文化企业资产总额达到1 156.22亿元，同比增长252.75亿元，增幅27.98%；净资产743.04亿元，同比增长166.23亿元，增幅22.37%；累计实现营业收入340.83亿元，同比增长9.6亿元，增幅2.82%；实现利润总额50.26亿元，较2015年增长0.65亿元，增幅1.29%。凤凰出版集团、省广电集团、江苏有线3家企业连续多届入选全国"文化企业30强"，幸福蓝海影视文化集团首次入选30强提名企业。文化产业发展指数连续四年位居省域首位，涌现出一批在全国有影响的重点企业、园区和文化品牌，为将文化产业培育成为国民经济重要支柱产业奠定了坚实基础。

近年来，江苏扎实推进公共文化服务体系建设。江苏在全国率先建成"省有四馆、市有三馆、县有两馆、乡有一站、村有一室"五级公共文化设施网络体系，设施覆盖率达到95%以上，同时不断推动图书馆、博物馆、美术馆资源数字化。全省国家一级图书馆、文化馆、博物馆的总数居全国前列，南京图书馆全面免费开放，藏书总量位居全国第三。截至2016年底，全省公共图书馆114个（少儿图书馆7个），比2012年增加3个；图书报刊总藏量7 602万册（件），比2012年增长13.4%；2012年以来，累计

发放有效借书证数1 100万个;拥有阅览室座席5.4万个、电子阅览终端6 009个,分别比2012年增长28.4%和33.3%;十八大以来,累计举办展览4 977个,参观人次达1 130.2万人次。各类群众艺术馆、文化馆(站)1 395个,比2012年减少24个,举办展览8 785个,组织文艺活动5.9万次,分别比2012年增长20.2%和51.3%。2016年,各类艺术表演场馆223个,比2012年增加111个,五年累计演(映)204万场次、观众1.1亿人次。美术馆27个,比2012年增加11个,五年累计举办展览2 877个,参观人次达1 244.8万人次,其中未成年人参观275万人次。

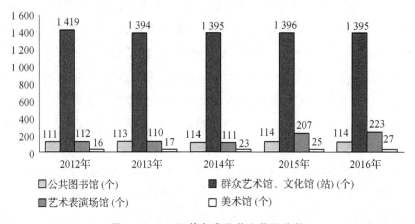

图1-2-2　江苏各类公共文化设施数

五、文化市场繁荣发展,"书香江苏"建设成效显著

2016年,全省文化领域百花竞放,文化艺术创作全面繁荣,涌现出一大批精品力作。电视剧《我们的法兰西岁月》荣获"五个一工程"奖;动画片《兔子镇的火狐狸》深受小朋友的喜爱,滑稽剧《顾家姆妈》、锡剧《一盅缘》、中篇苏州弹词《雷雨》、杂技剧《梦·餐厅》、话剧《中山码头》、情景朗诵剧《一代楷模周恩来》、歌曲《祝福江苏》《美丽中国梦》在省内外产生了较大影响;电影《白日焰火》在柏林电影节上摘得金熊奖;淮剧《小镇》摘得第十五届国家文华大奖;扬剧《花旦当家》被中宣部、文化部选为全国基层院团戏曲会演开幕大戏;滑稽戏《探亲公寓》入选国家艺术基金滚动资助项目;《赶鸭子下架》《红船》两部剧目入选文化部戏曲剧本孵化计划一类作品。

"书香江苏"建设成效显著,居民综合阅读率不断提高。省十二届人大常委会第十三次会议通过了《江苏省人民代表大会常务委员会关于促进全民阅读的决定》,将每年的4月23日设定为"江苏全民阅读日",这是我国第一部关于促进全民阅读的法律性文件。截至2016年底,全省13个设区市全部成立了全民阅读促进会。淮安涟水县、宿迁泗阳县等都成立了县级全民阅读促进会,一张覆盖全省的全民阅读组织网络初步形成。2016年,全省居民综合阅读率为86.1%,比2013年提高3.9个百分点。

图书、报纸、期刊、音像、电子等传统出版物持续发展，出版物发行呈现多元化趋势。2016 年末，全省出版各种报纸 143 种、期刊 444 种、少年儿童读物 2 121 种、图书 2.7 万种、音像电子制品 281 种、电子出版物 498 种，发行量分别达到了 233 071.7 万份、11 954.1 万册、3 454.9 万册/万张、62 655.9 万册/万张、1 199.4 万盒/万张、3 066.2 万张。

表 1－2－2　江苏各类出版物情况　　　　　单位:种

年份	报纸	期刊	图书	电子出版物
2012	143	441	20 407	452
2013	143	442	23 268	442
2014	143	442	23 936	458
2015	143	443	26 516	472
2016	143	444	27 473	498

第三章　江苏文化产业发展存在的问题

"十二五"以来特别是党的十八大以来,在以习近平同志为核心的党中央坚强的领导下,在江苏省委省政府的大力推动和社会各界的共同努力下,江苏文化产业发展迅速、成效显著,文化产业总量规模稳步提升,文化领域创新创业日趋活跃,社会力量投资文化产业热情高涨,文化产品和服务更加丰富,新兴和特色文化产业都呈现良好发展势头,文化企业、文化产品和服务走出去加快步伐,为"十三五"时期推动文化产业成为江苏国民经济支柱性产业奠定了坚实基础。但我们也应该清醒地看到,江苏省文化产业贡献率偏低,产业影响力和驱动力不足;文化企业规模偏小,文化生产内容创新不足;文化产业高端紧缺人才不足,文化产业人才省域发展水平差异过大等。

一、文化产业贡献率偏低,产业影响力和驱动力不足

近年来,江苏文化产业呈现加速度发展态势,2016年江苏文化及相关产业增加值达到 3 800 亿元,仅次于广东,排名全国第二,但总体上看,江苏文化产业的规模、实力和经营效率与国际先进水平相比还存在较大差距,特别是在文化产业总量的相对供给方面,与国内文化产业发展先进省市相比亦不具有任何优势。从表 1-3-1 可以看出,2016年江苏文化及相关产业增加值占 GDP 的比重仍未达到 5%,此项指标江苏在 2016 年中国文化产业发展指数排名前十的省市中仅排名第六,与排名前两位的北京(此项指标达到 14.3%)和上海(此项指标达到 8.0%)相比,差距明显且被进一步拉大。同时,得益于"生产力指数"明显的优势(此项指标排名全国第一),江苏 2016 年中国文化产业发展的综合指数在全国排名第三位,但在"文化产业发展影响力指数"和"文化产业发展驱动力指数"两项指标上,江苏在全国的排名均未能跻身前三,说明江苏文化产业的影响力和驱动力不足。此外,江苏文化产业发展的增速明显放缓:2016年江苏文化及相关产业增加值同比增长 7.89%,远低于之前五年 15.31% 的平均值,江苏文化产业发展后继乏力的状况已有所凸显。

表 1 - 3 - 1　2016 年中国文化产业发展指数排名前 10 位省市的相关统计数据①

省市	国内生产总值（亿元）	文化产业增加值（亿元）	文化产业增加值占 GDP 比重（%）	文化产业发展综合指数	生产力指数	影响力指数	驱动力指数
北京	24 899	3 570	14.3	84.72	73.96	87.32	87.51
上海	27 466	2 200	8.0	80.60	74.93	82.59	81.45
江苏	76 086	3 800	4.99	80.12	81.92	80.30	79.03
浙江	46 485	3 000	6.45	79.72	78.67	80.00	79.96
广东	79 512	4 257	5.26	79.23	80.36	81.42	76.59
山东	67 008	2 700	4.03	74.98	80.71	76.77	未进前十
四川	32 681	1 300	4.00	74.47	76.06	75.85	未进前十
天津	17 885	900	5.03	74.40	未进前十	未进前十	77.13
江西	18 364	740	4.03	74.03	74.59	未进前十	75.63
辽宁	22 038	860	3.9	73.73	未进前十	75.37	未进前十

二、文化企业规模偏小，文化生产内容创新不足

近年来，虽然江苏文化生产精品工程较多，文化企业数量持续增长，但发展不均衡，市场营销能力普遍较低，品牌影响力与国内外知名品牌相比仍存在较大差距，文化企业品牌的社会和市场影响力较弱。2016 年底，江苏省文化及相关产业法人单位数近 15 万家，文化企业总量超过广东排名全国第一，但江苏文化及相关产业法人单位资产总计不足 4 000 亿元，不到广东省文化及相关产业法人单位资产总计的一半，在 2016 年文化产业增加值超过 2 000 亿元的六个省市（广东、江苏、上海、北京、山东、浙江）中，江苏该项指标仅排第四位。而如果计算文化及相关产业法人单位平均资产数，江苏则排在上述六省市的最后一位。因此，尽管江苏文化产业经营机构数量多，但集中度小，文化企业的规模和实力偏弱，缺乏在业界具有影响力和辐射带动作用的龙头企业，更加缺乏在国内外具有较强竞争力的文化产业集群。此外，2016 年末，江苏文化产业十大行业中，文化产品制造业及其销售行业法人单位数所占比重基本与文化创意和设计服务行业持平，反映出江苏省文化产业的发展对那些科技含量低、文化含量低、附加值低、大量耗用资源的文化制造业有着较大的依赖。江苏休闲娱乐、影视动漫等文化服务业则存在内容单一、缺乏创新，经营粗放，与地方特色联系不够紧密等问题。例如，无锡数字电影产业园近年来引以为傲的大片名剧主要是《变形金刚 4》、《星球大战 7》《魔兽》等，而体现江苏地方文化特色的作品却寥寥无几。

---

① 　数据来源：中国人民大学正式公开发布的"中国省市文化产业发展指数（2016）"。

三、文化产业高端紧缺人才不足,文化产业人才省域发展水平差异过大

创意人员是文化产业发展的关键与核心人才,但目前江苏文化产业创意人员大多属于复制型或模仿型,真正能够实现创意创新的文化产业人才,无论是数量上还是质量上都难以满足江苏文化产业快速发展的需要。江苏作为教育大省,在教育科技水平方面遥遥领先于全国其他省市,但此项指标所反映的更多是中低端层次的文化产业人才数量,如高校在校学生及毕业生、专业技术人员等。因此,尽管江苏省在区域高校文化相关专业数以及每万人口高校平均在校生数方面居于全国领先地位,但在江苏的 134 所高校中,目前只有 6 所高等院校(南京师范大学、南京农业大学、江苏师范大学、南京艺术学院、三江学院、常熟理工学院)开设文化产业管理本科专业,每年招生不到 500 人,不论是从文化产业管理人才的培养数量还是从质量上看,都无法与江苏文化大省或文化强省的地位相匹配,远远不能满足江苏省建设经济文化强省和快速发展文化产业的需要。

而江苏在代表文化产业高端紧缺人才的文艺类国家级获奖(截至 2016 年底,江苏省该项指标为 11 项/人次,排在北京、浙江、广东、上海之后位列第五)和国家级非物质文化遗产数(截至 2016 年底,江苏省国家级非物质文化遗产数为 86 个,排在浙江、广东、山东、四川之后位列第五)两项指标方面,江苏则远远落后于国内其他文化产业发达省市。文化产业高端紧缺人才的缺乏将直接导致优秀的原创文化产品的匮乏,同时也影响文化企业核心竞争力的培育,并直接表现为江苏文化及相关产业法人单位从业人数和企事业单位专业技术人员数总量偏低,文化传媒企业品牌价值和品牌影响力不高,重点龙头文化企业数量较少,江苏文化产业人才发展地方文化特色彰显不力等问题。此外,相较于苏中和苏北地区,苏南地区的文化产业人才发展水平表现得异常突出。苏南地区经济较为发达,各项公共文化基础设施较为完善,文化市场机制相对健全,文化需求比较丰富,这为文化产业人才发展提供了良好的发展基础,也为苏中和苏北地区提供了极为丰富的经验与启示。与此同时,苏中和苏北地区需要进一步提高对文化产业人才发展的重视程度,从文化企业发展、科研技术水平、政策扶持力度等方面加大投入,进一步完善文化基础设施建设,尽快缩小与苏南地区的差异。

第四章 加快发展江苏文化产业的
重点任务和对策措施

在经济发展新常态下,江苏要把握产业发展新趋势,努力培育国民经济重要支柱产业,需要开动脑筋谋划新思路,放开手脚推出新举措,着力供给侧结构性改革,积极拓展发展路径,推动文化产业持续健康发展。

一、推进产业融合跨界发展,实现文化产业做大做强

第一,以版权驱动文化内容产业发展。版权是文化产业的核心资源,是文化企业核心竞争力所在。知识经济时代,版权将超越专利,成为财富的引擎和来源。要加大版权保护力度,制定数字版权产业发展战略,探索版权资产运营模式,着力建设国家版权贸易基地,依法推动内容产业持续发展。

第二,以创意设计推进相关产业融合发展。创意是创新的源头,是创造力的核心。作为文化产业中最活跃的创意文化,不仅能够形成文化产业新的增长点,创造新的文化供给,也能够为大众创业、万众创新提供广阔舞台。我们要重点实施“文化+”战略,推动文化创意设计与装备制造业、消费品工业、旅游业、农业等深度融合,培育“紫金奖”文化创意设计大赛和苏州国际创博会等重大赛展平台,以创意激发创造,以增量激活存量,不断开拓文化产业发展更为广阔前景。

第三,以“互联网+”引领文化产业转型升级。在互联网时代,传统文化形态被重构,新生文化形态在涌现。要抓住国家即将出台的“互联网+”计划和全省大力发展互联网经济重大机遇,主动拥抱互联网,站在互联网“风口”,搭乘“互联网+”时代便车,注重基于网络的新产品新业态新模式研发。深入实施文化科技创新工程,加快文化产品服务数字化网络化,打造内容集成和数字传输综合平台,培育发展新型业态,引领文化产业转型。

第四,以服务新型城镇化拓展产业发展空间。新型城镇化需要绿色低碳的产业驱动,文化产业是其中重要的驱动力。伦敦西岸、巴黎左岸、东京立川、纽约苏荷,这些国际知名的文化产业集聚区不仅是全球文化创新的摇篮,也因其文化标杆定位驱动了所在国际都市的创新之路。因此,文化产业要与城市发展充分融合,产城一体,形成园区、社区、城区三区合一的新格局。要充分发挥江苏名城名镇名村众多的优势,挖掘文化资源,留住文脉“乡愁”,在“一带一路”、长江经济带、苏南自主创新示范区的文化建设中,建设一批有历史记忆和地域特点的文化街区、创意城镇,形成沿江

文化产业高地和沿运河特色文化产业带。

第五,以资本市场助推企业发展壮大。金融是现代经济的核心,资本是产业的血液。要认真落实全省促进文化金融发展指导意见,鼓励文化企业对接多层级资本市场,加快有条件的企业上市,推动重点文化企业筹建财务公司。设立省文投集团,推进文化产权交易所建设,发挥紫金文化产业发展基金和文化产业引导资金作用,发展一批文化小额贷款公司及文化担保公司,积极推广"文创贷"、"创意贷"、"鑫动文化"等文化金融产品,探索建立文化金融合作试验区,着力推动全省文化企业利用资本市场发展壮大。

第六,以对外文化贸易提升国际竞争力。在全球化大背景下,文化不仅要"送出去",更要"卖出去",缩小文化贸易逆差,提升全球文化资源配置能力。要推动全省更多文化企业、项目进入《国家文化出口重点企业目录》和《重点项目目录》。鼓励有条件的文化企业加快"走出去"步伐,通过兼并收购等方式,迅速壮大境外业务。重点培育一批海外文化贸易平台,支持文化企业参加国际性文化展会,不断提升江苏文化产业国际竞争力。

二、加强文化市场监督管理,促进文化产业健康快速发展

加强文化市场执法和监管,维护文化安全和意识形态安全,推动文化市场健康有序发展。(1)深化文化市场综合执法改革。贯彻落实江苏省委办公厅、江苏省政府办公厅《关于进一步深化文化市场综合执法改革的实施意见》,指导、推动以"同城一支执法队伍"为重点的综合执法体制改革,开展督查,确保改革落到实处。(2)推进行政审批制度改革。优化权力运行流程,简化权力运行环节,进一步下放权力。(3)提高文化市场监管水平。深化文化市场"双随机一公开"和现场巡查,加大暗访检查和专项整治力度。建立文化市场"红、黑名单"和警示名单制度。(4)加强网络文化市场监管,依法打击网络表演和网络游戏中的违法违规行为。(5)加强演出文化市场监管,对演出市场高票价和恶意炒作行为进行打击。开展全省文化行政十大优秀执法案件评选和第十二届文化行政执法案卷评查活动。(6)推动行业转型升级。继续开展文化娱乐和上网服务行业转型升级工作,确定转型升级重点城市,以及歌舞娱乐和游戏游艺转型升级示范场所。举办第三届江苏省艺术品博览会。

深刻把握文化产业面临的新机遇新要求,进一步优化文化产业结构布局,大力发展文化产业新业态。(1)规范园区管理和产业扶持。指导和督促全省符合条件的园区开展国家级文化与金融合作集聚区、第一批国家级文化产业示范园区的创建工作。组织省级重点文化产业示范基地、省级文化金融合作示范区评选工作。做好省级现代服务业(文化)发展专项资金文化系统引导资金评审。(2)推进文化消费试点。按照文化部、财政部《引导城乡居民扩大文化消费试点工作实施方案》的要求,推动南京市文化消费试点工作顺利开展,形成行之有效、可持续和可复制推广的促进文化消费模式,引导和扩大文化消费,推动文化产业转型升级。推动文化创意与相关产业融合发

展。贯彻《省政府办公厅关于做好文化文物单位文化创意产品开发工作的通知》精神，推进文化创意产品开发，选择一批有条件的市级文化文物单位开展省级试点工作，开办符合发展宗旨、以满足民众文化消费需求为目的的经营性企业，在开发模式、收入分配和激励机制等方面进行探索，激发文化领域创新创业活力。继续推进文化与科技、金融、信息、旅游等相关产业融合发展，推动历史经典文化产业创新和传承发展。

三、繁荣艺术创作生产，加快推进现代公共文化服务体系建设

深入贯彻落实习近平总书记在文艺工作座谈会和在中国文联十大、中国作协九大重要讲话精神，贯彻落实省委李强书记在全省文艺界代表座谈会讲话精神，坚持以人民为中心的创作导向，加快构筑代表江苏水准的艺术高峰。加强艺术精品创作生产。充分发挥江苏艺术基金等资金的引导作用，扶持创作更多叫得响、传得开、留得住的文艺作品。树立精品意识，实施江苏省舞台艺术精品创作扶持工程、重大主题美术精品创作工程和艺术创作源头工程，评选和资助一批精品舞台剧目，着力打造具有时代特征、中国特色、江苏特点的传世之作，抓紧重大活动组织策划，推动地方戏曲传承发展，重点推进戏曲进校园、进农村、进基层，完成全省地方戏曲剧种普查及后续成果运用，建立健全覆盖省市县三级的地方戏曲剧团、剧种数据库。推动江苏地方戏剧创作繁荣，支持优秀剧目开展市场交流推广演出，提升江苏地方戏剧影响力。

深入开展《中华人民共和国公共文化服务保障法》《江苏省公共文化服务促进条例》的学习宣传和贯彻落实工作，深入贯彻实施构建现代公共文化服务体系建设的相关意见，依法推进公共文化服务体系建设。推进基层综合性文化服务中心建设。按照《关于推进基层综合性文化服务中心建设的实施意见》和省政府工作推进会的要求，积极履行文化行政部门牵头职责，充分发挥全省公共文化服务体系建设协调组的作用。加强乡镇综合文化站标准化建设，提升服务效能。探索城市社区综合文化服务中心社会化管理模式，建立长效机制。加强示范区（项目）建设管理。推进南京市江宁区和淮安市公共数字文化综合服务平台、扬州市"四位一体"公共图书馆服务体系项目第三批国家公共文化服务体系示范区（项目）创建。加强省级公共文化服务体系示范区后续建设的管理，发挥示范引领作用。深入实施文化畅通工程。推进县级公共图书馆、文化馆总分馆制建设，推进数字图书馆、博物馆、文化馆建设。加大资源整合力度，统筹推进公共数字三大工程建设。深入实施精准惠民工程。对接人民群众有效文化需求，加大政府购买公共文化产品和服务的力度，丰富公共文化产品和服务供给。开展送优秀戏曲下基层活动，选择在国家和省级公共文化服务体系示范区等基础条件好的地区启动优秀戏曲演出"一村一场"活动。

四、提高文化遗产保护利用水平,扩大对外和对港澳台文化交流影响

深入贯彻国务院和省政府关于加强文化遗产工作的意见和相关会议精神,推动文物保护由抢救性保护为主向抢救性与预防性保护并重转变,由注重文物本体保护向注重文物本体与周边环境、文化生态的整体保护转变,促进非物质文化遗产传承发展。统筹文物保护和利用。做好江南水乡古镇、中国明清城墙联合申遗准备工作,推动中国大运河(江苏段)文化带和南京明孝陵监测平台建设。建立全省可移动文物信息管理系统及数据共享平台。组织第八批全国重点文物保护单位申报,上报省政府开展第八批省级文物保护单位申报工作。实施第二批红色遗产、名人故居维修保护与展示提升项目,推进大遗址保护和考古遗址公园建设。推进文物安全综合管理实验区建设,开展文物法人违法犯罪案件专项督查行动。以服务公众为目的,推进博物馆陈列展览提升工程、馆藏文物巡回展和青少年教育项目库建设,加大文物博物馆开放利用力度,提高服务展示水平,推动文物资源融入现代生产生活,让文物资源"活"起来。推动非物质文化遗产保护和传承。开展第五批省级非物质文化遗产代表性传承人评选工作,编辑出版《江苏省非物质文化遗产代表性传承人名录》。开展省级文化生态保护实验区评估,推广建设经验。继续实施非遗传承人群研修研习培训计划。利用传统节日、文化和自然遗产日、国际博物馆日等,广泛开展非遗展示等宣传活动,推动优秀传统文化创造性转化和创新性发展。制定出台江苏省传统工艺振兴计划、生产性保护的指导文件和中长期保护规划,推进优秀民族传统工艺的发展。

打造若干特色鲜明、优势突出的影视和出版物创作生产基地,实施传承江苏文化、体现时代精神的重大出版项目,建立图书、电影、电视剧、纪录片、动画片、广播剧创作题材库,打造一批具有鲜明江苏文化特色的优秀图书和期刊,推出一批江苏出品的电影、电视剧、动画片、综艺节目和网络节目,重点创作一批有江苏文化特色的纪录片,向世界展示江苏魅力。服务"一带一路"国家倡议,用好国家交流平台,进一步加强"精彩江苏"对外文化交流品牌建设。加强对外和对港澳台文化交流。做好部省共建的荷兰海牙中国文化中心运营工作,办好"吴楚风韵·精彩江苏"非物质文化遗产图片展。积极参与"一带一路"沿线国家及地区的文化交流活动,传承丝路精神,促进民心相通。组织"欢乐春节·精彩江苏"活动,赴亚、欧、美、非四大洲相关国家开展系列展演活动,讲好江苏故事,传播中国声音。承办文化部与省政府联合主办的第十三届"艺海流金"内地与港澳文化界交流活动,增进港澳文化界人士对祖国的了解,对国家、民族和中华文化的认同。发展对外文化贸易。科学规划文化贸易布局,积极探索发展对外文化贸易的新模式、新途径,提升江苏文化企业的国际影响力和文化产品的核心竞争力。加强政策引导和资金扶持,支持省内品牌文化企业搭建国际文化交易平台,拓展海外文化交易市场。

区域篇

第一章　苏州市文化产业发展研究

　　苏州是江苏省重要的经济、工商业、对外贸易和物流中心,也是全省重要的金融、文化、艺术、教育中心城市和交通枢纽城市,长江三角洲经济圈的中心城市之一。苏州的经济实力为全国地级市之首,居江苏省第一,紧逼北京、上海、广州、深圳。2016 年苏州市经济结构持续优化,服务经济发展提速,服务业占比首次超过 50%。苏州市 2016 年全年实现服务业增加值 7 916 亿元,比 2015 年增长 10.0%,占地区生产总值的比重达51.4%,比 2015 年提高 1.5 个百分点。文化是苏州的灵魂,是苏州历久弥新、永葆青春活力的奥秘所在,是苏州取之不尽、用之不竭的宝贵资源。文化产业已当之无愧地成为苏州市国民经济的支柱产业。

一、苏州市文化产业发展的现状

1. 公共文化服务体系进一步完善

　　2016 年末,苏州全市共有文化馆 11 个、文化站 98 个、公共图书馆 12 个、博物馆42 个。文化创意产业做大做强。全市有 8 个国家级、15 个省级和 55 个市级文化产业示范园区(基地),全年文化创意产业主营业务收入超过 4 700 亿元,比 2015 年增长 15%。

　　目前,苏州市共有各类文创企业法人单位 2.6 万余家,从业人员超 69 万人,文化产业增加值达 1 190 亿元,占 GDP 比重 7.69%。2011—2016 年,全市共认定文创产业重点项目 459 个,总投资 4 372 亿元,投资规模位居全省第一。目前,苏州市文化创意产业体系初步完善,布局较为合理,市场竞争力、文化影响力显著增强,整体规模已位居全国同类城市前列,成为推动苏州经济社会发展的重要引擎。

2. 文化保护与传承进一步加强

　　因为苏州自身拥有丰富的历史文化,外资企业的进驻和外来务工人员的大量涌入也为苏州带来了多元的现代文化,加上苏州雄厚的制造业基础也可以为苏州发展文化产业提供良好条件。所以,苏州的文化需要得到保护与传承。

　　全市现有市级以上文物保护单位 816 处,其中全国重点文物保护单位 59 处、省级 112 处,国家级历史文化名镇 13 个、名村 5 个。近年来,苏州积极推动文化"走出去",2016 年全年共组织文化"走出去"项目 47 批次,涵盖"一带一路"沿线中东欧和欧美共 23 个国家和地区。

3.文化产业投资主体日趋多元化

随着各项政策的配套出台,苏州文化产业发展进入了快速发展时期。民间资本和社会资本进入文化产业逐步增多,有投资电视剧制作的苏州福纳文化科技服务股份有限公司,有投资兴办文化旅游业的吴江静思园和昆山锦溪镇的民间博物馆群,有投资打造精品项目的天创国际演艺制作交流公司,有投资兴办管弦乐团的"阳光青少年乐团",等等。从全市范围来看,文化投入的社会化已经渗透到传统文化保护和文化设施建设等多个方面。各类民间艺术团体、民办美术院馆和昆曲传习所如雨后春笋,不断涌现。

二、苏州市文化产业发展存在的问题

近几年,苏州文化产业市场逐步建立起来并得到了稳步的发展,文化产业产值逐年上升。但是,苏州文化产业大多小而分散,产品附加值低,知名民族文化品牌较少且竞争力不强,文化产业对全市经济和服务业发展的贡献值还不够大,与北京、上海、杭州等一线城市相比存在较大差距。因此,只有清醒地认识苏州文化产业发展中出现的问题,研究其形成原因,才能准确把握定位、谋求突破,实现文化产业的跨越式发展。

1.文化产业创新能力欠缺,亟待提升

苏州的文化产业创新能力不强,企业和产品的科技含量也不高。文化企业大多是内容创意产业,缺乏原创性和新意,普遍不掌握核心技术和产品的知识产权,具有研发、创意能力的企业较少。比如,动漫企业大多只是进行中间加工,而利润较高的原创部分和后期制作与营销均不在苏州;再比如,工艺品和旅游品市场中,产品大多层次较低。以占比例最重的印刷业为例,全市 140 余家外资包装装潢印刷企业,在数量上只占全市包装装潢印刷企业总数的 10%,而年产值却占全市包装印刷行业的50%以上。

2.文化产业潜力挖掘的深度仍然不够

苏州是文化大市,也是我国首批历史文化名城,文化资源丰富多彩,更有苏州园林、吴文化、苏州工业园区等一系列文化品牌。但是坐拥丰富文化资源的苏州,自身文化产业却未得到充分开发,未能利用自身雄厚的经济条件和强大的制造业基础来发展文化产业。苏州文化产业增加值在经济总量中占比不大,对经济的推动力量还比较有限。

3.文化产业尚未形成完整的产业链

虽然苏州市的各类文化产业园初步形成集聚规模,但与北京、上海、杭州、深圳等地相比,尚未形成完整的产业链,主要表现在:苏州市文化产业园区内的企业之间的关联度较低,信息资源不能充分流动,上下游产业链的企业互动较少;产业园内规划

和定位不够明确,产业链得不到有效整合和延伸,部分产业园的集聚效应仅仅体现在地理空间上的集聚;部分产业园内的配套设施不够完善、环境不够优越、交通不够便捷,难以吸引具有创新能力的优秀企业,难以引进具有核心竞争力的文化企业,导致园区内企业小而散,难以形成较强的产业集聚效应。

4. 苏州市文化产业的文化传播力、影响力偏弱

苏州有着丰富的传统文化资源,但没有形成相应的对外文化传播影响力。一方面,传统文化资源挖掘力度不足,如香山匠艺、核雕等优秀传统技艺没有形成文化品牌;另一方面,现代传媒与文艺领域影响力度仍显不足。随着金鸡奖落户苏州,中国昆曲艺术节、中国苏州评弹艺术节、中国苏州国际旅游节、首届中国(苏州)民族民间文化展示周等大型文化活动的开展,对于苏州文化的传播力和开放度都将具有提升作用,但这些项目在国际国内市场的影响力度有限,对于城市文化的传播力度尚显不足。

三、苏州市文化产业发展对策分析

1. 积极引进现代化科技,以科技创新来提升文化产业竞争力

科技含量不高,科技在文化产业中运用程度低是苏州文化产业竞争力不强的一个重要原因,对此,必须给予高度重视。苏州要制定财税、金融等扶持政策,激励文化企业建立符合市场经济要求的技术创新机制,引导民营和外资企业增加研发投入、建立研发中心、引进和培育创新人才,提高企业自主创新能力。加强与国家级科研院所合作,建设和完善独墅湖科教创新区、昆山清华科技园、太仓科教新城等一批科教新城(园区),为创新发展提供科技人才支撑,使企业真正成为研究开发投入的主体、创新人才聚集的主体、技术创新活动的主体、创新成果转化应用的主体,全面提升文化企业的自主创新能力。

2. 深入挖掘文化资源,做大做强文化品牌

企业是文化产品的创造者和推广者,同时也是文化市场的开拓者,是文化市场的主体和跨国经营的承担者。从苏州文化产业的问题可以看出,苏州文化产业缺乏龙头企业及知名品牌,无法形成规模经济与范围经济,难以与国外的集团相抗衡。因此,要鼓励有实力的文化企业,以市场为导向,以资本和业务为纽带,构建在全国乃至全世界有影响力的文化产业集团,以提高文化企业在国际市场的竞争力。鼓励名牌产品和商标生产企业通过多种途径做大做强,迅速成为行业龙头,发挥带动作用;依托名牌加快企业组织结构调整,优化产业结构;运用名牌的影响力,建立区域品牌和行业品牌形象。

3. 调整产业结构,走集团化发展道路

目前,苏州文化产业规模小、结构单一重复的特点比较明显,影响了文化产业规模

经济的发展。下一步要实现跨行业经营,搭建多媒体运营平台,建立跨行业的文化产业集团公司,实现集约化经营。要充分发挥政府主导作用,制定、实施推动文化产业集团化的政策;整合宣传文化口分散的国有资产,组建行业性、地域性文化企业集团。发展集团要和发展小而精、小而专的专业性中小企业结合起来,形成大中小企业结构合理、规模适当,专业化、协作化的大生产协作体系。政府要以资本为纽带,以现代化企业制度方式来组建文化企业集团。

4. 增强文化传播影响力

苏州应继续扶持具有相对优势的出版发行业、印刷复制业、演艺娱乐业,确保现有文化产业的发展优势;要挖掘传统文化资源优势,重点推进具有传统特色的民间工艺业、工艺美术业的发展,打造新的文化产业增长极;要结合现代文化需求,积极发展具有市场潜力的影视制作业、新闻媒体业、体育休闲业、网络文化业,形成未来文化产业发展的后续动力。在优势产业中,要扶持一批出版发行业、印刷复制业的龙头企业,积极拓宽国际国内市场;在传统文化领域,培育一批民间工艺旗舰企业,提升传统工艺产品层次,形成若干国际知名品牌产品;在现代演艺娱乐业、影视制作业中,要发展一批高水平的知名企业,打造有良好社会影响的演艺品牌项目。通过打造旗舰文化企业,形成自主品牌和技术,提升苏州城市国际国内知名度和影响力,扩大城市文化传播影响力。

第二章 无锡市文化产业发展研究

2016年,无锡全市经济运行总体保持平稳,产业强市建设成效初显,实现了"十三五"的良好开局。全市实现地区生产总值9 210.02亿元,按可比价格计算,比2015年增长7.5%。按常住人口计算人均生产总值达到14.13万元。无锡是一座历史悠久的工商名城,拥有深厚的文化底蕴和文化资源。在众多支撑城市可持续发展的因素当中,文化是一个不可忽视的重要因素。而文化产业作为朝阳产业、绿色产业,在城市调整产业结构、转变经济发展方式、提高发展质量和效益方面,具有不可替代的作用。做大做强无锡的文化产业,促进其与多个传统产业和新兴产业紧密融合,是推进无锡市现代产业发展的重要举措。近年来,无锡文化产业支柱地位凸显,已经成为全市经济建设的重要支撑和文化繁荣发展的重要力量。

一、无锡市文化产业发展的现状

1. 文化产业结构不断优化,形成了统一开放、竞争有序的文化市场体系

近年来,无锡大力实施创新驱动核心战略和产业强市主导战略,文化产业也迎来发展的绝佳环境。以影视文化产业为例,截至2016年底,全市拥有7个国家级和省级影视产业基地,其中无锡国家数字电影产业园实现产值32亿元,制作完成了一批知名影视剧作品;无锡市还以培育"全国文化企业30强"为目标,引进和打造一批具有产业辐射力和区域影响力的现代大型文化企业集团;构建以文化企业为主体、市场为导向、产学研相结合的文化科技创新体系,催生新型文化业态,通过多管齐下,推动文化产业转型升级。

无锡市的文化事业和文化产业2016年一直是持续推进的。年末共有艺术表演团体57个,文化馆8个,公共图书馆8个,文化站80个,博物(纪念)馆61个。全市人民广播电台节目8套,电视台节目10套,无锡有线电视总用户已达152.49万户。电视人口总覆盖率和广播人口覆盖率均达100%。全市档案馆10个,已向社会开放档案15.77万卷(件、册)。

2. 文化创新活力强劲,现代公共文化服务体系建设水准提升

2016年上半年无锡市实现了国家公共文化服务体系示范区创建制度设计前置答辩和示范区创建的全面验收。创建办将全面梳理验收指标达标情况,加紧查漏补缺,并组织各板块最终实地检查,敦促各级攻坚克难,全力完成验收前冲刺,努力推动

无锡市公共文化服务体系建设水平再上新台阶,高标准、高质量地通过示范区验收,全面提升无锡市现代公共文化服务体系建设水准。

3. 推动公共文化服务设施网络的提档升级

加快推进无锡市文化馆新馆和非遗展示馆改造工程,争取尽早实现开放服务。加快推进无锡文化艺术学校新校区的建设。争取市美术馆落实调拨选址和改造立项,早日建成符合无锡经济社会发展需求的市级综合性美术馆。结合城区区划调整,推动基层公共文化设施合理布局,防止现有公共文化服务阵地流失。研究文化馆等单位职能定位和业务部门设置,完善内部管理,发挥公共文化服务龙头作用。

4. 扎实推进全民阅读

推动书香城市(市、县)、书香乡镇、书香家庭建设。2016年,无锡全市18—70岁居民综合阅读率实现超过86%的目标。同时,大力实施阅读"六进"工程,即进机关、进校园、进社区、进企业、进农村、进家庭。实施项目品牌培育工程,推广新型阅读,培育书香品牌,精心打造"无锡太湖读书月"等品牌项目。实施载体建设工程,加强公共图书馆建设,支持图书发行平台建设,推动农家书屋提升工程,注重阅读遗存保护利用。实施服务惠民工程,完善阅读网络体系建设,加强基层阅读服务,培育民间阅读组织。与中国新闻出版研究院对接,做好"城市居民综合阅读率"及"综合阅读指数"测评的预备工作,举办各层级的培训班,实现全民阅读社会力量的整合。

二、无锡市文化产业发展存在的问题

1. 宏观管理体制改革滞后

现阶段,政府文化管理未能根据文化产业性质建构文化市场管理模式,扶持文化创意产业的政策措施不力。而国有文化事业单位改革滞后,更加导致文化资产运作效益和水平低下。

2. 文化市场不规范

文化市场环境不够透明、公平,文化创意产业缺少核心竞争力。一方面,大多数国有文化事业单位没有真正建立起现代企业制度,仍然享受国家的财政拨款;另一方面,对民营资本未能本着"平等准入,公平待遇"的原则。由于文化生产者地位不平等,妨碍文化市场的开放性和文化创意产业的竞争性。

3. 文化消费市场不大

无锡市文化产品和服务能力仍处于较低水平,在总量、质量和结构上都还不能很好地满足人们日益增长的精神文化需求。据统计,2016年无锡全市文化消费指数在全省仅排在第六位,文化消费指数增幅远远低于整个消费支出增幅,全市每人每年用于娱乐文教服务消费支出也远低于人均可支配收入的年均增幅。全市文化产品和服务品种不多,质量也不是很高,文化消费市场容量不大,文化消费市场及文化产品市场有待进一步开发和培育。

4. 文化产业缺乏制度保证

虽然市政府已经出台不少文化经济政策文件,运用经济手段、行政手段给予文化产业支持,但是文化创意产业的体制与制度安排如投融资制度、特殊税收制度等,还没有完全搭建起来,也没有对不同行业的文化创意生产,设立不同的资金投入和税收标准,以调整文化创意产业结构和格局。当前,无锡市知识产权保护环境及其法律法规都有待进一步优化和完善。

三、无锡市文化产业发展对策分析

1. 健全文化创意产业组织机制

借鉴先进地区的有益做法,成立由市委、市政府主要领导挂帅、市委办局主要领导为成员的无锡文化创意产业领导小组,主要研究解决文化创意产业发展中的重点与难点问题。文化创意产业领导小组下设办公室,市有关部门主管领导为成员,重点负责文化创意产业的发展规划、政策措施及重大事项的协调督办工作。通过协调推进各部门密切配合的领导体制和工作机制,保障文化创意产业的健康发展。

2. 树立文化创意产业大支柱地位

根据国际上占 GDP 比重超过 5.0% 即为支柱产业的通行概念,2013 年无锡市文化产业增加值为 120 亿元,总量居全省第三,但文化产业占 GDP 比重只有 2.07%,位居全省第六。目前无锡强势推进的十大重点产业,文化创意产业仅排在第八位。为把无锡建设成为创新型、服务型、国际化、现代化的区域性中心城市,应该实行产业政策的战略性调整,明确树立无锡文化创意产业大支柱地位,把文化创意产业培育成先导性、战略性、支柱性产业。

3. 精心打造文化创意产业集群

文化产业只有向产业集群发展,才能更上新台阶和新规模。一要抓优势产业。无锡的影视传媒、创意设计、文化旅游、动漫网游是比较优势的产业,应进一步扩大规模,延伸产业链,推动它们向产业集群发展。如:围绕无锡影视基地,培育影视产业集群,实现无锡影视业的专业化、集约化和规模化发展。二要抓中、小企业。中、小文化创意企业要走"商品、大市场"和"小企业、大集群"的路子,聚集、捆绑为大市场、大集群,形成集聚发展效应。如重点培育和发展无锡广电集团、报业集团、演艺集团等。三要抓产业园区建设。重点打造和推进无锡国家数字电影产业园、国家数字出版基地无锡园区、无锡国家动漫游戏振兴基地、无锡国家工业设计园、吴文化博览园建设等。

4. 深化文化创意产业文化体制改革

在文化创意产业发展过程中,政府要以市场为导向,重新配置优化无锡文化资源,充分发挥市场在资源配置中的基础性作用,把资源优势转变为发展优势,以文化行业"事改企"改革为突破口,按照现代企业制度的要求,推动已转制的文化企业,完善法人治理结构,建立现代产权制度和资产经营责任制,加快实现文化单位从事业到企业再到现代服份制企业的跨越。建立现代企业集团,通过兼并、联合、重组、参股等形式,合理重组、科学配置和优化文化产业资本、人才、技术等要素,推进文化企业的集约经营和规模发展。同时,对现有文化创意企业实施关停并转,重点培育一批龙头文化产业企业。

大力发展民营文化企业。民营资本进入文化产业是市场经济发展的必然趋势,也是文化产业不可或缺的支撑和保障。目前,无锡文化旅游产品体系仍有缺失,需要变革传统的、结构单一的经营管理模式,积极引导和鼓励民营资本、社会资本、海外资本参与投资兴办无锡的文化旅游产业。支持和促进中小型民营文化企业向"专、精、特、新"方向发展,形成文化市场经营主体、投资主体、经营方式多元化的无锡文化产业发展格局。

第三章　常州市文化产业发展研究

2016 年,常州全市上下坚持稳中求进总基调,积极践行新理念,主动适应新常态,着力加强供给侧结构性改革,加快推进转型升级、产城融合、民生保障等各项工作,全市经济社会呈现平稳健康发展的态势,实现了"十三五"良好开局。经初步核算,常州全年实现地区生产总值 5 773.9 亿元,按可比价计算增长 8.5%。常州是一座有着深厚人文底蕴的历史文化古城,改革开放以来,在经济快速发展的同时,文化建设也都取得了显著的成果。常州市连续三年被评为江苏省文化发展水平先进地区,连续两年获得"全国文化体制改革工作先进地区"荣誉称号。近年来,在政府的有效推动下,5 000 多家文化企业正在日新月异地发展,近百个文化产业项目正在紧锣密鼓地实施,九大文化行业正显示出蓬勃与生机,全市文化产业呈现出强势发展、顺势上扬的良好局面。

一、常州市文化产业发展的现状

1. 综合实力稳步提升

2016 年,常州市文化及相关产业实现增加值 341.5 亿元,增长 11.6%,增速比 2015 年提高 0.8 个百分点;占全市 GDP 比重达 5.91%,比 2015 年提高 0.1 个百分点。全市一套表①调查文化单位全年主营业务收入 1 246.4 亿元,增长 8.8%,其中文化制造业 788.5 亿元,增长 10.1%,文化贸易业 167.5 亿元,增长 8.1%,文化服务业 290.4 亿元,增长 6.0%;户均实现主营业务收入 1.5 亿元,人均 75.4 万元,分别较 2015 年增长 11.8%、14.8%。2016 年底,一套表调查文化单位资产总计 1 395.2 亿元,增长 16.4%,其中文化制造业 574.9 亿元,增长 1.9%,文化贸易业 42.5 亿元,下降 3.0%,文化服务业 777.8 亿元,增长 31.7%。

---

① "一套表统计调查制度"是以统计调查对象为核心,为全面了解和反映工业、建筑业、批发和零售业、住宿和餐饮业、房地产开发经营业、规模以上服务业等国民经济行业调查单位生产经营全过程,为各级政府制定政策和规划、进行经济管理与调控提供依据,通过整合现行统计报表制度,规范统计标准和业务流程,在同一软件系统下采集、审核、上报、汇总和处理统计数据,实现调查单位通过互联网直接向国家统计局数据采集与处理平台报送电子报表,各级统计部门在同一网络平台上实现信息共享的一种新型统计调查制度(下同)。

2. 经济效益持续向好

2016年,全市一套表调查文化单位实现利润总额122.7亿元,增长15.0%,比2015年提高18.4个百分点,其中,文化制造业实现利润总额64.0亿元,增长15.8%,文化贸易业实现利润总额11.4亿元,增长14.6%,文化服务业实现利润总额47.6亿元,增长14.7%,分别较2015年提高了16.8个、2.4个、24.1个百分点。从文化产业10个大类看,文化信息传输服务、工艺美术品的生产、文化休闲娱乐服务利润增幅较大,分别增长2.7倍、50.5%和34.1%。全市一套表调查文化单位户均利润1 468万元,人均利润7.4万元,分别较2015年增长18.1%、21.3%。

3. 产业集聚平台升级

2016年,全市一套表调查文化单位收入主要集中在武进、新北两个区,分别实现主营业务收入530.3亿元、195.6亿元,增长12.5%、11.2%,合计达725.9亿元,占全市一套表调查文化单位主营业务收入总额的58.2%,较2015年提高了1.7个百分点。目前,国家级电子商务示范基地、国家广告产业园区、国家级文化和科技融合示范基地等相继落户创意基地,现在常州创意基地已经拥有9个国家级品牌。常州文创特色小镇建设以小空间承载创新创意发展的大战略,注重生产、生态和生活"三生"有机融合,逐渐成为"产、城、人、文"有机结合的重要平台。截至年底,常州有7个小镇入选省首批农业特色小镇名录,3个小镇入选江苏省省级特色小镇创建名单。

4. 大型企业引领发展

2016年,全市文化产业中的领军企业增长态势良好,主营业务收入超亿元文化单位184家,较2015年减少3家,实现主营业务收入1 030.8亿元,比2015年增长11.7%,增幅比一套表调查文化单位高2.8个百分点,占一套表调查文化单位主营业务收入的82.7%。主营业务收入排名前20位企业全年实现主营业务收入540.6亿元,比2015年增长16.3%,增幅比一套表调查文化单位高7.5个百分点,占一套表调查文化单位主营业务收入的43.4%,对一套表调查文化单位增长的贡献率达75.2%。前20位企业中,文化制造业15家,主营业务收入443.3亿元,较2015年增长17.8%;文化贸易业3家,主营业务收入70.9亿元,较2015年增长23.3%;文化服务业2家,主营业务收入26.4亿元,较2015年增长22.5%。

5. 产业品牌效应彰显

中国(常州)国际动漫艺术周影响力稳步提升,已经成为中国最重要的国际动漫游戏节展之一,交易规模连年攀升。此外,常州市16家企业和6个项目成为"国家文化出口重点企业和重点项目",10家企业成为江苏省首批重点文化科技企业,恐龙园小龙甜品工坊创意项目入选《国家动漫品牌建设和保护计划》,实现零的突破。目前,全市已有1家国家级、8家省级和25家市级文化产业基地,其中,常州创意基地和武进工业设计园获批首批省级重点文化科技园区,常州创意基地和运河五号创意街区获取首批省级重点文化产业园区。

二、常州市文化产业发展存在问题

2016 年,常州市文化产业发展取得了一定的成绩,但也必须清醒地看到,全市文化产业发展还存在许多问题和不足。

1. 企业规模有待壮大

2016 年,常州市一套表调查单位户均资产 1.8 亿元,而一套表文化单位户均资产 1.7 亿元,相当于一套表调查单位户均资产的 94.4%。其中文化制造业户均资产 1.9 亿元,相当于一套表制造业户均资产的 89.8%;文化贸易业户均资产 0.4 亿元,相当于一套表贸易业户均资产的 48.2%;文化服务业户均资产 1.8 亿元,相当于一套表服务业户均资产的 97.3%。数据显示,常州市文化产业单位整体规模偏小,有待进一步发展壮大。

2. 国有企业亏损面大

2016 年,12 家一套表调查国有文化单位中有 4 家处于亏损状态,亏损面 33.3%,比 2015 年提高 10.3 个百分点;在 49 家一套表调查国有控股文化单位中有 13 家亏损,亏损面 26.5%,较 2015 年下降 1.4 个百分点。而同期私营和私人控股的一套表调查文化单位的亏损面分别为 11.0% 和 10.8%,分别较 2015 年下降 0.8 个和 1.4 个百分点。

3. 传统行业盈利困难

在文化产业 10 个大类中,有 4 个大类的利润总额为负增长,文化艺术服务、新闻出版发行服务、广播电视电影服务、文化创意和设计服务类利润总额分别下降 34.2%、28.4%、10.8%、3.2%。数据显示,文化产业特别是传统文化产业,经营效益不佳,盈利能力有待加强。

4. 内部结构不尽合理

近年来,文化产业内部结构比较稳定,一套表调查文化制造业单位主营业务收入占一套表调查文化单位主营业务收入的 63%、文化贸易业占 14%、文化服务业占 23% 左右。全市文化制造业占比较高,文化贸易业和服务业占比偏小,文化产业内部结构有待进一步优化调整。

三、常州市文化产业发展建议

文化产业以创新、创意为源头,其产业链长、资源消耗低、环境污染少,是经济发展的新亮点,在当前经济形势下须引起格外关注。

1. 加快优化文化产业结构

解决常州市文化制造业占比过大问题的关键,在于加大制造业转型升级步伐,主动调整优化文化产业结构,积极引导新兴文化产业健康发展,促进文化产业的整体转型升级。制造业服务化是全球大趋势,世界上许多著名企业均顺应潮流,实现转型。诺基亚和爱立信放弃终端制造业务,专注于全球通信设备及解决方案,2016年财报显示,诺基亚和爱立信在全球通信设备及解决方案行业中分列全球第二位和第三位。这些世界著名企业的成功转型,为常州文化产业转型发展提供了借鉴。

2. 积极推动产业融合发展

文化创意与其他产业融合的趋势与我国传统产业转型升级的主旋律直接相关,是传统产业转型升级的重要驱动力。深化文化创意设计与制造业融合发展,通过创意提升传统制造业的文化内涵,推动文化制造业开拓市场和转型升级;推动旅游业和文化单位融合发展的产业政策落地生根、开花结果,加快智慧旅游和创意城市发展,促进旅游、创意与互联网的融合创新;重点培育一批龙头企业,以"线上线下"相结合方式,扶持一批"互联网＋"文化产业重点项目,推进文化服务业与相关产业的融合发展。

3. 加强文化产业人才建设

加快高校文化产业专门人才的培养和文化产业学科建设。鼓励在常高等院校加强文化创新意识的培养,加强工业设计、工艺美术等有关知识、技能的学习、训练和拓展。积极探索与外地高校合作办学模式,培养更多文化产业界的紧缺人才和综合实用人才。下大力气引进优质高校、优质文化产业类学科,增强文化产业人才建设培养力度。积极借鉴美国的匹兹堡从工业城市成功转型为创意旅游型城市的经验,汲取底特律转型失败的教训,充分发挥高校在城市及产业转型升级中巨大的推动作用。

常州市文化积淀深厚,随着文化体制改革全面深化落实,文化产业大发展将又一次迎来战略机遇期,我们要抓住机遇、乘势而上,通过大力强化人才建设,为文化产业发展提供新的支撑;通过加快科技创新,为文化产业发展开辟新的空间;通过培育创新文化市场、拉动居民文化消费需求等举措,促进全市文化产业整体实力和竞争力的提升。

第四章　南京市文化产业发展研究

2016年,面对错综复杂的宏观经济形势,全市人民在南京市委、市政府的坚强领导下,紧紧围绕城市战略定位,牢固树立和贯彻落实新发展理念,积极把握和引领经济发展新常态,以深化供给侧结构性改革为主线,狠抓各项政策措施推进落实,经济社会平稳健康发展,实现"十三五"发展良好开局。全市经济运行总体稳定。全年实现地区生产总值10 503.02亿元,按可比价格计算,比2015年增长8.0%。党的"十八大"以来,南京积极探索具有时代特征、契合南京特点的文化产业发展新路子,坚持政府主导、规划引领,园区承载、项目推进,企业主体、市场运作,人才为先、环境为重等推进文化产业发展新机制,壮大文化新业态、打造文化新品牌、集聚文化新人才,文化产业竞争力不断增强。

一、南京市文化产业发展的现状

1. 支柱产业地位进一步提升

五年来,南京市文化产业快速发展,市场主体更具活力,经济支柱产业地位进一步提升。

文化产业对南京的经济贡献进一步提升。2016年,全市文化产业增加值达到629.93亿元,是2012年的1.72倍,年均增速达到14.5%,高于GDP年平均增幅4.6个百分点;文化产业增加值占GDP比重首次突破6%,继续排名全省第一,全国前列。

市场主体更具活力。2016年,全市文化企业数量达到20 997家,比2012年净增6 416家,年均增幅达到9.54%。其中,规模以上文化企业的数量和营业收入持续增长。2012年规模以上文化企业数893家,2016年增至1 250家;2012年规模以上文化企业营业收入1 543.47亿元,2016年增至2 825.35亿元。

龙头文化企业茁壮成长。2016年,全市12家企业获评"省民营文化企业30强",13家企业获评"省重点文化科技企业",数量均居全省第一。江苏华博创意产业有限公司、江苏大众书局图书文化有限公司、江苏高淳陶瓷股份有限公司等15家公司成为全国文化创意细分行业龙头企业。

2. 产业结构不断优化

五年来,南京文化产业的产业结构也随着经济调结构、促转型,在悄然发生这一变化。2012 年南京文化产业发展排在前三名的产业门类是文化用品的生产、文化创意和设计服务、广播电视电影服务,三大门类实现增加值占全市文化产业增加值比重分别为 27.53%、25.10%、13.93%。而到 2016 年,南京文化产业发展排在前三名的产业门类则变化为文化创意和设计服务、文化用品的生产、文化信息传输服务,三大门类实现增加值占全市文化产业增加值比重分别为 39.17%、15.02%、12.66%。

地方特色产业稳步发展。2016 年,省文交所邮币卡成交量达到 186 亿元,会员开户数 40 440 户,日成交量 7 393 万元。南京文物公司成功举办全国文物艺术品展销会,全年完成销售收入 4 789 万元,同比增长 79%,实现利润 347 万元。通灵珠宝是上交所首个珠宝 IPO 企业,目前共有 30 多家连锁店分布在苏、浙、皖、豫等地,销售额逾 13.44 亿元。宝庆银楼是集珠宝首饰零售、批发、研发加工为一体的大型品牌珠宝商,已在江苏、安徽、山东等地开设品牌专卖店近 200 家,年销售额逾 37.49 亿元。南京金陵金箔股份有限公司是中国最大的金箔生产基地,年销售收入 100 多亿元,金箔总产量占全国的 70% 以上,入选 2015—2016 年度"江苏民营文化企业 30 强"。

3. 融合发展更加深入

文化与旅游融合,打造"城市名片"。以旅游资源为纽带,以文化主题的发掘和提炼为切入点,将主题性较强、地方特色明显的文化资源串联整合起来,构建若干条有文化特色的旅游线路,打造"城市名片"。截至 2016 年末,全市共有等级旅游景区 56 家,其中 4A 级以上高等级景区 22 家;国家、省、市级旅游度假区 17 家。成功创建全国休闲农业与乡村旅游示范区 4 个、全国休闲农业与乡村旅游示范点 4 个、中国美丽休闲乡村 4 个、美丽田园 2 个,创建全国休闲农业与乡村旅游五星级企业 5 家。加强对旅游资源和文化市场的有机整合,创新文化旅游产品,拉长产业链。通过声、光、影手法的完美结合,编排了江苏省最大规模的实景演出《报恩盛典》,再现了"中世纪世界七大奇迹"之一的琉璃宝塔神韵,打造南京旅游的一张新名片。旅游文化内涵的丰富,旅游产品档次的提高,带动了南京文化旅游业的发展。

2016 年,南京实现旅游总收入 1 909.26 亿元,比 2015 年增长 13.1%。接待海内外旅游者 11 206 万人次,增长 9.5%。其中,接待国内旅游者 11 142 万人次,增长 9.5%;接待入境旅游者 63.78 万人次,增长 8.5%。全年实现国际旅游创汇收入 6.76 亿美元,增长 5.7%。

创意设计与其他产业融合,激发"新增长点"。南京市大力促进文化与制造业的融合,全市认定了一批工业设计中心,包括光一科技、南京视通天下、斯迈柯特种金属装备、新天兴影像科技等企业在内的共 26 家工业设计中心。大力促进文化与体育产业的融合。2016 年,南京市充分发挥历史文化和体育优势,成功举办了南京马拉松、世界速度轮滑锦标赛、南京国际青年体育文化活动周、ATP 中国网球挑战赛、第四届中国（南京）啦啦操公开赛、第十五届南京都市圈体育舞蹈公开赛等国际性赛事，同时不断拓展体育培训、健身休闲等体育服务业，2016年体育服务业在体育产业中的比重达到53.89%。大力促进文化与人居环境融合。近两年来，南京梅园新村街区、颐和路街区成为国家级历史文化街区，高淳"慢城"被评为"国家级首批特色小镇"，还有一批老工厂，如南京第二机床厂、南京工艺装备厂等，被打造成了创意文化产业园，不仅开拓了南京文化产业发展的新空间，而且让周边人文和居住环境焕然一新。

二、南京市文化产业发展存在的问题

1. 文化消费市场不具独特性

南京文化消费市场目前最大的问题是南京有着六朝文化、明清文化、民国文化、佛教文化、郑和文化等一身文化标签，却没有一个最能代表南京的文化标签。在"调结构、转方式"的背景下，应重点打造南京标志性文化品牌。利用"历史文化名城"地位，对南京的六朝文化、明清文化、民国文化、佛教文化、郑和文化等文化标签进行凝练，创造出不同于北京皇城文化、上海中西交互文化和深圳新兴城市文化的独特性消费文化。这种文化产品是其他地区所不可复制的，集旅游、文化底蕴、商业价值、城市品牌于一身，具有环境友好、资源节约、可持续、可更新升级等众多优质的产业特征，是南京文化核心竞争力的精髓，可以进一步推动南京文化产品消费走向国际市场。

2. 对文化产业的政策引领支持不够

不论从我国的经济发展模式以及文化产业的特殊性来看，还是从南京文化产"走出去"处于萌芽状态的现实来看，文化产业"走出去"有赖于政府政策措施的保驾护航。在国务院《关于加快发展对外文化贸易的意见》、《江苏省关于加快发展对外文化贸易的意见》出台之后，南京市促进文化产业"走出去"的配套文件和刺激措施尚不齐全。

3. 文化企业国际竞争力不足

南京文化企业虽然已经有14 700多家，但绝大多数是中小微企业，从总体来看，竞争力不够，在国际市场上难有好的表现。南京的历史文化资源丰厚，也是一个大学城，是全国少有的文化资源和人力资源十分丰富的城市。但文化资源不等于文化资本，人力资源也不等于人力资本。从文化企业的角度来看，企业核心竞争力就是把资源转化为资本的能力。怎么把丰厚的文化资源通过合理的商业模式转化为文化资本，留住文化人才，是当下南京文化企业亟待解决的问题。另外，南京不少大型文化企业具有国企背景，或是原事业单位改制而来，市场意识相对薄弱，存在被动"等、靠、要"的情况，对于相对陌生的国际市场经验不足，冲劲不足。而大量中小微企业在国内市场打拼已经不易，对海外市场拓展则更是缺乏相应战略和经验。

三、南京市文化产业发展对策分析

1. 发扬南京自身优势,打造文化创意城市

近年来,南京市文化核心产业发展势头强劲,有着如伦敦一样的种种文化创意先锋项目:动漫产业步入全国动漫产业发展十大城市行列,原创动画电影实现了零突破,5 个园区被认定为国家动画产业基地园区;影视节目制作经营业快速发展,全市有 81 家影视节目制作机构,居全国前列。

优越的地缘条件、丰富的人才资源、深厚的人文底蕴、良好的产业基础等一系列优势,构成了南京发展打造创意城市的基石。据统计数据显示:2016 年,南京文化创意与设计服务企业发展最优,规上企业数为 434 家,在整个文化服务业中占比为47.6%;从业人员 54 967 人,占比为 44.3%;全年实现营业收入 544.48 亿元,占比为46.8%;利润总额达 42.18 亿元,占比为 44.4%。文化创意与设计服务业差不多占了文化服务业的半壁江山。文化创意和设计服务增加值占全市文化产业增加值比重也由 2012 年的 25.10% 增长至 2016 年的 39.17%,成为南京文化产业发展排在首位的产业门类。可见,南京文化产业产业结构不断优化,新兴产业尤其是文化创意产业发展迅速,使南京具备了创意城市建设的可行性。

2. 结合南京文化特点,繁荣文化消费市场

从世界经济的发展规律来看,一个国家或地区在人均 GDP3 000 美元以上,一个国家或地区经济恩格尔系数降到 40% 以下,居民的精神文化消费将有显著增长。2016 年,南京市人均 GDP 已超过 18 000 美元,恩格尔系数达到 26.2%。根据近期南京市政府网站"中国南京网"在全市范围内就南京城乡居民文化消费情况进行的问卷调查,近六成南京人月文化消费超 500 元。南京人在文化消费上,更愿意花在看电影和买书上面,其次是室内休闲旅游、游玩室内公园、买报刊杂志和看演出,等等。这表明,南京城市文化服务消费在快速增长,已形成了一定的文化消费市场。

考虑不同收入水平人群的消费力,努力让更多的人能够接触到文化产品,提高全社会的文化内涵;同时也要在社区多组织一些文化活动,使老百姓在家门口就能享受到文化精神产品,提升全民文化素养。例如,2017 年元旦期间,在南京文化艺术中心上演的德国海顿交响音乐会就是一次试水,按照预售票价 25% 的比例补贴,市场反响良好。据演出主办方介绍,以往南京的新年音乐会大多靠冠名,而这场新年音乐会主要是以零售为主,零售出票率大约 65%,团购出票约 30%,上座率大约 95% 以上,让人十分惊喜。整个票房收入 64 万元,政府补贴达 13 万元,实现了 1∶5 的拉动能力。

3. 弘扬优秀传统文化,创造文化产品品牌

古城南京历史悠久,文化底蕴深厚。南京云锦、金陵金箔、绒花工艺等都是这座

古城的特色符号。他们与巴黎时装、香水、珠宝一样,自古为皇室用品。发展至今,巴黎时装、香水、珠宝已经成为国际时尚、奢侈的代名词,而同样有着历史文化积淀的南京优秀传统文化产品,却陷入了品种少、市场小、宣传力度不足的尴尬境地。南京有历史名城、文化名城等多个称谓,却没有一个能在国内叫得响、在国际上有影响力的城市文化品牌。如何弘扬传统文化,做大做强市场,把传统文化艺术传承下来并积极寻求创新,让传统的优秀文化和现代社会实现完美的结合?如何让南京云锦等高档传统文化产品像巴黎时装和香水一样走向世界?要想解决和回答上述问题,就应该调动一切积极因素,多渠道向国内外宣传南京文化产业产品,让它们拥有广泛的群众偏好基础。尤其重要的是向青少年一代宣传南京文化产业产品,让他们对南京的传统文化有所了解,培养他们的兴趣。这不论是对南京文化的发扬光大,还是对产品的市场价值开发,都大有益处。

第五章 镇江市文化产业发展研究

镇江地处长江运河交汇处,历史悠久人文荟萃,枕山临水风景绮丽,素有"城市山林"和"天下第一江山"的美称。近年来,镇江旅游文化产业正显现出发展潜力。2016年,镇江全年实现地区生产总值3 833.84亿元,按可比价计算比2015年增长9.3%,其中第一产业增加值137.78亿元,增长0.1%;第二产业增加值1 870.40亿元,增长8.6%;第三产业增加值1 825.66亿元,增长10.7%。人均地区生产总值120 603元,比2015年增长9.1%,按年平均汇率折算达18 750美元。产业结构继续优化,三次产业增加值比例由2015年的3.8∶49.3∶46.9调整为3.6∶48.8∶47.6,服务业增加值占GDP比重提高0.7个百分点。

一、镇江市文化产业发展的现状

1. 文化服务体系不断完善

扬剧《完节堂1937》入选2016年江苏省舞台艺术精品工程精品剧目,获第三届江苏文化艺术节"优秀剧目奖"和"优秀表演奖"。扬剧《红船》入选文化部剧本重点孵化计划。2016年末,镇江共有艺术表演团体4个,文化馆8个,公共图书馆9个,文化站54个,博物(纪念)馆14个。年末共有艺术表演团体4个,文化馆8个,公共图书馆9个,文化站54个,博物(纪念)馆14个。年末拥有市(县)级以上文物保护单位296处,其中全国重点保护文物单位13处,省级重点保护文物单位42处。拥有省级历史文化街区3个。年末有线电视总用户98.77万户,有线电视入户率97.6%,其中数字电视用户91.92万户。

2. 文化惠民力度加大

改善民生文化投资,也就是"文化惠民"的一个重要内容。其目的就是发展城乡文化体育事业,促进文化发展和繁荣,拓展文化消费领域,改善丰富人们的精神文化生活。也就是投资那些与百姓生活、就业、工作、学习、休闲娱乐等息息相关的、健康向上的文化娱乐、文化普及、文化就业、文化交流等建设项目。2016年,镇江市积极贯彻党的方针,大力"建设先进文化,塑造城市之魂",兴起了文化发展新高潮。2016年全年送戏下乡535场次,送图书下乡4.7万册,农村电影放映8 111场次,观看人数达202.4万人次。举办"文心"系列公益文化活动118场,惠及群众15万多人次。

3. 旅游业快速发展

成功举办第六届苏台灯会"江苏·台湾灯会",入选"国家全域旅游示范区"第二批创建单位。全市共接待国内旅游人数5 348.34万人次,比2015年增长11.4%。接待入境过夜旅游者5.49万人次,比2015年增长3.7%。实现旅游业总收入714.35亿元,增长15%。实现国内旅游收入706.19亿元,增长15%。旅游外汇收入6 479万美元,增长8.1%。2016年末拥有A级景区44个,其中5A级景区2家,4A级景区7家,3A级景区11家。拥有省级旅游度假区3家,省星级乡村旅游点101家,其中三星级及以上69家;拥有星级宾馆34家,其中五星级宾馆3家;拥有旅行社108家,其中星级旅行社31家。

二、镇江市文化产业发展存在的问题

1. 旅游产品形式不丰富,以低端观光旅游为主

目前,镇江市的旅游产品依然以"走马观花"式观光旅游为主。而根据消费经济学的相关理论,观光旅游属于最低端的产品类型,游客在当地的开销费用少,综合效益要远低于休闲旅游和会展旅游。同时,镇江旅游产品缺乏多样性和可持续性的吸引力,因此,很难吸引中高端游客,而只能使镇江处于旅游过境地的被动地位。

2. 管理体制不顺,核心资源整合不到位

镇江市文化旅游资源相当丰富,初步具备构建旅游文化产业集群的核心要素。但由于文化旅游资源归属多个部门管辖,各部门权力相互掣肘、利益交错不清,严重影响了资源利用效益,增加了资源整合的难度。目前,资源整合依然停留在概念性设想中,并没有实质上的操作运行。同时,在挖掘和丰富旅游文化方面还存在景区文化底蕴挖掘不深,旅游商品开发创意水平低,旅游餐饮文化特色不突出,具有地方特色的演艺、节庆文化产品少等问题。此外,景区之间尚未形成优势互补,经营理念落后,未建立一套适应当前旅游发展的经营机制。

3. 政府主导为主,旅游产业尚未产生辐射力

镇江市旅游文化产业集群发展实施的是一种政府主导型的发展模式,政府发挥着重要的指令作用。目前,由于对文化公益事业与文化产业的区分尚不清晰,许多国营文化单位市场意识淡薄、创收能力不足,旅游收入尚停留在门票经济的初级阶段。目前举办的赛龙舟、《超炫·白蛇传》等文化项目多数以对内不对外的文化公益事业形式为主,活动的受益方主要局限于本地市民,尚未产生对外埠具有辐射力和影响力的文化品牌,因而尽管社会效应明显,经济效益却不尽如人意。

4. 管理人才储备不足,制约旅游文化产业良性发展

镇江缺乏优秀的旅游人才,尤其是涉外旅游人才。要发展旅游文化产业,人才的培养和储备不足的问题更是严峻。旅游从业人员中的管理者、导游、服务员在旅游专业水平和服务意识方面有待提高,外语水平普遍较低,优秀的翻译导游严重匮乏,旅游相关企业在旅游接待规范化、国际化、科学化方面的专门培训也较少。

三、镇江市文化产业发展对策分析

1. 完善配套设施,构建旅游关联产业体系

实践证明,旅游文化产业对与之关联的建筑、交通、饭店、餐饮、娱乐、商贸、工艺美术等许多行业都能起到很强的直接或间接的带动作用。因此,镇江发展旅游文化产业必须实现从重数量(接待人次)到重质量(旅游综合效益)的转变,而其中提高旅游综合效益的重点就在于积极发展配套产业。例如,在旅游接待设施方面,可以通过"点轴式"和"集群式"分布设置酒店、餐饮、娱乐、休闲等设施,规划和营造一些特色街区;在城市交通方面,开辟更多的城际旅游直通车,增设旅游观光专线,完善旅游交通标识系统,方便游客出入和旅游;在旅游商品方面,精心培育、打造一批具有地方特色的旅游商品,并建设有一定规模、具有地方地域色彩的旅游商品专卖店或市场;在城市文化氛围方面,城市建筑、道路、车站、广场等都应突出镇江城市元素和个性符号。总之,在镇江旅游文化产业发展过程中,按经济规律将旅游互补产业有规律地布局在一定的空间上,是促进消费、推动生产、提高镇江旅游文化产业综合效益的有效途径。

2. 理顺运行体制,不断优化政府配置资源的效率

发展旅游文化产业,关键要区分文化事业和文化产业。文化事业是政府提供公共产品的行为,而公共产品是具有非排他性、非竞争性的一系列产品。政府如果参与了具有竞争性的行业,则必然会扭曲市场价格,降低资源配置的效率。而文化产业是依托市场变化而发展成的具有竞争性的行业,是通过价格杠杆调节资源配置的部门。目前,镇江市政府"办产业"的味道很浓,在这种不成熟的文化产业发展体系的限制下,难以有效实现经济效益。因此,政府部门需要转变观念,变"办"为"管",坚持"有所为有所不为"的原则,在保护资源、维护所有权的前提下,进一步实行公有资产、保护性资产和经营性资产"三产"分离,积极运用拍卖、租赁、转让等多种方式,盘活经营性资产资源,适当放权让具体单位依托市场规律从事旅游企业经营活动,大力推动以资本为核心、以企业为主导的旅游产业形成,充分推进产业升级,培养一批以旅游景点为依托,旅游服务业为主线的大型企业集团,形成具有影响力和辐射力的品牌,最终把旅游业培育成"产权清晰、权责明确、管理科学"的现代旅游产业。实践证明,体制的竞争是具有全局性的竞争,先进的发展体制能够以一种制度化的框架去容纳和激活各种资源。

3. 创新营销手段,全力提升旅游文化影响力

镇江旅游资源丰富、类型多样,但空间分布较分散,难以形成旅游精品,因此,有必要进一步进行资源整合,打造主题鲜明的旅游板块,并实施品牌战略,努力提升旅游产品的文化内涵和整体竞争力。旅游业是注意力经济,也是影响力经济。因此,发展镇江旅游文化产业还应在城市形象宣传、旅游市场营销上实现新突破,着力提升镇

江文化旅游的市场竞争力,应树立"城市即旅游"的发展理念,精心策划统一包装,市县联动整体推介,多层次、多角度、多空间地突出镇江文化,塑造镇江形象。

4. 加强人才队伍建设,全面提升旅游文化产业的软竞争力

一方面,要依托江苏科技大学、镇江高等专科学校以及镇江旅游学校的旅游专业,为镇江培养理论与实践相结合的中、高级旅游专门人才,建立多元化人才培养和使用机制;另一方面,要进一步完善对旅游从业人员,包括管理者、经营者和服务者的资格认证制度和持证上岗制度;将饭店评星、旅行社管理、导游管理、旅游景区评定与旅游从业人员培训结合起来,实施培训达标制度;此外,旅游从业人员还应加强对镇江和主要客源国的历史、地理和人文知识的学习,加强外语尤其是口语的强化训练,加强旅游服务规范化、标准化的学习和强化训练,以全面提高旅游从业人员的素质,提高综合服务质量,全面提升旅游文化产业的软竞争力。

第六章　扬州市文化产业发展研究

扬州作为全国首批历史文化名城之一,建城将满 2 500 周年,有着深厚的文化底蕴和丰富的文化资源。经初步核算,2016 年扬州全市实现地区生产总值 4 449.38 亿元,可比价增长 9.4%。其中,第一产业增加值 251.49 亿元,增长 0.1%;第二产业增加值 2 197.63 亿元,增长 8.3%;第三产业增加值 2 000.26 亿元,增长 12.0%。三次产业结构由 2015 年的 6.0∶50.1∶43.9 调整为 5.6∶49.4∶45.0。人均地区生产总值 99 150 元,增长 9.2%。

一、扬州市文化产业发展的现状

1. 文化产业体系门类一应俱全

扬州市文化产业体系门类齐全,其中文化用品设备及相关文化产品生产行业营业收入、从业人员数和增加值均排名第一,发展势头强劲;文化用品设备及相关文化产品销售行业位居第二,紧随其后;出版发行和版权服务行业位居第三;其他文化服务行业位居第四;文化休闲娱乐服务行业位居第五;广播、电视、电影服务行业位居第六;文化艺术服务行业位居第七;网络文化服务行业位居第八;新闻服务行业位居第九。

2016 年,由文化用品设备及相关文化产品生产行业和文化用品设备及相关文化产品销售行业构成的相关层营业收入达到 425.75 亿元,占整个文化产业营业收入的比重达到 83%,牢牢占据了扬州市文化产业的主体地位。

2. 文化产业发展格局清晰

从扬州市文化产业的九大行业类别的各项指标来看,文化用品设备及相关文化产品的生产行业在单位个数、从业人员、营业收入、增加值等各个方面均居第一,成为整个文化产业的支柱。与文化用品设备及相关文化产品的销售行业、出版发行和版权服务行业共同成为扬州文化产业三大主体行业。2016 年,这三大主体行业共有单位 2 641 个,占文化产业全部单位的 55%;从业人员 80 233 人,占全部文化产业从业人员的 79.2%。三大行业增加值达到 334.2 亿元,比 2008 年增长 164.5%,占扬州市文化产业增加值的比重为 46%。基于此,扬州市文化产业已形成以文化用品设备及相关文化产品的生产行业为支撑,以文化用品设备及相关文化产品销售、出版发行和版权服务行业两大行业为特色的发展格局。

3. 文化产业的投资形式呈现多元化

从文化产业各法人单位的注册类型来看,已包括内资企业、港澳台商投资企业和外商投资企业三种类型,并涵盖国有、集体、私营、股份制等多元化企业组织形式。在文化产业各法人单位中,从总资产来看,内资企业资产总计 250.2 亿元、港澳台商投资企业资产总计 86.3 亿元、外商投资企业资产总计 36.6 亿元,分别占文化产业总值的 67.1%、23.1% 和 9.8%;从营业收入来看,内资企业营业收入为 266.3 亿元、港澳台商企业营业收入为 196.3 亿元、外商投资企业营业收入为 50.2 亿元,分别占文化产业营业收入的 51.9%、38.3% 和 9.8%。与去年相比,港澳台商投资企业资产总量和营业收入提升明显,内资企业和外商企业有所下降。但内资企业仍占据主体地位,其中私营企业在单位个数、从业人数、总资产和营业收入各方面均占有绝对优势,发展迅速。

4. 文化产业各层次增长速度有所波动

2016 年,扬州市文化产业核心层和外围层增长速度放缓,占全年增加值比重分别为 4% 和 3%,低于 2013 年度的 9.3% 和 23.9%。文化外围层增速明显放缓,其中网络文化服务行业和文化休闲娱乐行业营业收入分别下降 18.2% 和 66%,是导致文化外围层增速放缓的主要原因。从文化产业各行业增加值分布情况来看,由文化用品设备及相关文化产品生产行业和文化用品设备及相关文化产品销售行业构成的文化产业相关层增加值达到 310.2 亿元,长速迅猛,远远超过扬州市文化产业的整体增长速度。

二、扬州市文化产业发展存在的问题

1. 文化产业结构不够均衡

从扬州市文化产业各行业的单位个数、从业人员、营业收入和增加值来看,2016 年相关层的单位个数为 2 259 个,从业人员为 71 562 人,营业收入为 4 257 478 万元,增加值为 3 101 978 万元;核心层的单位个数为 762 个,从业人员为 15 550 人,营业收入为 451 168 万元,增加值为 289 968 万元;外围层的单位个数为 1 801 个,从业人员为 14 193 人,营业收入为 419 322 万元,增加值为 214 844 万元。外围层中的网络文化服务行业和文化休闲娱乐服务行业的营业收入均出现了不增反降的局面。由此可见相关层各行业的发展水平远远高于核心层和外围层,这说明扬州市文化产业的结构发展不均衡,文化服务业发展水平有待提高。

2. 文化产业高端人才储备不够充足

当今世界对文化产业的竞争归根结底是人才和技术的竞争,文化产业的发展离不开文化艺术创作的高端人才,尤其是具有较高文化素质和市场经营能力兼备的复合型文化产业经营管理人才。扬州文化产业人才的总体素质偏低,每年文化产业相关专业的毕业生难以满足当前快速发展的文化产业的需要,尤其是文化素质较高的经营管理、策划、营销人才。

3. 文化产业的融资渠道不够畅通

近年来,扬州市政府加大了对文化产业的投入,完善了扬州市的基础文化建设,先后建成了由双博馆、美术馆、图书馆、音乐厅共同组成的文化艺术中心,丰富了市民的文化生活。在文化产业的各个行业中,基本以自主投入为主,跨行业的投资主体较少,融资渠道不够畅通。对于一些高风险的新兴文化产业,更是出现银行贷款难、融资难的问题。在文化产业的投资、融资方面,尚未形成文化投资的担保机构,不能对文化产业项目和文化企业进行战略性投资。文化创意公司、影视公司、动漫公司和广告公司中拥有自主知识产权的较少,难以开展产权式担保的投资,也难以形成多元化的融资渠道。

三、扬州市文化产业发展对策分析

扬州文化产业集聚区具有一体化发展的先天优势,在加强区域分工的基础上,作出科学规划,进行分工协作、特色定位,充分发挥本地资源的优势,通过品牌化、一体化、集团化的发展战略,打造扬州文化产业集聚区一体化协同发展之路。

1. 转变政府职能,推动经济体制改革

转变政府职能,就是要强化政府对经济的宏观调控职能,弱化政府对经济的干预职能。第一,鼓励和保护竞争,让企业成为市场经济的主体,依据市场信息的变化进行自主调整。第二,在扬州文化产业的各行各业中建立社会中介组织、行业自律组织和公共服务业组织,通过他们更好地发挥政府的技术服务、引导和协调作用,为经济体制改革和文化产业结构的调整创造良好环境。第三,在现有的基础上,降低进入文化市场的其他市场主体的门槛。公平对待不同所有制文化企业,吸引更多的力量加入文化产业的发展中来。

2. 加强文化产业集群建设,塑造文化品牌

针对扬州市文化产业规模小,未形成高品质的产业集群的问题,加强文化产业集群建设,提升产业的竞争力。同时,不断开发文化产业的附加值,提高创新能力,塑造文化品牌。第一,政府按照优势互补、自愿结合的原则,跨地区、跨行业、跨所有制组建具有较强竞争力和资产规模的文化产业集群,培养一批具有品牌效应和文化内涵的文化产业龙头企业,发挥其示范和辐射作用,提升集群的核心竞争力。扬州目前已经形成一批发展成熟的文化产业园区,如扬州工艺美术集聚区、邗江区"扬州文化创意产业园"、宝应"玻璃水晶工艺出口基地"、蜀冈—瘦西湖风景名胜区等,要发挥其示范带头作用,进一步完善扬州五亭龙玩具城、江都的文体器材城、仪征和高邮的生态观光产业集群,实现规模化和集约化的发展。第二,文化企业要结合自身产品,深入开展市场调

研,利用和挖掘扬州的传统文化资源,打造一批文化底蕴浓厚的文化品牌。如扬州传统的漆器、玉器、三把刀等文化产品可以与旅游文化产业相结合,在特色的景区举办传统文化产品的展销会,将其产品功能从装饰品、生活用品进一步扩展为旅游纪念品等。第三,针对目前一些产业园区内产品重复度高、产品科技含量低的问题,要从政策、资金、技术等方面给企业提供服务,帮助其探索可持续性发展的道路。

3. 提高文化产业的市场营销能力,推动文化产品"走出去"

扬州市的文化产业市场营销能力还不强,市场占有意识亟需提高。对于扬州文化产业的各行业来说,要从满足消费者的精神文化需求出发,带动整个行业的发展。第一,打造富有创意的文化产品。作为文化产业的核心竞争力,好的创意能让文化产品脱颖而出,是提高文化企业市场营销能力的关键。第二,充分利用文化产品的销售渠道。近年来,电子商务的普及为文化产品的销售提供了更为便捷的方式。应充分利用"数字化扬州"的发展机遇,利用好网络宣传和销售平台。第三,利用优秀的传统文化资源打造系列品牌活动,形成文化产业链条。近年来,扬州市文化休闲娱乐服务营业收入呈现下降趋势,而文化休闲娱乐服务行业中就具有传统优势的文化资源,如蜀岗—瘦西湖风景名胜区、运河文化风景区等,以此为依托,运用现代化科技力量,创新演出形式,突出地域文化特色,吸收文艺演出团体和艺术表演人才,共同打造优秀的旅游演出节目,提高景区文化内涵。同时,打造文化旅游工艺品市场,通过定期举办的玉器、漆器、古籍和古筝的展销会,可形成旅游、演出、工艺品展销的文化产业链条,优势互补,共享市场。第四,实施"走出去"战略。对扬州市的传统文化有效挖掘的基础上,开展国际化的开发和创新,鼓励文化产品"走出去"。市外事办公室等外事机构可抓住每年"4·18"国际经贸旅游节、运河城市博览会等国际大型活动契机,简化审批程序,将扬州知名文化品牌推向国际。

4. 完善文化产业人才管理系统,培养文化产业人才

当今世界对文化产业的竞争归根结底是人才和技术的竞争,面对扬州文化产业高端人才储备不足的现状,要在政府政策的引导下和高校主导下构建文化产业高层次人才培养模式。第一,市政府有关部门成立专门文化产业人才培养管理机构,负责文化产业人才培养计划的制定、协调和监督等。对文化产业的教育机构实行认证制度,对成绩突出的办学机构给予奖励和资金支持。第二,依托扬州地方高等学校来培养文化产业高层次人才,开设文化产业的相关院系和专业,产、学、研相结合,提升文化产业人才培养的质量和水平。第三,加强文化产业专业资格培训,引入文化产业专业资格认证制度。可在扬州组织成立文化产业的行业自律组织——文化产业协会,由其来组织文化产业各行业的专业认证工作。第四,加强人才间的国际交流与合作,市政府每年给予行业内优秀的文化人才出国研修、培训的机会和资金补助,培养具有国际视野的高层次、复合型文化人才。

第七章　泰州市文化产业发展研究

　　2016年，面对错综复杂的国内外宏观经济环境，泰州全市上下在市委、市政府的坚强领导下，深入贯彻落实党的十八大和十八届三中、四中、五中、六中全会精神，以省、市党代会精神为指引，坚持稳中求进工作总基调，积极践行五大发展理念，着力推进供给侧结构性改革，扎实开展"三大主题"工作和"四个名城"建设，全市经济运行稳中有进，社会事业加快发展，顺利实现"十三五"良好开局。2016年全市实现地区生产总值4 101.78亿元，增长9.5%，比2015年回落0.7个百分点，但增速跃居全省首位。近年来，泰州市大力推进文化强市建设，文化产业取得长足发展，文化产业规模不断扩大，在国民经济中所占份额也进一步提升，但泰州市文化产业整体实力和竞争力仍需进一步增强，结构有待进一步改善，文化产业发展还存在一些问题和不足。据统计，2016年泰州市实现文化产业增加值为135.90亿元，同比增长13.7%，高于同期GDP增幅4.2个百分点，文化产业增加值占GDP比重为3.31%。

一、泰州市文化产业发展的现状

　　1. 实力稳步提升，但结构不尽合理

　　从泰州市文化产业的内部结构看，文化制造业占主导产业地位。2016年，泰州市文化制造业主营业务收入319.99亿元，占总量的81.6%；文化服务业主营业务收入41.86亿元，占总量的10.7%；文化批零业主营业务收入30.36亿元，占总量的7.7%，文化制造业占比较高，文化批零业和文化服务业占比偏小，泰州市文化产业结构有待进一步优化。发展文化产业是满足人民群众精神文化的需要，也是促进传统产业转型升级、提升区域竞争力的重要途径，其发展潜力、发展空间巨大。近年来，泰州市大力推进文化强市建设，文化产业取得长足发展，文化产业规模不断扩大，在国民经济中所占份额也逐年提升。据统计，2016年泰州市实现文化产业增加值135.90亿元，同比增长13.7%，高于同期GDP增幅4.2个百分点，文化产业增加值占GDP比重为3.31%，比2015年提升0.07个百分点。泰州市文化产业综合实力稳步提升，但文化服务业和文化批零业发展相对滞后。

　　2. 占比逐年提升，但比重仍然偏低

　　年末，全市拥有文化馆9个，文化站97个，公共图书馆10个，"农家书屋"1 650个。全市拥有博物馆(纪念馆)24个。市级以上文物保护单位91处，其中全国重点文物保护单位 10 处,省级文物保护单位 22 处。市级以上非物质文化遗产 106 项,其中国家级 10 项,省级 53 项。全市拥有广播电视台 7 座,年末数字电视用户 223.79 万户,有线电视数字化率达 88.7%。全市全年共免费登记一般作品版权 4.2 万件。全市文化市场经营单位 1 437 个,印刷发行单位 2 100 个。全市拥有文化产业示范园区(基地)47 个,其中国家级 2 个,省级 5 个。虽然泰州市文化产业的发展实现稳步增长,在国民经济中所占份额也进一步提升,但泰州市文化产业基础薄弱,对国民经济贡献度小,文化产业增加值占 GDP 比重偏低,在全省排位靠后。2016 年全市文化产业增加值占 GDP 的比重为 3.31%,低于全省 1.88 个百分点,泰州 7 个县(市)区中只有高港区高于全省水平,其他 6 个县(市)区均在全省水平之下。

3. 企业经营向好,但单位规模偏小

2016 年,全市"三上"文化产业单位实现利润总额 30.30 亿元,同比增长 25.3%;户均利润 1 114 万元,同比增长 14.7%;人均利润 9.4 万元,同比增长 19.6%。"三上"文化产业单位经营向好,但泰州文化产业单位整体规模偏小,单位数偏少。2016年,泰州市一套表调查单位户均资产 2.1 亿元,"三上"文化产业单位户均资产 0.88 亿元,仅为一套表调查单位户均资产的 41.9%;一套表调查单位户均人数 283 人,"三上"文化产业单位户均人数 118 人,仅为一套表调查单位户均人数的 41.7%;"三上"文化产业单位数 272 家,仅占全部文化产业法人单位数的 3.9%。文化产业单位规模普遍较小、规模以上文化产业单位数偏少,从根本上制约了泰州市文化产业的发展。

二、泰州市文化产业发展存在的问题

1. 集约化和产业集中程度偏低

泰州文化产业规模小,集约化程度低,大多数为中小经营户,缺乏龙头企业;多数单位经营情况一般,效益不理想,产品档次不高,企业自我发展能力普遍比较薄弱;受产业规模和集约化低的限制,使得文化产业在自主创新方面明显不足,新兴文化产业偏少,对丰富内涵的文化资源缺乏深入的挖掘和创新,无法形成具有核心竞争力的品牌产品和品牌企业,直接导致产业发展后劲不足,表现为文化资源和高新技术结合的高附加值和高回报的文化产品稀少,真正具有核心版权和自主创新的文化产品和服务相对缺乏。

2. 文化产业发展资金投入不足

文化产业的发展离不开资金投入的推动,由于文化领域市场准入要求较高,融资渠道相对单一,在一定程度上制约了对文化产业的投资,同时,传统文化产业自身增长有限、新兴开发项目不多,也在一定程度上抑制了各类新兴资本的进入。

三、泰州市文化产业发展对策分析

经济的稳健发展,为文化产业的发展和繁荣奠定了坚实的物质基础;人民群众对文化产品的期望,为文化产业的发展带来了巨大的社会需求;厚重的文化底蕴,为文化产业的发展提供了巨大的资源优势。要紧紧抓住机遇,努力把发展潜力变为产业优势,以创新理念、超常发展为导向,以结构调整、转型升级为契机,以市场配置、投资多元化为保障,以科技进步、人才支撑为动力,加快实现泰州文化产业资源的优势化重组和跨越式发展。

1. 更新观念,完善融资服务体系

树立"产业为重"、"创意为先"、"发展为民"的新文化发展观。"产业为重"是把发展文化产业放在文化发展的最重要位置,改变过去过分注重文化事业而忽视产业的发展观念;"创意为先"指无论是文化事业还是文化产业的发展,都应把创意作为发展的灵魂,用创意来提高文化工作的实践效果;"发展为民"是把无形的文化转化为有形的产品,让广大人民群众实实在在地共享文化发展成果,真正达到"文化乐民"、"文化富民"、"文化强民"的境界。首先要建立和完善融资体制,加大政府对文化建设的资金投入,加大社会资本及外资的投入,不断增强文化产业的核心竞争力。其次,要发展策划人、经纪人、制作人等中介组织和服务体系,有效提升包括策划、制作、销售和服务等方面的开发功能,促进文化企业的经营商业化运作能力,逐步形成文化产业的企业家和职业经理人队伍,构建和谐统一的营销体系和市场网络,从而促使企业集群群体在龙头企业和优秀品牌企业的带动下快速成长,形成产业文化化、文化产业化和谐统一的商业与文化融合的格局。

2. 优化结构,做大做强主体产业

在国家文化产业标准中,按照文化活动的重要程度和对社会的影响,把文化产业核心层和外围层定位为文化产业的主体,占据着非常重要的地位。泰州市文化产业核心层、外围层比较薄弱,直接影响了文化产业的快速发展和整体实力的提升。所以,应进一步优化文化产业结构,增强文化产业的主体产业,做大做强新闻出版、传媒、文艺演出等主导产业,加快文化旅游、网络文化服务、休闲娱乐服务、广告会展服务等新兴文化产业的发展,充分发挥其龙头作用,要相应调整文化产业投资结构,加大资源整合力度,在资金和项目等方面给予有力支持,增强核心竞争力。提升文化产业层次,重点、优先发展成长性好、附加值高、相关性大、竞争力强、具有一定优势的产业,形成一批强势文化产业,发展一批骨干龙头企业,培育一批知名文化品牌,形成科学合理的文化产业结构和区域发展格局,提升文化产业整体实力,实现文化产业的全面繁荣。

3. 科技引领,提升文化产业层次

随着科学技术的发展,文化产业之间的界限越来越模糊,相互融合的速度越来越快。文化向一般行业、企业延伸渗透加快,新文化业态快速诞生并不断演化,文化、广电、新闻出版行业之间的界限相互跨越,在这种趋势下,推动文化产业与旅游、体育、信息、物流、建筑等产业融合发展,增加相关产业文化含量,延伸文化产业链,提高附加值;依托广电传媒集团、文化创意中心、科技软件园,推动广播、影视、报纸、书刊与手机、网络、游戏、动漫等产业联姻,发展创意设计、数字电视、动漫游戏、网络视听、手机媒体等新业态,打造一批高附加值、多功能、多业态的数字化文化产业;推动一般企业培育或者剥离文化业务,向文化产业延伸,促进企业生产经营活动与文化相结合;加大资源挖掘开发力度,促进文化资源优势转变为文化产品优势;在注重使用高新科技外,还需强调文化内容和形式的创新及对其它文化的吸收和借鉴,不囿于其传统的、固有的模式,大胆追求创新,以保障文化产品的创新品质,适应市场需求。以新科技的应用,带动文化产业的大发展。

4. 以人为本,培养文化创意人才

不断完善产业链是文化产业发展的关键,而完善产业链的关键是加强对文化人才的培养。而在培养文化产业人才的时候要特别注意针对产业链上不同类型人才的特点来采取不同的培养方式。目前,泰州专业的文化产业人才比较匮乏,文化人才在总量、结构和素质上都还不能适应泰州文化产业快速发展的要求。而苏南人才素质普遍较高,涌现了一批高素质的知识型和技术型的文化人才,与这些地区相比,泰州存在很大的差距。因此,调整人才教育结构,加强对文化产业人才特别是高端人才、复合型人才的培养变得十分重要和迫切。可以通过设立文化产业高等教育论坛,促进学校与文化组织或企业建立合作伙伴关系,设立基金为文化产业企业和创业者提供创业计划训练或创意奖项等方式,使得产学研有机结合,促进文化人才的培养和培育。

第八章　南通市文化产业发展研究

南通市下辖 3 区、2 县,代管 3 个县级市,面积 8 544 平方公里,是我国首批沿海开放城市。2016 年,面对严峻复杂的外部环境和困难挑战,南通市全市上下全面贯彻落实习近平总书记系列重要讲话特别是视察江苏重要讲话精神,按照"五位一体"的总体布局和"四个全面"战略布局要求,坚持稳中求进,推动好上又好、能快则快发展,主要指标符合预期,经济社会发展呈现稳中有进的态势,实现了"十三五"良好开局。发展文化产业是满足人民群众精神文化的需要,也是促进传统产业转型升级、提升区域竞争力的重要途径,其发展潜力、发展空间巨大。初步核算,2016 年全市实现生产总值 6 768.2 亿元,按可比价格计算,比 2015 年增长 9.3%。其中:第一产业增加值 366.1 亿元,增长 0.7%;第二产业增加值 3 170.3 亿元,增长 9.0%;第三产业增加值 3 231.8 亿元,增长 10.7%。人均 GDP 达到 92 702 元,增长 9.3%。按 2016 年平均汇率计算,人均 GDP 达到 13 961 美元。

一、南通市文化产业发展的现状

1. 文化资源丰富,城市个性和地方特色鲜明

南通,江风海韵,历史悠久,吴越文化、齐鲁文化和荆楚文化在这里交融,孕育出独特的"江海文化"。这里人文荟萃,名贤辈出,范仲淹、王安石、文天祥、李渔、柳敬亭、李方膺、张謇、赵丹、王个簃等文学艺术家和书画大师在南通留下不朽诗文丹青。20 世纪初,南通以中国人自办的第一座博物苑、刺绣学校、戏剧学校开创了近代中国文化艺术事业的先河。文物古迹众多,自然景色秀丽,全市有文物保护单位国家级 6 处,省级 24 处,市级 52 处。新石器时期的青墩村文化遗址,狼山与濠河两大 4A 级风景名胜区的文物古迹,明末清初的冒辟疆、董小宛故居水绘园以及刚作为近代工业遗产入选第六批全国重点文物保护单位的南通大生纱厂等一大批文物古迹保护完好。百里县区也不乏寻幽探胜之地,通州的文天祥南归渡海亭,如东的"海上迪斯科"(踩文蛤)和"空中交响乐"(海滨放风筝),海门的砺岈山,启东的圆陀角观日亭等名闻遐迩。

非物质文化遗产异彩纷呈,有起源于明代的蓝印花布、板鹞风筝、四大古琴派之一的梅庵派古琴。环濠河博物馆群,既有百年历史的南通博物院,又有蓝印花布、珠算、纺织、风筝、股票等一系列专业博物馆,在国内独树一帜,别具特色,已初具"博物

馆城"之美誉。南通风筝、扎染、彩锦绣、蓝印花布、红木雕刻等是饮誉海内外的民间工艺瑰宝。南通还有童子戏(通剧)、海门山歌剧、花鼓戏、扇子戏等地方特色剧种在国内外也享有一定声誉。

2. 文化产业初具规模,相关产业优势明显

南通市现有的文化产业门类比较齐全,初步形成了比较完整的产业体系。具体表现为:以广播电视和文化艺术为主体,出版发行和印刷传媒相结合的核心文化产业;以城乡居民文化旅游、文化休闲娱乐、网络文化服务、广告商务等为代表的外围文化产业;以文化用品制造为主导的相关文化产业。

文化产业涵盖文化产品的生产、流通和服务三大领域,文化服务是文化产业的主体产业,文化产品制造业、批发零售业是文化的相关产业。由于南通经济尚处工业化中后期阶段,服务业发展相对滞后,其作为主体产业尚不能真正体现,而南通的文化相关产业特别是文化产品制造业凭借较为发达的工业基础和较强的外向辐射力,产业规模实力明显超过文化服务业。年末南通市拥有文化馆9个,文化站97个,公共图书馆10个,"农家书屋"1 650个。南通市拥有博物馆(纪念馆)24个。市级以上文物保护单位91处,其中全国重点文物保护单位10处,省级文物保护单位22处。市级以上非物质文化遗产106项,其中国家级10项,省级53项。全市拥有广播电视台7座,年末数字电视用户223.79万户,有线电视数字化率达88.7%。全市全年共免费登记一般作品版权4.2万件。全市文化市场经营单位1 437个,印刷发行单位2 100个。全市拥有文化产业示范园区(基地)47个,其中国家级2个,省级5个。

3. 广播电影电视、出版发行、娱乐等行业发展迅速

广播电视业正逐步由单纯事业管理型向产业化资本经营型转变,发展势头良好。南通城区现有广播电台1座,广播节目5套,电视台1座,电视节目四套,广播、电视人口覆盖率100%。目前,南通有线电视总户数达130多万户,成为全省第二大有线电视市。同时,加快"数字南通"的建设步伐,推出宽带接入服务,开通有线数字电视,电视光缆联网基本实现"村村通"。《南通日报》、《江海晚报》、《南通广播电视报》期发量达36.25万份。南通所辖县(市)各设有广播电视台1座。2000年以来,参与拍摄了十几部电影和电视剧,其中《真情三人行》获得了开罗国际电影节铜开罗奖和中国儿童电影政府最高奖——童牛奖,《纸飞机》也获得中国儿童电影童牛奖。仅2005年南通电视台就有80多件作品在国家和省广播电视作品评比中获奖,连续几年在省内一直是获奖数量最多的城市。娱乐演艺业得到长足发展,南通百老汇等一批文娱场所标志并引导着娱乐演艺业向大众化、规模化、健康文明的方向发展。全市有出版物经营单位1 325家,其中新华书店111家,邮政书店241家,民营和个体书店947家,图书批发市场1家,出版物二级批发单位17家,省内连锁发行企业1家。

二、南通市文化产业发展存在的问题

1. 思想观念滞后,体制机制不活,产业组织集约化程度不高

忽视文化产品的娱乐休闲功能,思想观念跟不上时代的发展、科技的进步和市场经济发展需要。文化单位过于强调公益性,虽然在 2002 年南通市经营性单位基本改制完成,但近两年改革动作很少,国有文化企业的活力和实力增强受到一定制约。管理上政出多门的现象普遍,加大了政府部门之间的交易成本,制约了文化资源的合理支配和整合。南通文化产业领域小型企业居多,导致资源优势分散,难以适应强势市场竞争的要求。部分文化产业单位没有完全成为自主经营、自负盈亏的市场主体,一些由事业单位转制的文化企业组织,思想观念仍停留在依赖政府资金办文化的基础上,缺乏市场营运活力和团队创新能力。

2. 文化资源创新开发意识和市场占有意识不强

南通是一个文化资源丰富、历史积淀深厚、民俗传统多样的地方,然而当前,南通的这些本土文化资源还没有得到充分的挖掘和利用,有的资源利用甚至出现弱化现象,缺乏系统超前、视角独特的二次开发。目前,对于文化资源的开发利用,绝大多数还仅停留在经济效益的角度看问题,而没有上升到社会文化价值的高度。许多地方更多的是出卖文化资源的"毛坯",而缺乏社会和经济综合效益。所以,要建立新的文化资源开发理念,寻找文化资源开发的新路子,实现经济效益、社会效益和文化生态效益的最佳结合。这样不但可以带来丰厚的资源回报,而且能大大提高相关景点的知名度,进而壮大其旅游市场。

3. 文化基础建设地区间不平衡,基层文化建设特别是农村基层文化建设相对薄弱

当前南通基层文化建设总体上仍然滞后于经济建设,其突出表现是投入不足,设施简陋,人才缺乏。地区之间、城乡之间发展很不平衡,文化阵地有流失现象。基层文化工作队伍后继乏人,有些地方基层文化生活,特别是农村文化生活仍然比较贫乏。部分农村地区由于缺少健康向上、生动活泼的文化活动,导致封建迷信和"黄、赌、毒"等现象屡禁不止。

三、南通市文化产业发展对策分析

1. 创新观念,深化体制改革,培育良性互动的文化市场环境

南通文化产业规模之所以做不大、做不强,一个根本的问题就是观念和体制问题。发展文化产业困难最大的是体制性障碍,要着力破除对旧体制的依赖,树立发展"大文化"的产业观念,改变那种认为文化行业不能赚钱、不能成为产业的旧观念,把文化产业当成社会经济大产业去规划、去发展。在新形势下,应对南通的"大文化"资

源进行全面的调查和价值评估,并对相关产业一并作出科学的发展规划。

同时,要促进文化、报纸、广播、电视等事业产业化发展。文化事业要适应社会主义市场经济发展的要求,逐步建立党委领导、政府管理、行业自律、企事业单位依法运营的文化管理体制。转变文化行政管理部门的职能,促进文化事业和文化产业的协调发展。报社和广电部门要分别以组建报业集团和广电有线网络重组为契机,深化完善产权制度改革,配套推进各项内部改革。

2. 加大多元化投入,加速集团组建步伐,提升竞争实力

南通文化产业发展总体上来讲还处于起步阶段,发展基础还不强,发展水平还不高,但随着全面建设小康社会进程的加快,工业化战略和城镇化战略的不断实施,南通人均 GDP 水平正以较快速度提高,城乡居民消费将随着物质生活满足程度的不断提高而加大追求精神文化的享受。因此,文化产业发展要高起点、早谋划。南通文化企业总体状况是规模普遍偏小,而当今文化产业的发展趋势是集团化和规模化。在这样的趋势下,处于起步阶段的南通文化产业,靠企业自身发展积累资本来实现集团化和规模化是不现实的。因此,要以市场运作为抓手,充分发挥市场的资源配置作用,形成以政府投入为指导,以企业投入为基础,以民间资金为主体,以股份制形式融资和外来资金为补充的多元化投融资机制。积极鼓励广播电视、出版发行、文艺演出等传统优势产业整合资源,以"做大做强"为目标,改革创新,推动其集团化、规模化发展,提升南通文化产业的竞争实力。

同时必须加快文化产业的属性界定,除一些产业门类确实存在着一个如何坚持党的舆论方向问题(如广播电视、报纸等)之外,那些能够面向市场的,实现市场化运作的行业,应该降低市场准入标准。能允许外资进入的,必须首先允许并鼓励民间资本进入。同时,采取税收鼓励政策,吸收各类资本的投入,迅速做大做强相关产业,如戏曲、文化场馆、图书馆、公园等。

3. 保护历史遗存,开发文化资源,打造特色文化产业

在文化资源开发利用和保护方面,应确立整体开发思维,全面规划,统筹安排,制定相互衔接的中长期整体开发规划和实施方案。要加强政府对文化资源开发的规划、组织、管理、协调等功能,打破条块分割、各自为政的局面,整合文化资源,发挥开发的综合优势和整体价值。

南通要发展文化产业,关键要对本地文化有个准确定位,立足于本地文化资源优势,打造自己的文化品牌。每个城市都必然有自己的文化个性,南通的文化特质和个性主要体现在"江海文化"、"近代文化"和"博物馆文化"三个方面。以南通博物苑为龙头,发扬光大文博事业,带动纺织、给水、建筑和蓝印花布等一系列专业博物馆的建设与发展,形成具有浓郁江海风情的博物馆群。张謇先生在全力推动"中国近代第一城"发展和繁荣中留存下来的物质文化遗产和非物质文化遗产,是南通人民在建设全

面小康社会中宝贵的精神财富。南通在积极举办各类文化博览会方面有很多文章要做,探索发展文博事业有很大的潜力。

4. 确立优势,发展文化支柱产业

根据南通城市特色、资源优势、文化消费趋势及城市总体规划,形成优势门类突出、相关产业联动发展的文化产业格局。

一要进一步提升文化制造业的规模和档次。要发展壮大文化制造业,必须引进并推出一批实力雄厚、竞争力强的大型企业。从培育市场主体上突破,按照大集团带大产业的思路,进一步培育壮大骨干企业,逐步形成具有一定规模的文化产业群体和具有较大包容性和扩张性的综合性集团,使之上规模,提高水平。南通应大力发展以刺绣为龙头的工艺品制造业、玩具制造业和以光盘为主的信息化学品制造业,以及为这些行业提供配套和服务的企业,形成文化产业链,促进文化产业成为支柱产业。

二要积极发展壮大广播、影视、广告、动漫等文化创意产业。发展文化创意产业归根到底就是提高文化产业的自主创新能力,借助南通独特的文化资源优势发展文化创意产业,对于提升南通文化产业发展水平,优化产业结构具有巨大的推动作用。只有打造属于自己的品牌,文化产业才能获得生机和活力。南通要大力实施文化精品战略,努力创作展现时代风貌,体现南通特色的优秀文艺作品。保持和发展具有南通地方特色的文化艺术门类,努力形成南通独有或领先的文艺品牌。加强与国内外同行业的强强联合,开展全方位合作与交流,不断提升南通影视业在国内外的知名度。积极推进广播影视数字化建设,努力形成一定规模、面向市场、多种经济成分并存、比较完善的电视剧等节目生产体系。

三要逐步培育和发展文艺演出及娱乐业。立足本地民族文化,大力开发优秀文化遗产,同时借鉴吸收外来文化,特别是新型科技手段,发展文艺演出业。整合现有资源,组建各种形式的文艺演出团体,增建演出和娱乐场所,规范演出中介机构,大力开展各种形式的城乡文艺演出和娱乐活动,建立繁荣有序的文化艺术演出和娱乐市场体系。

四要积极培育和发展会展业及休闲旅游业。会展是文化产业发展的引擎,城市经济发展的助推器。南通要充分利用自身的区位优势和产业优势,积极培育和发展会展业,以会展业来带动住宿、餐饮、旅游、商贸、金融和商务服务业等相关产业的蓬勃发展。同时要强化文化部门与旅游部门的合作,优势互补,形成一批兼具文化旅游、休闲度假和生态保护等功能的综合型重点风景名胜区。以丰富的旅游资源为依托,建立多层次、立体化的旅游文化产品结构,充分开发休闲度假产品、传统观光产品、会展商务产品、时尚旅游产品等。鼓励按照现代企业制度要求,组建具有较大规模和较强竞争力的文化旅游产业集团。

第九章　徐州市文化产业发展研究

　　徐州素有"淮海之都"之称,是淮海经济区中心城市,长江三角洲区域中心城市,徐州都市圈核心城市,新西兰产品中国展销中心总部驻地,国际性新能源基地,有"中国工程机械之都"和"世界硅都"的美誉。经济运行保持平稳。2016年,全市实现地区生产总值(GDP)5 808.52亿元,按可比价计算,较2015年增长8.2%。其中,第一产业增加值542.89亿元,增长1.9%;第二产业增加值2 513.85亿元,增长8.7%;第三产业增加值2 751.78亿元,增长9.1%。人均GDP达66 845元,较2015年增长7.7%。

一、徐州市文化产业发展的现状

1. 公共文化服务水平稳步提高

　　2016年末,徐州全市共有艺术表演团体9个、文化馆11个、博物馆21个、美术馆1个,共有公共图书馆8个,公共图书馆总藏量329.52万册、电子图书藏量611.02万册。综合档案馆11个,向社会开放档案超过12.40万件。共有电影放映单位31家、广播电台8座、中短波广播发射台和转播台10座、电视台8座,广播和电视综合人口覆盖率均为100%。有线电视用户263.77万户,有线电视入户率95.0%。全市现有市级以上文物保护单位297处,其中全国重点文物保护单位8处,省级29处。拥有9个国家级、43个省级非物质文化遗产名录项目和6位国家级、28位省级非遗代表性传承人。全年组织实施52个文化产业项目,淮海文博园获2016年首批江苏省重点文化产业示范园区称号。

2. 文化资源特色鲜明

　　经过5 000余年历史和2 750余年建城史的文化积淀,徐州逐步形成了其独特的文化,文化资源特色鲜明。其中在全国乃至世界上因其特色独具而影响深广的文化资源,当属两汉文化资源、战争文化资源和历史名人资源。徐州乃刘邦故里、项羽故都,被美誉为"千古龙飞地、一代帝王乡",拥有丰富的两汉文化遗存,如狮子山汉彩绘兵马俑、龟山汉墓、沛县歌风台、汉画像石刻、土山汉墓、北洞山西汉楚王墓地宫等。以其为题材,出版有《徐州汉画像石》《徐州狮子山楚王陵》《徐州北洞山西汉楚王墓》《两汉文化研究》专辑等著作,成功举办两届"海峡两岸楚汉文化研讨会";拍摄推出的影视作品有电视连续剧《汉刘邦》、广播剧《琵琶魂》、电视专题片《汉画像石》和《汉魂》;创作编排有柳琴戏《解忧公主》、大型乐舞剧《汉风颂太平》、大型汉代百舞戏《汉风总唱》等，打造出了极具徐州汉文化特色的文艺精品。以徐州历史战争文化资源为背景，目前建有多处专题景区、公园和纪念性场所，如九里山古战场景区、沛县射戟台、汉王镇拔剑泉、戏马台、子房山、土山、淮海战役烈士纪念塔与纪念馆等。这些特色鲜明的文化资源，都形成了徐州文化产业发展的重要基础。

3. 产业规模得到较快扩大

自 20 世纪 80 年代以来，徐州的历史文化市场经历了多年的考验与风雨洗礼后，已渐渐进入标准化和合理化的发展轨道。公办文化馆站、公共图书馆、公共图书馆藏书、博物馆、新华书店等文化事业代表性行业无论从规模上还是质量上都有了长足的进展。近年来，徐州市委、市政府重点扶持培育了徐州报业传媒集团、徐州广电集团、演艺集团、文化产业集团等一大批文化企业的领头羊，呈现出新文化业态和新文化产品不断涌现、新文化市场实体和新文化创意项目争先涌现的良好态势。在政府引导和市场调节下，经过创新、优化，文化市场规模由小到大，影响力由弱到强，形式由单一走向综合。

近年来，徐州市委、市政府越来越重视文化产业的发展，紧紧围绕建设区域性文化中心这一总目标，以深化文化体制改革为抓手，加快发展文化产业，大力繁荣文化市场，先后依托各类历史遗留街区和地段建成了多个规模不同风格各异的历史文化市场，如徐州市的古黄河石市场、户部山古玩文化市场、建国路彭城古玩文化市场、文化宫院内"拍卖典当行"等，还建设了一大批重点文化设施和文化产业园区如艺术馆、音乐厅、徐州软件园、彭城一号、创意 68 文化产业园、南湖水街、滨湖新天地等。这些文化市场、重点文化设施和文化产业园区等文化产业的建设，见证了徐州的文化市场由无到有、由少到多的发展历程，奠定了其良好的文化产业发展的基础。

二、徐州市文化产业发展存在的问题

1. 发展定位不清晰

一方面，各文化产业没有统一发展目标，造成目标分散。另一方面，由于文化产业总体没有科学的规划，文化企业准入标准不统一，造成企业无法按照文化产业发展目标进行集聚，转而以租金高低为标准进行集聚，从而难以形成特色的产业定位和城市定位。如创意 68 产业集聚区，原定位为以广告设计、发布平台建设、新媒体广告研发、创意设计等为主要业态。目前入驻的企业共有 90 家，其中，艺术家工作室占总比14%，设计策划类企业占总比 18%，文化休闲类企业占总比 40%，创意培训类企业占总比 18%，其他 5 家为文化相关企业，占总比 10%。实际上，文化休闲类企业入驻比重大于设计策划类企业入驻比重，表明创意 68 产业园已经开始背离发展的初衷。

2. 文化产业发展体系不健全

当前,徐州市普遍将一些毫无关联的文化企业甚至非文化企业僵硬地聚集,有的卖字画,有的做动漫,有的做设计,企业与企业、集聚区与集聚区之间产业分离,无法形成产业链,更无法形成系统的文化产业发展体系。这样不仅增加了各文化企业的运营成本,同时对产业的空间利用造成浪费,没有达到产业的规模效应。如创意68产业集聚区,目前入驻的90家文化企业中,包括艺术家工作室、设计策划类企业、文化休闲类企业和创意培训类企业,其他5家为文化相关企业。这些文化企业之间相对独立,无法形成成熟的产业链。

3. 产业管理水平不到位

在运营方面,除了集聚区运营商之外,参与集聚区管理的各级负责部门形成了多头管理的情况。多头管理难以形成系统的管理体系,甚至可能造成无人管理的情况。由于管理缺位,很多集聚区在资金投入方面陷入“无人管理——投资无门——不景气——懒于管理”的恶性循环。

4. 创新能力不足

徐州虽然打出“秦唐文化看西安,明清文化看北京,两汉文化看徐州”的口号,但是在旅游者心中,徐州并非是一个旅游胜地,而是一个工业基地或交通枢纽。这是由于文化产业集聚区缺乏对文化资源开发利用的创新能力,在集聚区建设完成后不再开发具有吸引力的特色活动,城市品牌缺失,城市知名度不高,从而造成在旅游消费群体中,徐州的城市形象不鲜明,进而产生集聚区与旅游业融合不紧密的现象。

三、徐州市文化产业发展对策分析

1. 开发文化资源,明确发展定位

依托徐州厚重的文化基础,充分挖掘徐州地方特色的文化遗产,使得徐州厚重的历史符号能够活跃在现代化文化旅游平台上,使其成为可阅读、可感受、可消费的文化产品;通过准确定位,确定徐州文化产业主导发展方向,形成主次分明、特色各异的文化产业集聚区。各文化产业应当将培育“城市文化名片”作为统一目标,加大对重点文化产业的宣传推广力度。将徐州汉文化作为突出文化资源发展,通过报纸、杂志、海报、喷绘广告等传统媒介加大“汉代三绝”宣传力度和徐州城市品牌推广,打造徐州“汉文化”品牌。

2. 明晰发展内容,完善产业体系

主管部门应该依托文化产业自身文化资源,结合文化产业自身文化特性,在遵循产业发展规律的情况下,对其进行培育。而文化资源与文化特性即各文化产业集聚区发展内容。只有明晰其发展内容,加强内容建设,才能完善徐州市的文化产业的整体规划指导。依据各文化产业实际发展情况建立产业链,从而形成完善、优

化的产业发展体系。

3. 提高经营理念,优化管理模式

首先,在经营模式方面,政府和各个文化企业要积极提升经营理念,建立良好的运营机制。借鉴优秀文化产业集聚区成功发展经验,以文化为核心,带动旅游业以及城市服务业发展;依托历史文化资源,运动现代科技手段,建立人文旅游产品。其次,在集聚区管理方面,文化产业的发展需要强有力的管理团队,而管理团队的核心竞争力就是团队先进的经营理念和经营策略。最后,在人力管理方面,产业需要在提高经营管理水平的同时,健全人才建立与管理体系,招揽外地人才,留住本地人才,盘活现有人才。

4. 重视发展融合,鼓励技术创新

文化产业在建设与发展过程中要充分考虑多业态结合,让文化与各业态进行融合发展,建立集文物博览、文化体验、现代商业、演艺休闲、观光休闲等为一体的文化产业集聚区。同时,在徐州特殊的文化资源背景下,利用现代科技创新,实现历史文化与生态文化相融合、古代文明与现代文明相辉映的文化项目建设,才能进一步壮大产业集群,加快区域聚集。

第十章　盐城市文化产业发展研究

盐城历史悠久,地域文化底蕴深厚,历经数千年的传承发展,逐步形成了蓝色海洋文化、红色铁军文化、白色海盐文化、绿色湿地文化"四色"为主具有鲜明特色的盐城地域文化,是历代盐城人智慧的结晶。初步核算,2016 年,全市实现地区生产总值4 576.1 亿元,按可比价计算,比 2015 年增长 8.9%。其中第一产业实现增加值533.9 亿元,比 2015 年增长 0.9%;第二产业实现增加值 2 050.0 亿元,比 2015 年增长 9.2%;第三产业实现增加值 1 992.2 亿元,比 2015 年增长 10.8%。产业结构持续优化。三次产业增加值比例调整为 11.7∶44.8∶43.5,二三产业比重比 2015 年提高 0.6 个百分点,人均地区生产总值达 63 277 元(按 2016 年年平均汇率折算约 9 526美元),比 2015 年增长 8.8%。

一、盐城市文化产业发展的现状

1. 文化产业平台建设力度较大

大市区先后规划建设了中国海盐博物馆、新四军纪念馆人物馆、盐城会展中心、亭湖文化艺术中心、电视塔、城南新博物馆、图书馆等文化产业平台。同时,大力度推进文化产业园区和集聚区建设,在盐城中小企业园专设了盐城文化产业园,精心打造海盐历史风貌区、聚龙湖周边文化产业集聚区、先锋岛文化产业集聚区。

2. 文化产业基本行业门类较全

文化产业基本涵盖所有门类,广播电视、文化艺术、出版发行、文化娱乐等重点行业已有一定规模。全市目前共有网吧 533 家,游戏厅及休闲娱乐场所 558 家,从业人员2 104 万人。广播电视核心业务大幅增长,广电营业收入每年增长 20%以上,会展、创意、广告、工艺美术等行业也正在加速发展,规模日趋壮大。目前,全市已基本形成了由娱乐市场、演出市场、电影市场、网络市场、艺术品市场等组成的统一、开放、竞争、有序的文化市场体系。

3. 文化产业骨干企业运行较好

全市文化产业骨干企业经过改革,体制机制更加灵活,成为新的具有较强竞争力的市场主体。江苏红色动力文化投资发展有限公司以"红色动力"为连锁品牌,采取"直营＋加盟"的连锁经营模式,在全省范围内开展网络服务连锁经营管理,构建连锁经营的新型网吧业务平台,全市有 535 家、大市区有 96 家网吧加盟该公司。

4. 人才队伍有待进一步建设

建设文化强市,总的要求是实现文化事业强、文化产业强、文化人才队伍强,其中,人才资源是第一资源,文化人才队伍建设是文化事业的重要推动力量。但盐城文化产业从业人员中行政人员所占比重较大,而那些懂文化经营管理和营销、具有战略思维和资源整合能力的复合型人才比较短缺,熟悉国际惯例和规则、可以从事国际文化贸易和交流的外向型人才相当短缺,在国际上享有盛誉、站在各自文化领域前沿的顶尖型人才尤其短缺。

二、盐城市文化产业发展存在的问题

1. 文化体制亟待改革

盐城现有的文化体制机制已不能适应市场经济运行规律,对盐城地域文化产业的发展已起不到推动作用,甚至拖了文化产业发展的后腿。政府办文化的色彩仍然很浓,政企不分,政资不分。如某区文化艺术中心财政投入 2 个多亿,交付后演出团体没有接待过几个,既无社会效益,又无经济效益,政府每年还要投入几百万元维持经费。本该由市场调节的会展演出业,由政府大包大揽,后果可想而知。除了图书馆、博物馆等公益性事业单位外,经营性文化单位应尽快走进市场,管办分开,不要既当裁判员又做运动员。

完善盐城文化市场准入和退出机制,鼓励和支持各类文化企业从事国家法律法规允许经营的文化及相关产业,引导社会资本以各种形式投资文化产业。支持民营文化企业参与文化产业项目和文化产业园区(基地)建设。加快建立健全现代企业制度、建立市场化运营机制,完善法人治理结构,科学确定内部架构设置、职工薪酬管理、目标绩效考核及人员优化配备方案,进一步规范企业经营行为,以此激发文化产业改革发展的活力,不断增强市场竞争力,在市场的风浪搏击中茁壮成长。

2. 人才队伍极其匮乏

文化产业发展离不开人才,盐城文化产业人才短缺,严重制约了文化产业的发展。目前尤其缺乏文化创意领军人才和具有战略眼光、懂得国际游戏规则,熟悉市场运作的文化经营管理人才。究其原因主要是盐城文化产业起步较晚,大多数文化企业都照搬过去的方法,重资金、人脉、场所、基础建设等,没有认识到人才的重要性。受传统的计划经济影响,盐城文化机制体制不完善,"等、靠、要"思想严重。从业人员工作的积极性、主动性、创造性严重缺乏。文化产业人才留不住,能力强的人才纷纷到北京、上海、广州等大城市发展。没有梧桐树,无法引得凤凰来。教育做得不到位,产学研脱节,学校培养的人才不适应市场需要。

3. 运行资金严重短缺

盐城从事文化产业的企业大多数都是小企业,运行资金严重短缺。现有的文化产业引导资金投入、立项、用地、税收、信贷、融资、社会保险等方面政策还不够完善。投融资体制机制亟待创新,各种类型银行、产业基金、风险投资等,对垄断项目和大型知名企业青睐有加,而对盐城中小文化企业不感兴趣,认为投资风险大,投资回报低,甚至会血本无归。盐城的中小文化企业,无论在企业规模、企业信用、企业法人制度、企业内部管理方面,都难以达到金融机构的要求,从而导致大多数盐城文化企业融资无门,企业无法发展壮大,难以发展壮大的文化企业更难融资,这样就陷入恶性循环。盐城的文化企业如果不解决融资问题,想要有大的作为是难上加难。

4. 科技含量明显偏低

盐城文化产业科技含量普遍不高,缺乏创造性,没有自主知识产权的拳头产品,大多数是模仿生产、代工等。盐城不少文化企业都是由原来的事业单位改制而来,如江苏省淮剧团有限公司、盐城市新华书店、盐城市网络有限公司等,企业的发展不是靠市场,而是沿袭了计划经济时代的思维模式,依靠政府、领导、人脉等。没有充分认识到文化产业的发展应该靠人才,靠高新科技、靠市场。"科技创新、人才是关键",国际一流的科学大师、科技领军人物,可以带出高水平的创新型科技人才团队,创造出世界领先水平的科技成果,引领更具有活力的新兴产业。盐城的文化企业如果不从"盐城制造"向"盐城创造"发展,后果不堪设想。

三、盐城市文化产业发展对策分析

1. 创新盐城地域文化产业投融资机制

要积极实施市场化运作,提高盐城市文化产业投融资水平。采用文化项目和文化产品的投贷组合融资模式,收入质押创新模式,网络化、社会化高度协同的投融资模式。政府、银行、专业的文化产业投资基金和市场研究机构、保险公司以共同合作的方式,从市场调研到风险评估、从政府项目和版权备案到运营保险、从创作机制到市场营销,在各方面进行一系列结构化的设计,从而发挥各方作用,分散风险并各取收益。设立盐城市文化产业投融资基金,对盐城市文化产业的发展与运营给予专项资金支持;引导社会资本以各种形式投资文化产业。

2. 探索盐城地域文化产业的技术创新机制

盐城市要在"互联网+"的背景下,积极发展基于网络的文化产品,推动文化生产方式、消费方式和服务方式创新。加快引进一批新兴文化业态,在土地使用、资金投入等方面给予支持。鼓励和扶持文化创客,推动大众创业,万众创新,加强对小微文化企业的培育和扶持,促进文化领域创业创新。大力推动文化创意设计与装备制造业、旅游业、农业和体育产业等深度融合,提升文化产业发展综合效益。推进制度创新、管理创新和技术创新,实现由产业扩张向产业升级转变,促进文化资源优势转变为文化产业经济优势。加大力度引进亟需的科技人才、先进的技术设备,提高科技含量。设立盐城市科技创新专项风险投资基金,加大对文化企业进行技术创新和产业升级的资金投入力度。打造文化产业创新平台,加大研发力度,从盐城制造向盐城创造迈进,走出自己的发展创新之路。

3. 打造盐城地域文化产业人才平台

打造盐城地域文化产业人才平台,实施校企对接,探索"厂中校"、"校中厂"模式、"产学研"一体化模式,大力培养盐城地域文化产业管理人才、理论研究人才、市场营销人才等,为盐城地域文化产业科学发展提供智力支持和人才保证。加大紧缺领军文化人才引进力度,优化人才引进的政策环境和文化环境,完善激励机制,对作出突出贡献的领军人才给予重奖,在住房、职称、家属安置等方面实施绿卡政策,放大激励效应。构建多元人才投入机制,加大政府引导投入,强化企业主体投入,鼓励社会参与投入。近几年来,盐城已先后引进国家"千人计划"专家100人、海归人才1 000多名、双创"领军"人才800多名,入选省"双创计划"、省"双创团队"、省"博士集聚计划"连续三年名列苏北地区第一。

4. 加大打造盐城地域文化品牌产品力度

盐城红色铁军文化、盐城白色海盐文化、盐城绿色湿地文化等四色盐城地域文化内涵丰富。白色象征海盐历史永续,红色象征着革命岁月峥嵘,绿色象征着湿地自然恩宠,蓝色象征着盐城文化继往开来。盐城市文化旅游事业以此作为品牌,推进旅游业发展不断取得新的成效。中华麋鹿园成功创建为国家级5A级旅游景区,大纵湖和九龙口旅游度假区成功创建为省级旅游度假区。盐都区被命名为江苏省乡村旅游创新发展示范区,大丰荷兰花海和盐都泾口生态园成为首批江苏省乡村旅游创新项目。以东台甘港村、盐都杨侍村为代表的"38朵金花"奏响了乡村田园组歌,乡村旅游集群发展格局已经形成。盐城市在建的72个重点旅游项目中,2016年全年完成投资147亿元,同比增长97.26%。盐城市2016年接待游客2 282万人次,同比增长13%,实现旅游收入227亿元,同比增长13%。入境游客数量增幅全省第一。以此为契机,把盐城地域文化资源进行合理有效配置,使资源优势转化为产业优势。利用盐城地域文化品牌效应,促进发展盐城文化服务业和文化贸易业,巩固提升文化制造业,加快文化产业结构调整和转型升级。

第十一章　淮安市文化产业发展研究

　　淮安又被称为淮阴,是国务院批准的第二批历史文化名城,周恩来总理的故乡,同时也是我国五大菜系之一的淮扬菜的发源地。淮安位于江淮平原东部,地处长江三角洲地区,淮河与京杭大运河交点,历史上与扬州、苏州、杭州并称运河沿线的"四大都市",有"中国运河之都"的美誉。淮安是全国历史文化名城、中国优秀旅游城市、全国卫生城市、国家园林城市,为江淮流域古文化发源地之一,历史悠久、人杰地灵。2016 年,全市完成 GDP 总量 3 048 亿元,按可比价格计算,比2015 年增长 9.0%。其中,第一产业增加值 324.61 亿元,增长 1.7%;第二产业增加值 1 268.15 亿元,增长 9.1%;第三产业增加值 1 455.24 亿元,增长 10.6%。三次产业比例由 2015 年 11.2∶42.9∶45.9 调整升级为 10.6∶41.7∶47.7,第三产业增加值占 GDP 比重 47.7%,比 2015 年提升 1.8 个百分点。人均 GDP 达到 62 446元人民币(按当年汇率折算 9 401 美元),增长 8.6%。

一、淮安市文化产业发展的现状

1. 大力发展淮扬菜文化产业,坚持市场化、产业链化

　　继连续举办十届淮扬菜美食文化国际旅游节、建设中国淮扬菜文化博物馆及研究院、品鉴堂之后,淮扬菜重要发源地淮安,以成立中国淮扬菜集团等一系列创新举措,吹响了振兴淮扬菜文化产业更嘹亮的号角。

　　坚持市场化运作,牢固树立"发展靠市场"的理念,以政府为引导、企业为主体、市场化运作为路径。坚持产业链发展,充分发挥淮扬菜文化产业带动作用,加快上下游产业的培育和集聚,努力形成一个巨大的产业链。坚持淮扬菜标准化生产,精心研究设计菜品及其具体制作流程,力求原汁原味地体现淮扬菜特色。

2. 千年淮安古镇逢发展机遇,建立文化产业基地

　　沉寂已久的闽都文化发祥地之一的淮安古镇,正面临着重现商业繁荣的历史机遇。作为曾经的"进士之乡"与"理学之乡",淮安古镇古色依旧,现存有淮安县衙署、接官道、五帝庙、临水宫、提统抚、将军庙、古窑址、桃源境泉、摩崖题刻等古迹。文化产业在此发展,或将打造淮安的另一种商业繁荣。

　　目前,淮安全市出版发行和印刷业经营年销售收入已达 25 亿元,报刊营业收入超亿元,演出票房收入超过 520 万元。重点文化企业规模不断壮大,江苏劲嘉、美嘉、

顺泰等包装印刷企业大力发展高档印刷、特色印刷、数字印刷和彩印包装,产值均超亿元。淮安日报社大力发展网络媒体、户外媒体,连续两年广告经营性收入超亿元,组建了淮安报业传媒集团,综合实力跻身全省地市报第二方阵、正在向全国地市报20强迈进。出版物发行继续发挥苏北中心城市的集聚作用和辐射作用,2011年发行业经营码洋达7亿元。万达、卢米埃、人民大会堂等数字影院相继建成,票房收入逐月增加,其中万达影城全年收入2 583.78万元。

3. 创意文化产业发展迅速,成效显著

近年来,创意设计、动漫、网络、软件等新兴文化产业蓬勃发展。在创意设计产业中,清河创意产业园区以中鑫大厦为资源载体,吸引100余家广告设计、文化传媒等创意企业进驻,全力打造了淮安首家创意产业社区,2016年,他们又着手清河工业设计园的规划、引智、建设工作。在动漫产业中,清河新区内的江苏楚天极目动漫科技有限公司是淮安第一家通过国家认证的动漫企业,在影视动画行业具有较高的知名度,去年该公司生产的三维系列动漫片《风影少年》与央视少儿频道成功签约。在网络、软件产业中,淮安软件园共引进了软件、服务外包、网络动漫、游戏、文化创意等各类科技企业百余家,其中包括阿里巴巴、搜狐、微软、浙大网新等知名企业。

二、淮安市文化产业发展存在的问题

1. 文化产业的总量规模有待扩大

近几年,淮安市的文化产业虽然获得了较快发展,但仍处于起步、探索、培育、发展的阶段,整个文化产业在第三产业中所占比重仍然较小。离支柱产业要求的5%还有较大的差距。传统文化产业虽然初具规模,但仍有很多可以发展的空间。新兴文化产业虽然成长较快,但其产值在文化产业中所占比重偏小。民营文化产业和其他社会力量兴办的文化产业,近几年虽有了一定程度的发展,但真正在全省、全国有较大影响,且能形成文化产业支柱的企业还不多。通过对淮安市文化产业的发展现状调研,淮安文化产业增加值虽呈上涨趋势,但仍然没有形成文化产业群。文化产业与文化市场都是零散存在的。造成文化产业零散存在的主要原因有以下两点:第一,文化产业被某一经营者垄断、封锁,文化市场无法整合文化资源;第二,缺乏明星主导的文化企业,大部分文化企业经营水平低、经营收益差,导致文化产业链不稳定。

2. 知识产权保护不力且人才匮乏

在互联网平台下,网络知识版权制度不健全,同时文化产品作者本身对知识产权保护认识不足,造成文化产品盗版现象层出不穷。文化产品被复制、模仿、生产,盗版文化产品的同质化大大降低了文化产品的价值,文化产业的利益被一次次地重复低水平利用。个人创意被无故盗用、图书影视作品盗版猖獗,文化产业因其新颖性,更加需要知识产权法的权益保护。此外,淮安市的文化产业专业人才相对缺乏,人才总

量、结构、素质还不能够适应产业快速发展的要求,成为阻碍文化产业提升科技含量、扩大产业规模的瓶颈,主要表现在:文化产业人才分布不平衡;新型管理人才紧缺;高层次的文化产业技术应用型人才相对不足,等等。

3. 文化产业融资困难

淮安文化产业具有规模化、集约化、产业化程度低的特点,同时文化产业的投入回报不稳定,造成文化企业无法获得足够的经营资金。融资困难成为淮安文化产业商业模式创新发展的瓶颈。没有资金的支持,文化产业的发展寸步难行,文化产业商业模式的改革无从进行。

4. 文化产业发展的结构有待优化

从总体上看,淮安市文化产业发展仍处于"小而杂"的状态,特别是表现在产品结构上有所趋同,产业缺乏亮点和突破口,缺乏真正起到带动全市文化产业发展的龙头,缺乏文化产业的精品和亮点。从结构上看,淮安市文化产业内部各行业发展不均衡,水平参差不齐,传统意义上的文化产业占有相当大的比重,主要以图书、影像等文化用品,以及印刷设备和相关产品生产和销售为主,而网络文化、创意动漫、休闲娱乐、文化旅游、广告会展等高附加值的业态较为薄弱。

三、淮安市文化产业发展对策分析

1. 推动产业集聚

引导推动产业集聚,加快推进淮安软件园、江苏淮阴软件科技产业园、清河动漫产业园、洪泽安芯创意产业园等创意园区的建设和整合,提升为国家和省级文化产业园区。形成艺术门类齐全的创作生产集群,丰富文化产品。大力开拓城市和农村文化市场,开发具有淮安地方特色的系列文化教育产品、文化娱乐产品、文化旅游产品,引导居民积极更新文化消费理念,提升文化消费能力和水平。

2. 发展文化创意产业

发展文化创意产业是保护知识产权的新路径。互联网下的文化产业容易被复制模仿,只有创意构思全新的商业模式才能解决这个问题。文化创意产业应该以客户的需求为出发点,深入分析文化产业的核心资源和能力,然后选定目标市场,抓住客户诉求,才能引起客户的共鸣。近年来,淮安市积极扶持劲嘉新型包装材料有限公司、江苏楚天极目动漫有限公司、江苏华娱动力传媒有限公司、楚汉文化创意产业有限公司、中天网络传媒科技有限公司等一批骨干文化企业,文化创意产业发展形势喜人。

3. 创新文化金融模式

互联网文化产业的发展需要金融支撑,特别是投融资体制方面的创新。淮安市应积极研究文化金融法律制度,活跃文化产业资本市场,激发文化产业投资,提供民间资本借贷。引导政府资金投入,发挥金融企业以及民间资本优势,引进适合淮安本地发展的优势文化产业项目,使民间资本融入到文化产业运营中,创新发展多元文化产业商业模式。

4. 利用淮河文化资源发展生态和体验式旅游

为了推进生态文明建设,淮安市委、市政府倡议提出建设淮河生态经济走廊的战略构想。为此,淮河文化旅游发展要想进行突破创新,就必须要与生态文明建设的理念高度契合。现代的旅游模式不仅仅是观光旅游,更多的体现在生态和体验上。所以,淮安可以利用淮河流域河湖纵横的水资源发展生态旅游和体验式旅游。例如针对淮安的多个天然森林公园,可以形成生态观光旅游的品牌效应,将绿色的环境和天然的景色作为主要品牌标志,打造"天然森林氧吧",让"绿色"、"生态"的理念深入人心。同时,利用水资源可以开发体验式旅游,让游客通过自己的劳动获取食物,这对于生活在城市中的人来说,是一种新鲜的体验。充分利用洪泽湖、白马湖等天然的水资源开发体验式旅游,可以形成"捕捞——制作——享用"的形式,让游客体验渔家的生活方式;可以开展"水体生物观察"、"水体生物知识竞赛"等活动,让游客在观光的同时亲力亲为,通过体验式旅游来吸引更多的游客。

第十二章　连云港市文化产业发展研究

连云港是中国首批 14 个沿海开放城市之一,中国十大幸福城市,国家创新型城市试点城市,长三角区域经济一体化成员,《镜花缘》和《西游记》文化的发源地,新亚欧大陆桥东方桥头堡,新亚欧大陆桥经济走廊首个节点城市,丝绸之路经济带东方桥头堡,中国十大海港之一。近年来,连云港经济总量不断扩大。2016 年,全年实现 GDP2 376.48 亿元,同比增长 7.8%。其中,第一产业增加值 301.56 亿元,同比增长 1.6%;第二产业增加值 1 049.90 亿元,同比增长 7.8%;第三产业增加值 1 025.02 亿元,同比增长 9.8%。第二、第三产业增加值双双跨上千亿台阶。人均 GDP 首超 50 000 元,达到 52 986 元。而文化产业作为可持续发展的朝阳产业,作为拉动经济增长的新引擎,对推动连云港市经济稳定向好具有重要意义。

一、连云港市文化产业发展的现状

1. 文化服务水平提升

2016 年全年连云港市首批建设基层综合文化服务中心 325 家,新增公共文化场馆 39 个,新建市图书馆分馆 12 个。现代淮海戏《辣妈犟爸》参加第三届江苏文化艺术节并获优秀剧目奖,《白雪公主与七个小矮人》填补了本土儿童剧空白,《决战花果山》网页游戏成功上线,实现了游戏研发零的突破。制作发放 5 万张农家书屋借阅证,200 家一卡通农家书屋与县图书馆实现通借通还。全年组织举办广场文化活动、港城一家亲社区文化节等各类文化活动 2 万余场次,送戏下乡 1 328 场。市图书馆入选国家第三批公共服务综合标准化试点项目,东海县入围省级书香城市示范县,灌南县成功创建省级公共文化服务体系示范区。

2. 文化产业规模不断扩大,内容丰富

近年来,连云港市文化产业规模不断扩大,文化产业增加值占 GDP 的比重稳步提升,经济效益明显提高。目前全市共有三上文化产业类企业 230 家(其中规上工业中有 151 家;限上批零贸易业中有 38 家;规上重点服务业中有 41 家)。2016 年度,全市文化部门文化产业增加值 106 050 千元,同比增长较多。文化产业占全市 GDP 比重达到 3.35%,比 2015 年度提高 0.15 个百分点。从统计视角看,文化发展指数主要涉及文化产业增加值指标,这也是文化产业发展规模的数字化的显现。

连云港市拥有国家级非物质文化遗产 3 项、省级非物质文化遗产 25 项,神话文

化、山海文化、宗教文化、民俗文化、淮盐文化、五大宫调构成了连云港市丰富的文化资源，孕育了水晶文化、魔术文化等一批传统特色文化，涌现出《梦境西游》《大潮连云》《三拜堂》等一批优秀剧（节）目，以及女子民乐团、王咏梅等文化演出团体和个人，成为省、市文化名片。从文化创意相对值来说，连云港市在全省尚处于中等地位。

3. 部分产业实现集聚

正如国家文化产业研究中心主任熊澄宇所指出的，连云港最具特色的仍属水晶文化。以东海水晶产业为代表的工艺美术品制造，珠宝首饰品制造，收藏品零售、批发，以及知识产权服务、版权服务等产业，已实现产业集聚。东海县现有水晶及硅资源加工企业近3 000家，从业人员近15万人，并与中国珠宝玉石首饰行业协会合作设立国家珠宝玉石质量检验中心，成为有影响力的世界水晶集散地；东海水晶文化创意产业园、中国东海水晶博物馆已建成并投入使用，提升了水晶文化知名度；与阿里巴巴集团合作搭建的网上交易平台也将投入使用；水晶城正在积极准备上市。这一切表明，东海水晶产业具备爆发式增长的潜力。

二、连云港市文化产业发展存在的问题

1. 文化产业政策不够完善，资金支持不足

连云港市政府虽已出台一系列培育、扶持文化产业发展的政策，但政策的系统性、操作性还略显不足，措施有待细化，特别是对与文化产业相关的市场准入、规费减免、知识产权保护和拓展中小型文化企业融资渠道等问题，还需要制定详细的配套措施，提出具体的解决办法。在资金支持方面，受地方经济发展水平和政府财力的局限，地方投入的杠杆效应不明显。

一个地区文化产业投入是实现文化产业发展的主要载体和资本源泉，在很大程度上影响着当地文化产业发展的基本走势。公共文化经费补贴和公共文化活动经费在全省属于垫底，说明政府投入水平偏低，也极易导致社会力量抢滩、开发文化产业市场，文化产业产品生产的盲目性、无序性和非规范性等问题，这些都不利于文化产业的发展。

2. 文化产业规模偏小，文化服务设施不健全

目前，连云港市还没有国家级文化产业园区和基地，仅有1个省级重点文化产业示范园区——连云港杰瑞科技创意产业园，以数字化、信息化为核心的新兴产业发展缓慢。现有文化产业园区基本以企业为中心，规模小、实力弱，缺少提供发展文化产业所需的技术条件平台和专业孵化器的基础功能，更不具备服务、交流、培训、版权贸易和文化产品进出口交易的高层次功能。文化产业管理水平不高，高素质人才缺乏。连云港文化产业主管部门分工不清晰，职责不明确，管理人员偏少，对产业管理力度不大。文化产业总量偏小、缺少龙头企业，人才总量、质量不容乐观，专业化的经营管

理人才严重缺乏,从业人员总体素质偏低。

连云港市缺乏功能齐全、设施配套、与经济社会发展水平相适应的现代化公共文化服务设施,文化硬件不过关,同时,人们的文化意识仍处于萌芽状态,文化的自觉性仍需要这个社会的政治、经济、文化长久良性互动下来唤醒。

3. 人民文化消费意愿薄弱

2016年,连云港市教育文化和娱乐指数100.1,从相关指标完成情况看,2016年,城镇居民文化娱乐消费支出比2015年上涨0.1%,居全省第八位,从统计视角看,文化消费相对数在全省中尚处于中等地位,但文化消费的绝对数处于垫底地位。消费基础的薄弱,并不是说居民没有消费能力,更多的时候是消费意愿的不强烈。主要原因是由于当前日益增加的生活压力和生活成本挤压了文化消费意愿。比如住房消费成为近年来居民生活性消费支出中上升趋势最为明显的部分,加上社会保障不健全,养老、医疗、卫生、教育等都成为居民文化消费的后顾之忧,文化基础设施和机构还不能充分满足居民日益增加的文化消费需求。

三、连云港市文化产业发展对策分析

1. 构建门类齐全行业,推进文化产业发展

针对连云港市文化产业结构以传统文化产业为主的特征,应对现有的文化资源进行认真细致的分类与评估,在此基础上找准切入点,加大资源整合力度,突出优势,合理开发。既要加快对传统优势文化产业的数字化、信息化改造,实现产业升级,更要不断创新,构建结构合理、门类齐全、科技含量高、富有创意、竞争力强的现代文化产业体系。发展壮大出版发行、影视制作、印刷、广告、演艺、娱乐、会展等传统文化产业,利用连云港市地理优势和文化优势,重点发展和做好连云港市水晶产业,打造西游文化融入机制。同时要加快发展文化创意、数字出版、移动多媒体、动漫游戏等新兴文化产业,推动文化产业与旅游、体育、信息、物流、建筑等产业融合发展,增加相关产业文化含量,延伸文化产业链。

2. 提升文化科技含量,发展文化创意行业

文化创意与设计产业具有高知识性、高附加值、强融合性的特征,属于新兴文化产业。大力推进现代传媒、动漫游戏、数字视听、演艺娱乐、文化旅游、网络文化、会展博览等新兴文化产业的发展,以现代科技为依托,依靠科技进步来创造新的文化资源,突破传统运作模式,推动诸如网络文化服务、旅游文化服务、文化艺术商务代理服务以及广告和会展文化服务等新兴文化产业的发展,用市场规则来培育文化产业,用经济手段来优化文化产业结构,提高文化资源利用效率,推进文化产业的现代化,提高连云港市文化生产力水平,使文化创意产业规模不断发展、结构不断改善、效益不断提高。

3. 建立文化融资体系,加大文化投入力度

连云港市文化企业总体状况是规模普遍偏小,而当今世界文化产业的发展趋势是集团化和规模化。在这样的趋势下,靠企业自身发展积累资本从而实现集团化和规模化是不现实的。因此,在坚持经济效益优先的前提下,政府投入是必须的,要制订优惠政策,以政府基金、贴息、担保、补助,甚至政府商业投资等形式,扩大招商引资规模,吸引外资和民间资本,建立多渠道、多层次的投融资体系,加大文化产业投入,扶持文化产业发展。积极调整投资结构,重点扶持和发展有前途的新兴文化产业和社会公益文化事业,积极推进连云港市文化产业的快速发展。

4. 规范文化管理机制,增加文化服务功能

要在规范管理的同时积极为之服务,促使其健康发展,一方面为群众提供良好的文化消费环境,另一方面为发展文化产业贡献力量。同时,发挥阵地作用,促进公益事业健康发展。图书馆、博物馆、文物馆、群众文化(艺术)馆等公益文化场所是人民群众不可或缺的精神文化生活阵地。要通过改革、强化管理、加大投入等有效方法加快发展,在为群众提供良好的文化服务的同时,为壮大文化产业实力、增加份额、创造条件奠定基础。

5. 提高居民收入水平,营造文化消费氛围

文化消费是文化产业发展的根本动力,也是文化产业发展的目的。要提高居民文化消费,一方面要千方百计增加居民的收入,因为有了钱才能消费;同时要在完善社会保障上下工夫,因为居民敢不敢消费,主要取决于对未来支出的预期。另一方面要积极营造文化消费氛围。首先,居民要树立文化消费意识,特别是农村居民在消费观念上的转变,要改变长期偏重物质消费的传统消费观念,增加非刚性需求的文化消费;其次,要营造文化消费环境,通过发展文化产业,带动居民文化消费,比如通过开发差异性产品和服务,满足不同人群的文化需求,还可以采取降低消费门槛的方式,满足更多人群的文化需求。

第十三章　宿迁市文化产业发展研究

宿迁历史悠久、文化繁荣,古称下相、宿豫、钟吾,是西楚霸王项羽的故乡,京杭大运河穿境而过,北倚骆马湖,南临洪泽湖。宿迁境内有世界文化遗产京杭大运河及乾隆行宫遗产点、项王故里、骆马湖、洪泽湖湿地等著名旅游景点。是中国优秀旅游城市、国家园林城市、国家卫生城市、中国金融生态市、联合国环保节能新型示范城市。经初步核算,2016 年宿迁全市实现地区生产总值 2 351.12 亿元,比2015 年增长 9.1%,比全省增速快 1.3 个百分点。其中,第一产业增加值 275.23亿元,同比增长 2.0%;第二产业增加值 1 140.37 亿元,同比增长 10.1%;第三产业增加值 935.52 亿元,同比增长 10.2%。人均 GDP 达 48 309 元,按平均汇率换算达 7 275 美元。

一、宿迁市文化产业发展的现状

1. 人才资源竞争方面

虽然宿迁市建市较晚,属于经济欠发达地区,但却拥有后发优势。随着经济的快速发展,宿迁市庞大的市场规模有利于宿迁市文化产业快速形成规模经济,实现规模效益。特别是对于正在成长中的文化产业,如报刊、出版、广电等行业,这种优势会更加明显。但人才问题是制约宿迁市文化产业竞争力提升的突出问题,目前宿迁市文化产业各类人才的总量、结构、素质还远不能适应产业发展需要,尤其是高层次人才严重不足。

2. 文化资源方面

宿迁拥有深厚的历史文化积淀,文物资源非常丰厚,民俗风情独特,民间艺术众多。目前,宿迁市拥有国家级文物保护单位 2 处,省级文物保护单位 13 处,国家非物质文化遗产项目 1 项,省级非物质文化遗产项目 7 项。另外,旅游资源也非常丰富,全市已开发出 35 处国家 A 级旅游景区。再加上独具特色的地方戏曲,如沭阳、泗阳的淮海戏,泗洪的泗洲戏,宿豫、宿城的淮红戏以及琴书、大鼓、评词等曲艺品种。民间艺术繁荣,旱船、高跷、花挑、跑驴、舞龙、舞狮等艺术形式为群众喜闻乐见。这些元素造就了宿迁这个文化产业资源异常丰厚的地区。

3. 资本资源方面

由于宿迁市经济总量较小,政府对文化产业的投入偏少,社会资本活跃性也不高。并且宿迁市吸引外资的总体水平不高,文化对外资吸引力目前只是一个潜在优势,直接流入文化产业的外来投资还非常少。

4. 文化产业方面

宿迁市非常重视文化产业的发展,早在 2010 年就制定下发了《关于加快文化产业发展的实施意见》,并将 2012 年定为宿迁市"文化产业发展年"。自 2012 年以来,宿迁市文化产业发展速度排名全省第一,多次被评为"江苏省文化产业发展速度先进地区"。"十二五"期间,宿迁市重点实施文化产业一体两翼的"雄鹰式"行动计划,继续壮大主导产业,加快发展文化创意设计、文化休闲娱乐、文化艺术服务、广播影视服务业、文化专用设备生产等 8 大类 15 个产业项目。目前,全市共有文化经营单位 3 000 多家,从业人员 5 万多人。全市文化产业发展速度较快,截至 2016 年实现文化产业增加值与 GDP 比值接近 5%。宿迁的各个地区齐头并进,一起发展文化产业重点项目,并且形成具有代表性的区域文化产业。宿迁市沭阳"中国沭阳国际图书馆"项目、江苏洋河新城"古黄河爱情主题公园"项目、宿迁报业集团"无线宿迁新闻客户端"项目等 6 个重点项目入选国家文化产业重点项目,宿迁市项王景区旅游发展有限公司的"项王故里"项目入选中国 2015 年度特色文化产业重点项目目录。这不仅是对宿迁市文化产业发展成就的肯定,更对宿迁市文化产业发展具有重大的示范带动作用。

二、宿迁市文化产业发展存在的问题

1. 文化产业总量还不够大、水平还不够高

进入 21 世纪,我国经济水平不断提高,随着大众文化程度的普遍提高和空闲时间增多,人民群众精神文化方面的需求增加,对文化产品的需求也与日俱增,同时呈现多元化和多样化的特点。相比之下,文化产品和服务的供求矛盾更加突出,"及时有效的供给"不足,文化产业总量还很匮乏,与人民群众与日俱增的文化产品需求有着较大的落差。同时,老一代的宿迁精髓文化产品需要更好地发掘和发扬,新兴的文化产业水平参差不齐,亟待提高。宿迁市文化产业的总量还不是很大,没有充分发挥宿迁的悠久历史文化优势,对某些文化资源的开发水平不高,一些非物质文化遗产的保护力度不够,传统的曲艺以及手工艺术有逐渐开始沉没的趋势。

2. 文化产业集中度不高,缺乏骨干企业和知名品牌

宿迁有着悠久的历史文化底蕴和素养,但是文化产业起步较晚和文化领域条块分割、市场壁垒等原因,宿迁的文化企业并没有出现百花齐放的场面,相反出现了"软小散滥"等问题。这也是一个国内各地方文化产业发展普遍存在的问题,最突出地表现在:规模小、产业规模化和集约化程度低、产业布局失衡、缺少核心企业。同时由于宿迁文化企业自主创新能力不高、核心竞争力缺乏,因而知识产权并没有发挥作用,

创新的文化品牌更是少之又少,仅仅是立足于自主品牌,参与国际竞争的能力还有待进一步提高。

3. 政策、法规体系不健全,投入不足,人才保障不完善

"十二五"规划以后,宿迁市市委、市政府相继出台了一系列的扶持和促进文化产业发展的政策措施,但这些都只是起到一定的促进作用,从总体上看还不够完善。比如说:政府的财政投入远远满足不了文化产业发展的需求,在文化产业建设方面,虽然各级财政每年不断增加对文化建设的投入,但由于历史遗留下来的问题根深蒂固,比如说:经费基数低、底子薄、基础条件差,相对于市场与民众的需求,目前财政的投入力度一时之间还是没法解决的。在文化产业发展中需要的是具有创造性、管理性、技术性的综合人才特别是既懂文化又懂经营的高级型人才,所以人才的培养机制就有待进一步加强。

4. 文化宣传力度不够

文化形象的宣传,是人们认识和了解宿迁旅游文化特色的最有效、最直接的方式,这方面工作的持续开展,是宿迁旅游文化形象得到公众认知的前提。但由于在宿迁整体文化旅游的发展过程中,宿迁旅游文化还没有深度挖掘,目前存在着就树看树、就花赏花、就文物浏览文物的现象,导致了宿迁旅游文化在对外文化旅游宣传上缺乏创新和改变,很难给人们带来全新的文化体验与认识。

5. 配套基础设施投入不完善,文化旅游资源的隔断较大

文化旅游的发展很大程度上依赖于基础设施,政府的财政投入是文化发展需求最基础的保障。但在文化产业建设方面存在着诸多问题,相对于市场与民众的需求,财政投入力度或许一时没法解决,这使得宿迁重点旅游文化景点周边缺少统一的旅游服务交通和服务营业点,景点内硬件和软件设施也逐渐老旧,没有及时更新和重置,在旅游的持续性环节上大打折扣,不利于景点形象的传播。旅游资源之间的区位联系,往往很大程度上影响着旅游者的旅游兴趣和意向。据相关调查显示,宿迁骆马湖等水景区景点太长,只限于景物观赏,缺乏文娱项目的开发,使得游客产生观赏疲劳现象,这也从侧面反映出骆马湖旅游功能存在薄弱性。骆马湖景区内的文化旅游点往往是以单个的个体形式存在,互相之间缺乏互动和辐射关系,进而也会对旅游的客流量造成重要的不利影响。

三、宿迁市文化产业发展对策分析

1. 积极支持经营性文化单位体制机制改革

在出资额方面,将文化事业单位体制统一改为公司制,以原公司经财政部门认定的资产计入现公司注册资本的,不需要受百分之三十的货币出资金限额。努力扩大文化产业的总体数量,大力发掘宿迁的文化产业,鼓励市民保护文化产物。在建设文

化企业集团方面，积极鼓励文化产业企业的发展，重点扶持特色企业的发展，比如：宿迁报业传媒、宿迁广播电视传媒等。对符合条件的文化企业，可以按照相关条件建立企业集团。在过程方面，降低文化企业的工商登记进入门槛，简化手续，对于刚入门的企业免费提供咨询。在文化企业名称登记时，允许使用表达企业经营内容和形式的语言。

2. 大力推进文化产业企业商标战略，培养骨干企业和知名品牌

文化企业应努力把文化产业的兴起作为着力点，需要简化企业登记的步骤，引导更多的企业注册商标。在工商登记的部门开设专门的窗口，提供咨询服务，指导前来办理业务的企业认识到商标在市场发展中的重要性；对于前来申报认定驰著、知名商标的企业主动帮助企业提供所需资料，提供专业服务。在推进文化建设中，既要立足当前，又要着眼长远；既要统筹规划，又要分项推进；既要顾全大局，又要重点培养；既要全面发展，又需有个性；既要发展，还要强化并巩固文化产业，努力提高文化发展的全面、平等、个性，切实增强文化发展的内动力、感染力、影响力。

3. 促进文化与创意、科技的融合

推进宿迁文化创意与旅游产业相融合。充分利用宿迁的民俗文化，对宿迁的人文体验、休闲创意、生态旅游、乡村旅游等门类的文化旅游产业给予重点扶持，鼓励其发展，比如：大力加快骆马湖、洪泽湖、三台山森林公园、运河湾的基础设施建设，专门针对文化旅游产品的结构性短缺进行专业招商，重点开发建设一个多功能的文化主题公园，主要以现代科技做支撑，集观光、互动、体验为一体的，能体现时代特色、展示宿迁独特文化魅力的外景演出活动，弥补宿迁文化旅游"月光经济"的空白。推进文化创意与传统产业相融合。利用宿迁传统行业的资源优势，举办创意比赛，以加入文化因素为要求，在比赛中选取优秀的创意理念，在比赛过程中既可以借助活动的宣传效果，提高品牌的知名度，又可以选取采用民众都认可的创意，提高文化产品的附加值。此外还可以将传统的文化产业园区和创意产业园区的大楼建在一个地区，方便传统企业和创意文化企业的交流。推进文化创意与科技产业相融合，探究文化产业的发展道路，强化"政、产、学、研"四项的一体化建设。

4. 注重科学技术创新和组织的创新

科技是生产力，而且是第一生产力。在宿迁文化产业创新发展的过程中，科学技术创新可以推动宿迁文化资源整合与开发，提升核心资源价值，并促进其向不同产业的辐射，引发产业结构和产业组织转变，促使文化产业形态变迁。比如大数据、云计算、互联网、物联网等信息技术、通讯技术和网络技术等的发展，对文化产业变革产生了重大影响，推动着文化产业在项目融资、产品生产、营销推广、消费和衍生品推出等方面的变革。特别是在"互联网＋"的时代背景下，互联网技术对文化产业的发展带来诸多机遇，"互联网＋文化产业"成为文化产业升级发展中的新兴业态。科学技术

的创新在文化产业创新发展中起着举足轻重的作用,搞好科技创新那就需要培养高素质的科技人才,促使产、学、研的密切合作,形成良性循环的科技创新体系,积极推动科学技术向现实文化生产力的转化。

组织影响效率。国内的研究者认为,我国文化产业组织结构呈现出文化产业市场集中度低、分散竞争型市场结构占主导地位、文化企业组织调整以行政手段主导和文化产业产值总体规模不大、文化资源配置效率低下等特点。为此,实现文化产业组织创新,宿迁应建立和完善文化企业重组并购机制,促进文化产业市场集中,推动宿迁文化产业集团化,大力发展文化产业集群。发挥文化产业集群的辐射效应、带动效应、溢出效应和洼地效应等,推动宿迁文化产业的健康发展。

5. 联结旅游景点的带动作用,构成文化产业链,形成品牌优势

每个旅游资源拥有独属于自身的产业基础,而多方位的旅游开发形式,需要做到旅游资源之间相互贯通与融合。旅游的产业属性决定了城市旅游品牌传播事实上是多个产业相互嵌入情形下的混合传播。骆马湖文化包括历史文化、娱乐文化、体育文化、自然文化等多个方面,把这些文化形成具有影响力的产业基地,互相渗透与融合,把产业做大做强形成规模优势、链群优势才能成为骆马湖旅游风景区的亮点。同样,行政部门之间也应多参与调控与合作,形成有效的旅游开发机制,构成一条独属于骆马湖的文化产业链,促进各个旅游点的关联度,加强区域合作,推进旅游文化产业一体化,形成有说服力的旅游品牌。

文化旅游资源开发不是单方面的,应该多种旅游资源开发模式相融合。对于湖泊旅游来说,自然景观的开发、营造、设计自不待言,同时还要注重人文内涵的发掘,让旅游者在自然与人文统一融合和相互交映的时空中感受景点魅力。因而,可以运用自然资源与人文资源的特征,在骆马湖渔业资源、水草树木资源、鸟类资源等方面大做文章。例如,可以在生态旅游资源开发背景下,提出文化旅游资源的开发方式,包括参与体验旅游:参与骆马湖边农家传统劳作,通过文字、幻灯、录像等方式了解民俗民风;科普旅游:运用多种造景手法,以表现文化(艺术)之水(水与名人、音乐、书法、绘画、雕塑、影视、园林景观等),揭示水文化;美食旅游:在骆马湖边建一条独具"楚风"特色的水上建筑,配置特有的美食产品,着力开发地方特色美食文化。

行　业　篇

第一章 新闻、出版发行和版权行业发展研究

一、新闻、出版发行和版权行业发展的现状

1. 新闻、出版发行行业发展现状介绍

2016 年,面对媒体格局和媒介生态环境的深刻变化,中国新闻媒体深化改革、锐意进取,传统媒体与新兴媒体深度融合,新闻媒体综合实力和影响力不断增强,新闻队伍建设扎实推进,中国的新闻事业焕发出蓬勃生机。我国政府高度重视中国新闻事业的健康发展。习近平总书记多次发表重要讲话,支持和鼓励新闻事业健康发展。

2016 年,全国共出版图书、期刊、报纸、音像制品和电子出版物 512.53 亿册(份、盒、张),较 2015 年降低 6.90%。其中,出版图书 90.37 亿册(张),增长 4.32%,占全部数量的 17.63%;期刊 26.97 亿册,降低 6.29%,占 5.26%;报纸 390.07 亿份,降低 9.31%,占 76.11%;音像制品 22 122.33 万盒(张),降低 24.79%,占 0.43%;电子出版物 29 064.66 万张,增长 35.57%,占 0.57%。全国出版图书、期刊、报纸总印张为 2 196.43 亿印张,折合用纸量 508.73 万吨,与 2015 年相比用纸量降低 10.83%,其中:图书用纸量占总量 35.90%,提高 5.28 个百分点;期刊用纸占总量 6.80%,提高 0.11 个百分点;报纸用纸占总量 57.30%,降低 5.39 个百分点[①]。

在全国大环境利好的态势下,江苏新闻出版业不断发展前进。2016 年,江苏省出版发行的报纸种类有 143 种,与 2014 年相比,报纸种类没有变化;总印数有 233 072万份,较 2015 年(263 924 万份)下降了 30 852 万份,继上一年再次下降;期刊类及少年儿童读物种类较 2015 年有大幅度增长。

表 3 - 1 - 1 2016 年江苏省报纸、期刊发行情况

指　标	种　数(种)	总印数(万册、万份)	总印张(万张)
报纸	143	233 072	813 521
期刊	444	11 954	52 332
综合	18	101	521

---

① 数据来源:2016 年中国新闻事业发展报告。

续表

指 标	种 数(种)	总 印 数(万册、万份)	总 印 张(万张)
哲学、社会科学	90	4 370	19 184
自然科学、技术	252	2 676	10 989
文化、教育	56	4 079	18 172
文学、艺术	28	728	3 466
画刊	1	10	35
少年儿童读物	2 121	3 455	17 855

2. 2016 年江苏省图书出版情况

江苏各地在 2016 年积极响应省委省政府号召,全民阅读的活动继续火热地开展。苏州图书馆 2016 年阅读数据新鲜出炉。相关统计数据表明,2016 年苏图全年接待读者 1 004.4 万人次,继 2015 年之后再次突破 1 000 万人次大关。外借图书 431.9 万册次,比 2015 年增加了 10.9 万册次,创下新高。其中,到馆借阅 320.7 万册次,线上借阅图书 111.2 万册次,线上借阅用户 12.1 万人。为推进"书香江阴"建设,打造全民阅读"江阴模式",2016 年江阴市把建设全民阅读公益服务点作为为民办实事工程之一。100 个全民阅读公益服务点共利用面积 7 300 平方米,投入 613.5 万元,设置图书 11.37 万册、期刊 818 份、报纸 662 份,极大满足了市民的阅读需求。"书香无锡"建设氛围渐浓,2016 年公布的无锡市居民综合阅读率为 89.7%,分别高出全国、全省平均水平 10.1 个和 1.3 个百分点,居民阅读指数为 79.9 点,高出全省平均水平 2.39 点。"崇尚读书,享受读书"日益成为无锡的社会风尚。2016 年江苏省公布的居民阅读状况调查结果显示,宿迁市居民综合阅读率为 86.2%,较 2015 年提高了 1.1 个百分点;居民阅读总指数为 72.39 点,较 2015 年提高了 0.19 点,居民综合阅读率和居民阅读总指数均位居苏北前列。

阅读风依旧盛行,2016 年,全省各类图书出版总体情况也较 2015 年有所增长。

表 3－1－2　2015 年图书出版情况

指 标	图书出版种数(种)	总印数(万册)	总印张(万印张)
总计	27 473	62 415.13	450 214.67
马列主义、毛泽东思想	34	13.57	178.69
哲学	400	326.01	4 068.68
社会科学总论	185	141.58	1 806.53
政治、法律	394	329.56	3 589.19

指 标	图书出版种数(种)	总印数(万册)	总印张(万印张)
军事	20	73.66	688.67
经济	785	214.30	3 284.99
文化、科学、教育、体育	16 452	54 218.23	363 109.52
语言、文字	750	376.53	4 951.91
文学	2 725	3 114.68	36 012.26
艺术	1 965	1 910.79	9 878.82
历史、地理	770	451.72	6 173.59
自然科学总论	27	10.36	76.08
数理科学、化学	298	110.59	1 452.77
天文学、地理科学	86	26.93	294.91
生物科学	61	51.64	500.57
医药、卫生	691	443.57	5 616.51
农业科学	123	50.59	339.63
工业技术	1 414	451.28	6 894.76
交通运输	126	31.90	500.16
航空、航天	3	1.80	11.45
环境科技	65	14.14	147.81
综合性图书	99	51.72	637.17

(数据来源:江苏统计年鉴 2017)

2017 年 4 月,《江苏省"十三五"全民阅读发展规划》(以下简称《规划》)正式印发,这是江苏省首个全民阅读规划。《规划》明确了"十三五"时期江苏省全民阅读工作的主要任务,即:全面实施"书香江苏"品牌建设行动,聚力推进全民阅读"六大工程",逐步完善全民阅读公共服务体系。围绕三个方面主要任务,实施一批重点工程、重点项目。这些重点工程和项目,具有三个特点:一是连续性。为确保政策的延续性,《规划》仍将《关于加快推进书香江苏建设的意见》中提出的"2020 年以前全民阅读工作重点实施的'六大工程'"列为"十三五"重点工程。二是基础性。《规划》提出要重点实施书香系列建设基础工程,通过建设书香城市、书香乡镇、书香乡村、书香机关、书香校园、书香家庭、书香军营等,打牢"书香江苏"建设的根基。三是引领性。《规划》提出"十三五"时期重点推进全民阅读重大活动品牌项目、书香江苏平台建设项目、全民阅读宣传推广项目,旨在引领和带动"书香江苏"建设创新发展,不断增创新的优势。

3. 2016 年江苏省版权行业现状

随着互联网时代的发展,版权维护成了一个重要话题。江苏各市也在积极应对,把版权维护放到重要层面。2016 年 11 月连云港市版权局印发了《连云港市版权示范县区、示范单位和示范园区(基地)管理办法》(以下简称《办法》),对开展版权示范县区、示范单位和示范园区(基层)创建工作作出部署。《办法》指出,开展版权示范县区、示范单位和示范园区(基层)创建工作,旨在全面贯彻落实《国家知识产权纲要》和《连云港市知识产权战略纲要》,充分发挥版权示范县区、示范单位和示范园区(基地)在诚信守法、依法经营、带动版权相关产业发展方面的示范作用,提升城市、单位和园区(基地)自主创新能力,推动版权工作更好地为经济建设服务,促进经济、文化、科技和社会发展。

2016 年,昆山市完成版权作品登记 21 604 件,同比增长 91%,创历史新高。其中企业作品 20 918 件,个人作品 637 件,其他组织作品 49 件,分别占比 96.82%、2.95%、0.23%。根据江苏省版权局的统计,2016 年全省一般作品登记量为 181 309 件,昆山市完成一般作品登记 21 385 件,占全省的 11.79%,占苏州的 36.56%,仅次于南通、苏州、淮安三个地级市。其中昆山登记美术作品 20 649 件,占全省美术作品的 25.16%,占苏州的 59.57%,绝大部分为企业作品并实际纳入市场经营产生版权经济效益。

2016 年 12 月召开的全国版权社会服务工作交流会上,苏州阳澄湖数字文化创意产业园荣获"全国版权示范园区"称号,并由国家版权局副局长阎晓宏授牌。至此,苏州市共成功创建 3 个全国版权示范城市、7 个全国版权示范园区和单位,数量在全省乃至全国都名列前茅。苏州阳澄湖数字文化创意产业园自 2011 年正式开园以来,先后获批"江苏国家数字出版基地"、"国家级科技企业孵化器"及"江苏省省级科技产业园区"。同时,把版权作为园区开发建设的重要内容,扎实推进版权登记、保护、宣传工作,成绩斐然。

2016 年 5 月 12 日,"数字版权保护技术服务签约仪式"隆重举行,江苏国家数字出版基地南京园区、镇江园区等签约成为国家数字版权保护技术研发工程首批应用单位。数字版权保护技术研发工程是列入国家"十一五"、"十二五"文化发展规划纲要的重大科技专项,是国家新闻出版广电总局新闻出版重大科技工程项目之一,涵盖技术研究、系统开发、平台搭建、标准制订、总体集成、应用示范等多个方面。

二、新闻、出版发行和版权行业发展存在的问题

1. 新闻出版产品生产有数量缺质量

2016 年内,江苏新闻出版数量有所提升,从上面的一些统计也可以看出江苏新闻业发展利势,但是实际上很多新闻及出版的质量并不高。追求数量而忽视质量问

题一直存在,这就要求相关部门要加强对质量的把控,不要让质量问题变成诟病。

2. 实质性转换不太彻底

现在都在谈改革,新闻出版行业的改革问题,通常是由其他相关部门发起进行改革,这一改革也指明了出版行业内部的改革。为此,导致新闻出版社在改革中存在一定的被动性及群众知识需求的不确定性、新闻出版社缺乏新闻之间的比拼,仍旧坚持的是"书刊"。这类出版稀缺资源,想要谋得盈利,经常会出现"四不像"的状态。

3. 没有积极融进改革特点中

新闻出版社在改革改制之前,最主要的区别在于企业行业股份化、企业债券的分配、企业法律改制等激励,在某种程度上使得管理体系并不平衡。企业新闻改革中新闻出版社,在一定程度上构建了出版社发展的股份化,但是在发展中仍旧存在一定的问题。企业发展中实行股份化的力度并不充足,加上责权分配不太分明,并未有相对完善的管理系统。此外,整个新闻出版行业中集团的股份制发展,一定程度上导致了各个产业市场发展的区分程度较低,同时由于各个行业及专业发展的相互重复,其社会资源必然会出现一定的消耗,降低市场的竞争力。

三、新闻、出版发行和版权行业发展对策分析

1. 大力推进新闻出版产业升级和结构调整

首先,利用新技术积极对传统的产业发展及改善,并且对出发行标准进行进一步完善及修订,积极推动新闻出版体制改革的升级及结构调整。此外,新闻出版体制改革中积极发展多种新兴行业,大力发展数字出版、网络出版、手机出版等新兴行业的发展,并且努力占领新闻出版业发展的制高点。加快实现由传统媒体为主向传统媒体与新兴媒体融合发展的转变,打造主流媒体在新闻出版多元传播格局中的强势地位。积极鼓励和支持新闻出版单位运用高新技术,并且有计划、有步骤地对新闻出版体制改革渠道进行广泛性的发展。

精品生产攀登行动。以社会主义核心价值观为引领,把内容创新创优作为新闻出版广播影视工作的核心环节,重点实施出版精品、影视精品建设项目,建立健全规划引导、扶持激励等工作机制,每年推出一批传播当代中国价值观念,体现中华文化精神,思想性、艺术性、观赏性有机统一的优秀作品。

2. 强化新发展理念

江苏新闻出版广电不管是事业产业发展,还是行政管理,都面临着爬坡过坎的重大考验。要更加重视协调发展,只有解决好新闻出版广电供给与消费之间存在的矛盾,不断增加优质新闻出版广电产品和服务供给,才能推动产业结构和公共服务不断优化升级。要更加重视绿色发展,一方面加快发展壮大新闻出版广播影视产业,为国民经济绿色化发展作贡献,同时加快印刷业向绿色化发展转变。要更加重视开放发

展,坚持内外联动,鼓励和引导社会资本投资新闻出版广电事业产业,加强国际传播能力和对外话语体系建设。要更加重视共享发展,加快推动新闻出版广电公共服务均等化,确保全省人民共同实现"文化小康"。

3. 建立现代版权服务标准体系

从世界范围来看,著作权保护范围内的图书、音乐、电影和计算机软件等客体类型的产业化程度,完全不输于专利权和商标权保护对象的产业化程度。要加快建立现代版权公共服务体系,更好地服务和促进版权产业发展。一是激励创造。通过最有价值版权作品评选、资金支持等手段,引导版权企业建立完善版权创造激励、版权资产管理等制度,建立并不断扩大优质版权资源库。二是促进转化。在激励创造的同时,大力推动版权成果转化,形成产业竞争力,力争到2020年全省版权产业占GDP比重达10%左右。三是依法保护。加强视听节目、文学、游戏网站等重点领域版权行政执法,形成打击侵权盗版的高压态势。探索建立与版权保护有关的信用标准,向征信机构公开相关信息,提高版权保护社会信用水平。四是优质服务。根据国家知识产权局、国家标准委、国家工商总局、国家版权局联合发布的《关于知识产权服务标准体系建设的指导意见》,探索建立版权服务标准,并通过政府购买服务,促进版权社会服务创新发展。

第二章 广播影视及演艺行业发展研究

一、广播影视及演艺行业发展的现状

从全国情况来看,截至 2016 年底,有线电视实际用户达到 2.23 亿户,其中有线数字电视实际用户 1.97 亿户。年末广播节目综合人口覆盖率 98.37%,电视节目综合人口覆盖率为 98.88%。全年生产电视剧 330 部 14 768 集,电视动画片 119 895 分钟。全年生产故事影片 772 部,科教、纪录、动画和特种影片 172 部。

1. 江苏影视 2016 年发展现状

江苏省 2016 年 1—10 月,全省城市影院共放映 540.51 万场、观影 11 561.03 万人次、票房 360 831.61 万元,分别比去年同期增长 42.16%、7.95%、1.77%,平均票价 31.21 元。其中,国产影片放映 303.85 万场、观影 6 902.08 万人次、票房 216 609.16 万元,分别占 56.22%、59.70%、60.03%,平均票价 31.38 元。10 月份票房 31 273.01 万元,同比下降 21.04%。再看江苏省各市情况,2016 年,苏州电影市场保持平稳增长,电影票房 8.95 亿元,同比增长 1.78%,占全省份额 21.37%,位居全省城市第一、全国城市第九,并成为唯一进入全国电影票房前十名的地级市。至 2016 年底,苏州电影市场共有 20 个城市院线公司进入,城市院线电影院 105 家,银幕数 664 块,座位数 9.53 万个。2016 年,苏州全市共有 2 831.87 万人次走进影院,观众比 2015 年增长 6.1%。

无锡国家数字电影产业园 2016 年上半年发展势头强劲,1—6 月份园区实现税收近 2 亿元,接近 2015 年全年水平。园区引入企业近 130 家,累计入驻企业已近 400 家。申报影视剧立项 35 部,承接拍摄制作 90 部。园区二期 3 个 3 000 平米国际标准影棚已建设完成,其中包括 1 个当前国内最大的虚拟拍摄棚,目前已有《捉妖记 2》、《蛮荒记》、《西游记之女儿国》等近八部大制作影片预约拍摄。园区 1.2 万平米超大摄影棚、二期主题街景也正在方案设计优化中。

2016 年初,泰州市局下发了《2016 年泰州全市农村电影公共服务保障场次的目标任务》和《江苏省农村电影放映专项补助资金管理办法》,要求泰州三市四区认真学习,抓好落实工作,并提出了 2016 年泰州全市农村电影公共服务 17 220 保障场次的目标任务。3 月,召开全市农村公益电影放映工作座谈会,邀请省新闻出版广电局副调研员金国民到会指导,各单位充分认识送影下乡的重要性,结合当地农村实际,具体做好经费的争取和使用、固定点建设、购买服务等重要环节。9月,召开全市农村公益电影放映工作推进会,总结经验教训,提出存在问题。11月初,继续召开全市农村公益电影放映工作推进会,要求努力冲刺,超额完成2016年送电影下乡的目标任务。

　　2. 江苏电视2016年发展现状

　　目前,江苏省已基本做到广播、电视人口完全覆盖,有线电视用户数从2011年的1 988万户增加到2016年的2 069万户,但相比2015年有所下降,有线电视入户率却是自2012年最低的(表3-2-1)。

表3-2-1　广播、电视事业发展情况

项　　目	2012年	2013年	2014年	2015年	2016年
职工人数(人)	51 291	52 089	53 699	52 664	53 531
广播电台(座)	21	21	21	21	21
中短波发射台及转播台(座)	618	718	734	735	735
中短波发射机功率(千瓦)	99.99	99.99	99.99	100.00	100.00
广播人口覆盖率(%)				8	8
电视台(座)				8	8
广播电视台(座)				71	71
调频电视发射及转播台(座)				98	104
调频发射机功率(千瓦)				168.20	175.8
电视发射机功率(千瓦)				510.15	512.95
电视人口覆盖率(%)	99.88	99.88	99.88	100.00	100.00
有线电视用户数(万户)	2 178	2 249	2 291	2 226	2 069
数字电视用户数(万户)	1 450	1 662	1 787	1 761	1 754
有线电视入户率(%)	89.8	93.1	94.6	91.4	84.8

(数据来源:江苏统计年鉴2017)

　　2012—2016年的广播节目制作时间整体逐年增加,其中新闻、专题时间都有所上升,文艺和广告有所下降;电视节目制作时间从2014年开始下降,但在2016年有所增加,其中新闻和广告时间有所增加,专题和文艺时间有所下降。

表 3－2－2 2011—2014 年江苏省广播电视节目制作时间　　　　单位:小时

项　目	2012 年	2013 年	2014 年	2015 年	2016 年
广播节目制作	582 066	600 722	603 551	589 282	608 779
♯新闻	106 333	108 120	106 702	101 840	104 118
专题	151 635	147 833	156 862	136 748	151 160
文艺(综艺)	138 443	149 552	148 263	158 768	155 311
广告	84 744	87 249	81 997	76 548	73 031
电视节目制作	205 738	217 672	193 135	189 429	195 036
♯新闻	58 072	61 432	58 391	58 367	59 534
专题	50 250	54 437	46 047	44 822	43 939
文艺(综艺)	23 289	23 194	20 557	20 610	19 597
广告	48 722	46 610	36 617	32 668	33 796

(数据来源:江苏统计年鉴 2017)

2016 年,江苏各市电视活动火热进行。5 月 3 日,由省电视艺术家协会主办,省广电总台、扬州广播电视台、江都区委区政府承办的"深入生活扎根人民"——江苏省电视艺术家环省行系列活动在扬州江都区拉开帷幕。省文联主席章剑华,省电视艺术家协会主席、省广电总台台长卜宇,扬州市委常委、宣传部长陈锴竑,省新闻出版广电局副局长罗舒泽,省文联副主席、书记处书记刘旭东,副巡视员尹晓平,省广电总台副台长陈辉,总台党委委员蒋小平等和江都百名群众一起参加了启动仪式,并观看了文艺汇演。活动现场,数百名广播电视工作者通过精彩的文艺演出和形式多样的互动,拉近与百姓的距离。省广电总台、扬州台、镇江台多位知名主持人登台表演,展示他们的才艺。

10 月 11 日,中国视协市县电视委员会第四届全国市县电视台推优活动颁奖典礼在巴城镇文化体育活动中心举行,由昆山市广播电视台选送的纪录片《粉墨梦如许》、专题片《我话山居不记年》双双荣获电视专题一等奖,《昆视新闻》主持人李松巍则荣获全国十佳市县电视节目主持人奖。纪录片《粉墨梦如许》全程两年跟拍,翔实记录了台湾漫画家林政德和《粉墨宝贝》创作中台前幕后的真实故事,既展现了昆山昆曲在与现代科技元素碰撞中所焕发出来的魅力神韵,又展现了昆山在两岸经济文化交流中所发挥的独特作用。专题片《我话山居不记年》通过品读北宋著名诗僧冲邈上人玉峰结庵时所作的《翠微山居》诗,为千年后的世人描绘了一种超越世俗、飘然自在、幽深清寒的审美范例,全片文辞细腻感人、画面精致空灵,是一部难得的电视文艺佳作。

二、广播影视及演艺行业发展存在的问题

1. 江苏的电视剧在注重宣扬传统道德美德的基础上，往往过度展现真善美

神化人物形象，很难做到"接地气"。希望从更好的角度引导人们关爱身边人，让大家热爱共同生活的社会。但是，这也是影视剧的僵化之处，形而上的东西太多，就难以真正做到"接地气"。久而久之，与受众的距离就会越来越大，最后形成不可调和的矛盾。如一些儿童、家庭类和主旋律题材影片在影视表现形式上多侧重于说教，虽然能够明细主题，但却少了影片本身的艺术内涵。如江苏摄制的电视剧《第五家邻居》《海边来的孩子》等儿童影视很少从孩子的角度来创作，多是将"克己忍让"、"友好互助"、"诚实守信"等优秀传统美德生以说教、拔高等展现在影视剧中，缺少内在情感的抒发，很难对观众产生吸引力。同时，多部主旋律电影也未免被贴上脸谱化、说教式、口号式等标签。如何变得更接地气，走上"叫好又叫座"的市场化之路还有待江苏影视人探索。

2. 江苏影视基地的建设还只是停留在低水平的外景拍摄层次

多数影视基地只以赚取廉价的"场地租赁费"和旅游收入为主，影视剧的投资、制作"两头在外"的格局仍然存在，即只在江苏影视基地租场地拍戏，而投资和制作在外地。由此可见，江苏的影视基地急需找到一个适合其发展的市场化运作模式。江苏影视基地起步较晚，2000年以后江苏影视基地进入建设高峰期，尤其在2010年以后，进入白热化阶段。由此产生的问题也非常多，导致许多影视基地仓促建设，盲目投资，最终导致影视基地扎堆，后续发展乏力。以徐州汉城影视基地为例，此地仅拍摄过《汉刘邦》，之后仅靠收取旅游门票和出租场地为营生，没有更多的汉文化题材影视剧再次开拍，目前这一特色影视基地一直处于亏损状态，没有得到充分利用。江苏影视基地在全国市场的冲击下，还面临着人才缺失和技术冲击等问题。

3. 江苏影视产业文化的创新型人才缺乏，影视文化创新程度不够

江苏很多影视节目缺乏创新，照搬其他火爆节目形式、流程，意在效仿，最根本的还是缺乏创新性人才。人才是发展的关键。一些电视台不断引进新人，但是却不重用，一些"老人"仗着自己所谓的经验不给新人机会，所以，影视文化方面的创新一直跟不上。

三、广播影视及演艺行业发展对策分析

1. 从内部着手改进

江苏影视产业的发展可以借鉴外国影视文化产业发展的经验，对于借鉴外国影视文化产业的发展经验，江苏影视产业的发展要以我为主，为我所用，还要取其精华，去其糟粕；江苏影视产业的发展要紧跟上国家影视文化产业发展的调整政策，建立和完善与影视文化产业发展有关的法规、法律等；建立市场监督机制、公平公正的文化

产业竞争机制；提高政府对影视文化产业发展的监管力度；加强江苏影视文化产业发展的体制改革，从而促进江苏影视产业的发展。

2. 政府职能作用发挥

江苏省政府要高度重视本省的影视产业文化的建设，加大科学技术的运用，建立科学技术创新的体系，大力培养影视产业文化发展的创新型人才，提高影视文化工作人员的创新意识，大力发展和推广新媒体得以推进影视产业文化的发展与建设；江苏省应该加强江苏影视产业文化的市场占有份额比重，结合江苏省自身的文化历史和地理环境特点，发展自身的个性影视产业文化来增加自身的影视产业文化竞争优势；江苏省要加大对本省影视产业文化的资金投资力度，挖掘和开辟更多的资金来源方式；江苏省的影视产业文化要有长远和广阔的视野，要面向世界，开拓国际市场，有走向世界的野心和信心。

3. 融入社会主流价值观，引发观众情感共鸣

江苏主旋律影视还应该聚焦底层，以小人物引发共鸣。现阶段以小人物来体现"主旋律"的影视剧也开始受到越来越多人的关注。通过小人物来反映主旋律，一方面突破了以往荧屏中主旋律人物的高大、完美的形象，给人耳目一新之感。更重要的是，毕竟现实生活中绝大部分人还是普通人，在这个人人都梦想能有所成就的时代，往往现实的残酷让许多普通人并不能如愿。这种情况下，这类题材的影视剧可谓是在一定程度上充当了他们的一种精神寄托，从而更容易获得他们的心理认同。最后一点，强化细节，让领袖人物走下"神坛"，以人性带动情感。以往的主旋律献礼剧中，领袖人物不是坐镇指挥战争，就是开会商讨战略战术，似乎除了打仗就没有私人生活。在今后的主旋律影片中应尽力加入普通人的生活，让领袖人物不再高高在上。

4. 大力推动优秀文艺作品创作

深入贯彻繁荣发展社会主义文艺的意见，坚持以人民为中心的创作导向，努力打造人民群众喜闻乐见的有筋骨、有道德、有温度的优秀作品，加强规划统筹。深入贯彻省委省政府关于繁荣发展社会主义文艺和支持戏曲传承发展的实施意见，组织实施江苏省艺术创作源头工程，重点抓好以中国梦为主题的现实题材、以历史事件历史人物为主题的重大题材、以江苏历史文化为主题的地域题材和以老百姓生活为视角的民生题材等作品的创作生产。组织好国家艺术基金申报，完善江苏艺术基金管理运行机制，充分发挥江苏艺术基金引导作用，激发全社会创作活力。加强精品打造。继续实施舞台艺术重点投入剧目和舞台艺术精品工程、重大主题美术创作精品工程，遴选3—5台剧目重点打造，评选和资助10台精品舞台剧目，创作一批立得住、留得下的优秀作品。加强推介展演。通过政府购买服务、演出展览补贴、以奖代补等方式，组织优秀剧目参演第十一届中国艺术节和全国声乐、杂技、舞蹈优秀剧节目展演，组织现代戏优秀剧目全国巡演。组织开展纪念建党95周年、长征胜利80周年主题创作展示活动，举办"林散之"书法作品展、江苏省青年美术作品展览等。

第三章 外围层文化服务行业发展研究

文化产业外围层文化服务行业一般包括网络、旅游、休闲娱乐、经纪代理、广告会展等为主的新兴文化服务业,根据国家统计局《文化及相关产业分类(2012)》,本报告将文化艺术服务业、文化信息传输服务业、文化创意和设计服务业以及文化休闲娱乐服务业列入外围层文化服务行业的范畴,涉及文化艺术表演、网络、旅游、休闲娱乐、经济代理、广告会展等新型文化服务业。

一、外围层文化服务行业发展的现状

1. 艺术表演发展规模不断扩大

由表3-3-1可看出,相比2015年,2016年艺术类范围又有所扩大,数量上也有所增加。

表3-3-1 2017年文化艺术和文物事业机构、人员情况

项 目	机构数(个)		从业人数(人)	
	2015年	2016年	2015年	2016年
总 计	20 263	21 506	167 883	169 337
艺术业	653	744	16 441	161 532
♯艺术展览、创作机构	77	77	683	734
♯艺术表演团体	369	444	10 529	11 163
话剧、儿童剧、滑稽剧类	45	65	793	810
歌舞、音乐类	81	72	1 782	2 034
京剧、昆曲类	11	11	341	301
地方戏曲类	100	107	3 652	2 915
杂技、魔术、马戏类	29	37	848	970
曲艺类	19	27	354	577
综合性艺术表演团体	84	124	2 759	3 516
♯艺术表演场馆	207	223	5 229	5 796
♯剧场、影剧院	135	146	2 822	2 831

项　目	机构数（个）		从业人数（人）	
	2015 年	2016 年	2015 年	2016 年
图书馆业	114	114	3 183	3 439
♯少儿图书馆	8	7	98	102
群众文化服务业	1 396	1 395	6 980	7 215
群众艺术馆、文化馆	115	113	2 125	2 144
文化站	1 281	1 282	4 855	5 071
♯乡镇文化站	912	909	3 443	3 495
艺术教育业	14	13	887	804
中等专业学校	8	7	700	603
其他教育机构	6	6	187	201
文化市场经营单位	17 240	18 831	96 708	105 409
文艺科研	9	8	93	101
其他文化类	299	218	33 122	29 318
文物业	423	426	7 406	7 805
文物保护管理机构	51	50	391	456
文物科研及其他文物机构	52	51	628	629
博物馆	312	317	6 181	6 524
综合性	78	78	2 749	2 890
历史类	143	142	2 478	2 686
艺术类	61	63	701	679
自然科技类	8	9	59	71
其他	22	25	194	198
文物商店	8	8	206	196

（数据来源:江苏统计年鉴 2017）

2. 群众文化服务更进一步

相比 2015 年,群众文化服务又有了进一步的提升,不管在费用支出上还是在活动次数上,可见群众艺术越来越受到重视。

表 3-3-2　群众艺术馆、文化馆站业务活动及经费情况

项　目	总　计	群众艺术馆、文化馆	文化站
单位数(个)	1 395	113	1 282
举办展览(个)	8 785	1 510	7 275
组织文艺活动(次)	58 503	11 970	46 533
举办训练班班次(次)	25 686	7 781	17 905
举办训练班结业人次(万人次)	199.000	46.00	153.000
由群众艺术馆、文化馆(站)指导的单位	19 559	5 213	14 346
馆办文艺团体(个)	416	416	
馆办老年大学(个)	44	44	
群众业余文艺团队(个)	19 099	4 753	14 346
总支出(万元)	139 878	59 973	79 905

(数据来源:江苏统计年鉴 2017)

3. 网络平台力量扩大

随着新媒体力量的扩大,各市开始借助微信平台、网络平台去进行文化宣传。2016 年 12 月 1 日,"唱响泰兴"、"舞动泰兴"、"奏响泰兴"大赛颁奖晚会在泰兴市文化馆梦想剧场举行。本次大赛得到了全市各乡镇(街道)、企事业单位、社会团体的大力支持,共有 456 人次报名参赛。选手们各尽其能,各显神通,展示自己的风采。本次活动的又一大亮点,是决赛及颁奖晚会均通过微信公众号进行网络直播,在全市群众文化发展的历史上开创了先河。台上有 4 台摄像机同步录制,通过后台操作间内的网络传输机器,将实时画面传送到微信公众平台上,观众可即时观看盛况。网络直播拓宽了剧场范围,进一步体现了全民参与,也使活动的社会效益得以充分彰显。

2016 年 10 月 20 日至 21 日,第六届全球视频媒体论坛(VMF2016)在苏州召开。此次论坛在国家新闻出版广电总局国际合作司、中央电视台新闻中心、中国国际电视总公司指导下,由央视国际视频通讯公司主办。来自 36 个国家与地区的 300 多位媒体及相关机构代表参会,围绕"改变世界的视频"主题,共同探讨在视频新生态里,内容制作与传播创新理念、内容生产云平台、技术革新与视频新形态、资本对媒体行业的影响等话题。总局国际合作司司长马黎在开幕式上说,传统媒体与新兴媒体、线上与线下、虚拟与现实,以及中国媒体与外国媒体之间,正在构成一个全新的传播格局,对于中外媒体合作交流来说,预示着更大的潜力空间,希望央视国际视通等国际化媒体抓住机遇,在对外交流合作中,以内容为基础,推动全方位的媒体融合,以内容优势赢得发展优势,统筹运用内容、渠道、形式、话语等

多方面资源,与各国媒体建设互惠互利、持久双赢的合作关系。中国媒体应加强与各国媒体的交流合作,为世界更好地认识中国社会、了解中国国情,架起沟通的桥梁。

由江苏省新闻出版广电局、江苏省广播电视总台联合举办的第四届江苏省网络短片大赛于 2016 年 4 月 23 日正式启动。此次大赛以社会主义核心价值观为引领,围绕"爱、敬、诚、善"主题,征集更多弘扬中国精神、凝聚中国力量的优秀作品。大赛面向广播电视播出机构、广播影视制作机构、网络视听节目服务机构,网络短片创作爱好者,以及江苏省各大高校和高职类院校,希望能借助大赛挖掘更多的优秀网络短片制作人才,推进江苏省网络文化的繁荣发展。

二、外围层文化服务行业发展存在的问题

1. 宣传地域片面化

我们对一个地区文化的印象大都是来自媒体、口口相传和实际经验。未到过江苏的人想到江苏,觉得江苏最有代表性的就是苏州,代表性词汇有"小桥流水"、"姑苏文化"、"吴侬软语",等等,但这仅仅是苏南的景象,而地处苏北的徐州、宿迁等却是以汉文化为主的地区,地势险峻,人们性格豪爽,有着与苏南截然不同的风格和文化。提到徐州,人们会想到《高祖本纪》中"高祖,沛丰邑中阳里人……"和徐州会战,但是如果对地理不熟悉的人很难将徐州与江苏联系到一起,感觉徐州的汉文化与江苏在人们印象中的姑苏文化不符,因而得出徐州与江苏无关的错误结论。江苏以往的宣传也是导致目前这种窘境的原因之一。以江苏在中央电视台的宣传片为例,宣传片比较短,主要是江南鱼米之乡,小桥流水、悠闲的生活,宣传的主要地区还是以苏南为主,忽视苏中和苏北的文化。宣传片虽然符合人们的刻板印象,能顺利地被人们接受,但会使苏中和苏北的优秀文化遗产被人遗忘,其衍生的文化创意产品不仅不能借此推广,甚至会受到人们的排斥和质疑。

2. 相邻地区文化相似

江苏是一个省级行政区域,它所包含的范围是可以改变的。如 20 世纪 50 年代初,安徽的盱眙和泗洪划归江苏;50 年代末,江苏的松江专区划归上海等。而文化是人们长期劳动形成的产物,有着浓重的地域特色,并不会因为人为的行政划分而迁移。文化是具有地区性的,周边邻近地区的文化也会对当地文化产生影响和联系,以苏南地区的刺绣为例,各城市都有自己的独特产品,例如南通的仿真绣、苏州的苏绣、无锡的锡绣、常州的乱针绣,等等。跨省市也是一样,以上海顾绣为例,顾绣使用的主要针法为套针,而套针就是苏绣的传统针法之一。顾绣的起源家族顾氏开设学堂广收门徒,顾绣中较为出名的韩希孟等人的艺术成就对苏绣有一定的影响。顾绣和苏绣互学互补但并非完全相同。再看上海和苏州的文化创意产业,上海在 20 世纪 20 年代就开始进行顾绣的传承保护工作,开设学堂培养专业人才,在 2006 年进入国家

首批非物质文化遗产名录;苏州也在大力发展苏绣,产品广销海内外,可以进行机械化生产,在 20 世纪中后期开创出虚实乱绣、双面异色绣等新技法。

三、外围层文化服务行业发展对策分析

1. 改变一些刻板印象

"江苏"这个名字是从南京的旧称江宁和苏州中各取一个字合并而成的。人们提到江苏就想到苏南的小桥流水也就不足为奇了,人们会把江苏等同于苏南。与苏南文化不同的苏北就需要另辟蹊径,强调自己文化的独特性。以徐州为例,徐州是彭祖文化和汉文化的发源地,应该宣传自己的文化特色,突出汉墓、汉画像石等传统特色文化,发展文化旅游。江苏省政府也需要协助徐州市政府进行地方文化宣传,提高知名度,并强调"江苏徐州",使人们形成一个惯用语,加深印象。同时,可以和旅行社合作,跟团旅游路线也是一种变相的宣传,推出相应旅游线路供人们选择,如徐州、宿迁 3 日汉文化游、江苏姑苏文化与汉文化 6 日游,等等,这样既带动了文化旅游,又提高了地方文化的知名度。

2. 加大对人才的培养力度

优秀的传统文化遗产是祖先留给我们的宝贵财富,要让这些文化遗产焕发新的光彩,就需要以人的智慧加以创新。文化创意产业现在缺的就是专业人才,包括创意、设计、制造、管理等。以动漫业为例,目前都是高职院校在培养动漫设计人才,本科院校很少开设相关专业。一部好的动漫作品不仅仅要有好的画面制作,关键还要有好的剧本。而动漫剧本又不同于影视剧本,需要有专业的动漫剧本创作人才来设计创作。我国目前缺少的是高端、专业创作人才。要将文化创意产业涉及的相关行业联合起来,进行联动发展。一部好的动漫作品可以开发出相应的游戏,改编成电视剧和电影,印制成书籍,制作出很多衍生产品,开设主题公园等。从一个优秀的文化创意产品出发,可以带动其他行业的发展,形成一条以这个文化创意产品为中心的产业链,从而获得可观的经济效益。当看到这些文化创意产业的发展前景如此之好,自然有人主动投身其中,同时也会吸引资金注入。当人们开始全力发展这个产业时就会有更多优秀的作品产生。一旦打开市场并有很好的销售业绩,前期投入的资金就可以快速回笼,然后再投入资金进行更多的开发和创作,形成一种良性循环。

3. 着力构建优秀传统文化传承体系

以科学礼敬的态度对待传统文化,坚持"立"字当头,"取"字为先,推动优秀传统文化创造性转化和创新性发展。统筹文物保护和利用。继续推进江南水乡古镇、中国明清城墙和海上丝绸之路申遗。加强大运河文化带等文化遗产地、重点文物保护单位、历史文化名城名镇名村等保护。启动实施红色遗产和名人故居抢救性保护与开放品质提升工程,启动实施第一批红色遗产、名人故居保护工程项目。全面完成全

国第一次可移动文物普查,做好普查数据后续整理工作,建立比较完善的江苏可移动文物信息管理系统,实现数据共享。进一步提升博物馆公共服务水平,深化博物馆青少年教育功能,加大对行业博物馆、非国有博物馆的扶持与指导。深化文物安全综合管理实验区和博物馆安防达标建设,提高安全防范能力。建成运行全省文物行政执法监控平台,加大文物行政执法力度,依法查处文物违法案件。加强文物保护利用,增强博物馆展陈感染力,推进博物馆资源与学校教育的衔接,积极开发文化创意产品。提高非物质文化遗产保护传承水平。配合省人大开展《江苏省非物质文化遗产保护条例》执法检查。完善非遗代表性传承人管理办法,建立绩效评估动态管理机制;制定《江苏省非物质文化遗产抢救性保护业务标准和技术标准》。新建设1个省级文化生态保护实验区,评选命名首批《江苏省非物质文化遗产展示展销示范基地》。实施优秀传统文化基因修复工程。加大对传统文化的保护、研究、普及力度,做好古籍文献整理、出版工作。实施传承人群研修研习培训计划,利用传统节日、文化遗产日、国际博物馆日,广泛开展经典诵读、非遗展示等宣传活动,让优秀传统文化拥有更多的传承载体、传播渠道和传习人群。

第四章 动漫游戏行业发展研究

一、动漫游戏行业发展的现状

1. 动漫行业现状

在国家"一带一路"倡议的号召下,江苏动漫产业也加紧跟随步伐,各市不落其后。

2016年12月28日,为积极响应国家"一带一路"倡议,探索推动中国文化更好地走向国际、传播中国声音、讲好中国故事,苏州市文化广电新闻出版局和苏州欧瑞动漫有限公司联合承办的"2016中国苏州动漫国际合作峰会"在苏州工业园区维景国际大酒店举行。峰会特别邀请来自美国、俄罗斯、白俄罗斯、英国、法国、日本、澳大利亚、意大利等国家的海外影视动漫企业的总裁、创始人、制片人20多人,以及来自国内的影视动漫企业代表数十人参加。峰会期间,苏州欧瑞动漫有限公司与来自四大洲、8个国家的12家企业正式签署了动漫版权合作协议,签约总金额逾6 800万美元,成为中国动漫企业走向国际市场、开展版权合作成果最大的一次贸易行动。

根据Analysys易观千帆监测数据,在2016年第一季度中国移动动漫市场用户渗透率TOP10中,快看漫画、有妖气漫画和腾讯动漫这三大平台用户渗透率优势明显,其中快看漫画渗透率为52.24%,保持了原有的用户基础优势,是移动动漫领域仅有的用户渗透率超过半数的移动动漫平台。有妖气漫画和腾讯动漫凭借平台的独家引进和孵化的动漫内容优势也把用户渗透率优势进一步拉大,2016年第一季度,两家的用户渗透率分别为42.15%和33.65%

2016年6月21—25日,昆山粉墨文创发展有限公司携原创动画版权项目《粉墨宝贝》赴美国拉斯维加斯,参展全球品牌授权业最专业、影响力最大的品牌授权展——拉斯维加斯品牌授权展。昆山粉墨文创发展有限公司充分利用昆山本土文化资源,开发以昆曲为主要元素的系列动漫产品,积极推广中国民族文化,不断开拓国际市场,实现版权价值向经济价值转化,促进版权产业提档升级。公司2015年获评昆山市版权示范企业,2016年成功创建江苏省版权示范单位,截至目前已登记版权作品142件。其《粉墨宝贝》系列动画片第一部12集于2015年6月在中央电视台少儿频道每晚六点的《动画乐翻天》栏目首播,并陆续在爱奇艺、优酷土豆等国内主要网络新媒体上实现了全网覆盖,网络播放量已超过1 000万次。迄今为止,《粉墨宝贝》

原创动画项目已收获 50 多项国内外重要奖项和荣誉。

国家新闻出版广电总局副局长孙寿山强调，坚持正确的原创动漫出版扶持方向至关重要。"原动力"中国原创动漫出版扶持计划必须以习近平总书记讲话精神为指引，认真贯彻落实《中共中央关于繁荣发展社会主义文艺的意见》精神，牢牢把握"三个体现"的扶持方向。一要体现中国原创，重点关注植根于中华民族历史和现实土壤，吸收中华民族血脉精华，契合中华民族精神气质的优秀作品。二要体现中国精神，重点关注用栩栩如生的动漫形象传播当代中国价值观念、体现中华文化精神、反映中国人审美追求、弘扬中华优秀传统文化和中华美学精神的优秀作品。三要体现人民生活，重点关注以充沛的激情、生动的笔触、优美的旋律、感人的形象创作的人民喜闻乐见的优秀作品。此外，还应积极关注那些在动漫创作中追求创新，用中国方式和中国形象讲好中国故事的优秀作品。

2. 游戏行业现状

据统计，2016 年江苏省游戏出版产业营业收入超过 80 亿元，其中咪咕互动娱乐游戏平台收入超过 50 亿元，苏州蜗牛数字科技荣获"2016 年度中国十大品牌游戏企业"和"2016 年度中国十大移动游戏发行商"，《太极熊猫 2》《关云长》等精品手游出口日本、韩国、北美，创汇 1.17 亿美元。为更好地服务于游戏出版产业发展，省局坚持一手抓管理，一手抓服务。通过强化网络出版单位责任，落实编辑责任制度，规范审核流程，加强网络出版审读专家队伍建设，有效提升了网络游戏作品受理、审核效率，2016 年共受理审核游戏 415 款，同比增长 900％，2017 年已受理审核游戏 341 款，审核数量和质量都居于各省前列，产业发展环境得到明显优化。通过积极引导游戏出版单位围绕传播当代中国价值观念、传承发展中华优秀文化等开展创作，一批游戏精品持续推出。

2016 年 12 月，中国游戏产业年会公布了 2016 年度中国"游戏十强"，表彰卓越贡献的企业和企业家，全面激发中国游戏产业繁荣发展的正能量，同时表彰十家单位为产业发展给予的大力支持，江苏和北京、上海、广东等六家省局荣获了"2016 年度中国游戏产业支持奖"，苏州蜗牛数字科技股份有限公司荣获"2016 年度中国十大品牌游戏企业"和"2016 年度中国十大移动游戏发行商"。2016 年 12 月 14 日至 16 日，由国家新闻出版广电总局主管，中国音像与数字出版协会、海南省工业和信息化厅、海南省文化广电出版体育厅等主办的 2016 年度中国游戏产业年会于海口召开。国家新闻出版广电总局副局长孙寿山出席会议并发表重要讲话，他表示，所有的网络游戏从业者都应该学习总书记的重要讲话精神，回顾过往、展望未来。必须正视游戏行业存在的问题、客观分析问题存在原因，要把握游戏产业发展新变化，选准游戏产业发展突破口，力促产业发展再上新台阶。

二、动漫游戏行业发展存在的问题

1. 区域分布不均衡

从区域结构上看,江苏文化创意产业基本集中在以省会南京为中心的几个南方城市中,苏北的宿迁、淮安、徐州等地市无论是营业总收入还是从业人员数,均明显落后于苏南地区,有关数据显示,江苏现有 300 多家动漫企业,80% 以上入驻苏锡常及南京四个国家动漫产业基地,在诸多的获奖作品中也多是苏南地区的企业出品。近几年苏北地区也陆续有动漫产业基地建成,但总体上看,苏南地区企业集中,品牌较多,行业发展较快;苏中、苏北地区企业数量少,精品作品少,发展相对滞后,产业聚集力弱,致使江苏的文化创意产业资源没有得到充分的利用。

2. 与本地文化契合度不足

随着时代的发展,各地方政府开始大力发展高科技产业,包括文化创意产业中的动漫业、视觉艺术、软件和计算机服务等。以动漫为例,苏州市在高校开设了相关专业,设有专门的动漫产业园和出台相关的优惠政策大力扶植动漫的发展,形成了国家动画产业基地、昆山软件园动漫数字产业基地和长桥动漫特色产业基地三个动漫产业园区,成立了欧瑞动漫有限公司等动漫企业,还专门开发了一个网络服务平台为企业制作动漫提供软件支持和后期制作等服务。常州也在大力发展动漫业,《炮炮兵》、《太空足球》、《佩佩小猪》被认定为"国家重点动漫产品",法国戛纳电视节、韩国春川动漫节、日本东京动漫节等有国际影响力的展示会上都有常州动漫作品。另外,常州开发的环球动漫嬉戏谷乐园,但是从传播效果来看,嬉戏谷的知名度还是远不如常州中华恐龙园。这些地区的动漫作品虽然在全国具有很高的知名度,但是观众只记得动漫人物和动漫内容,而不了解动漫企业本身,更不可能想到这些动漫作品与江苏有什么关联。

3. 网络游戏质量监控仍需加强

现在网络游戏深受年轻人的喜欢,所以网络游戏也需要向年轻人传递正能量。但当下还是有很多网络游戏倾向于采用比较暴力的方式来解决,无形中会给年轻人带来不好的影响。很多游戏还附带必须下载的内容等条件,这些内容有些甚至会自动跳转色情链接或者其他一些不好的内容的宣传页面,所以相关部门对于游戏上市的审批流程应该更加严格,网络游戏的质量监控仍需加强。

三、动漫游戏行业发展对策分析

1. 协调区域平衡发展

虽然南京及苏南地区动漫游戏行业的发展好于苏北地区,但是苏北地区也有很好的资源提供给动漫企业去发展动漫产业。江苏省文化主管部门也应该推行相关政策去大力发展苏北地区动漫游戏产业,扩大产业基地规模,提供优惠政策,鼓励更多的企业入驻。协调区域平衡发展,这样才更有利于江苏动漫产业未来的发展。

2. 增强文化自豪感

虽然国家新闻出版广电总局明确要求各地各级电视台播放国产动漫,但是这不会降低年轻人对国外动漫的热情,也无法从根本上阻止已经长大的儿童喜爱外国动漫。我们能做的只有不断提高国产动漫产品的品质,树立"产品为王"的观念。例如,我们可以针对初高中生和大学生的心理需要设计动漫剧本,将动漫的背景设定在江苏,融入江苏特有的文化如姑苏文化和汉文化等,让受众在潜移默化中接受江苏优秀传统文化的洗礼,从小培养正确合理的文化消费观念。同时,在地方旅游发展中突出动漫旅游,将动漫中涉及的景点在旅游线路中标注出来。而在常州国际动漫周大型展会上,可以着力突出优秀的本土动漫作品,增强当地人的自豪感。

3. 加强嵌入式发展,建设多元关系网络

动漫企业与地方政府、动漫基地、邻近企业、行业协会以及其他社会部门等,基于业务合作、技术学习、情感交流等形成情感关系网络、合作关系网络、技术咨询网络等,这些关系网络对于动漫作品的地域文化特色形成有着重要的影响。

(1)发展业务合作网络。动漫强调创意为王、平台为王。尤其是动漫发展的早期阶段,其回收成本、扩大影响、塑造品牌的一个重要甚至唯一的渠道是电视台的动漫频道播出,因此,动漫企业和播出平台合作关系至关重要。同时,具有平台资源的电视台也积极主动参与动漫作品制作,以拓展业务领域。此外,广播电视台作为我国文化宣传主阵地及其国企背景,公益性、主旋律是其考量的重要业研究维度。如无锡电视台先后推出《少年霍元甲》、《神娃学礼仪》、《神娃学交通》等10多部体现主旋律、具有公益性的动漫作品。另外,与知名导演的合作保证了动漫作品的文化创意。

(2)技术学习网络。对于动漫企业而言,必须建构技术学习网络,以保证动漫作品中具有地域文化特色表现手法。如无锡亿唐动画施向东为创新制作手法,与延安合作用安塞剪纸制作动画、与央视《探索与发现》合作用纪录片手法制作动画;而昆山粉墨文创发展有限公司不仅和中蟹网、央视少儿频道、芒果 TV、爱奇艺、央视网形成长期战略合作伙伴关系,而且在动画片《粉墨宝贝》制作中,基于文化创意产业"项目"和"项目网络"的独特生产方式,注重与江苏省演艺集团昆剧院、上海昆剧团、上海张军昆曲艺术中心、台湾动漫文化创意产业交流协会等协力联动。

4. 调整游戏创作思路,以"全龄化"为发展方向

江苏游戏企业可以创造新的模式,寻找创作突破口,增强原创能力,提高游戏内容质量,打造孩子爱玩、大人喜欢的"家庭游戏",完成时代赋予国产游戏的新使命,提

升其社会价值。通过游戏传递正确的价值观,从游戏中获得欢乐的同时还可以收获知识。

5. 实现多方合作,完善游戏人才培养、引进体系

建立游戏产业人才培养平台,培养实用复合型人才。加强高校与游戏产业基地、相关企业的合作,实施"分段式"的培养模式,大力建设教学科研实习基地,形成学校与产业紧密对接的良性互动机制,输出导演、编剧、设计等核心人才。成立游戏职业培训机构,可以结合有关企业的成熟项目开展有针对性的人才实训,对游戏的创意策划、营销、技术、管理等各方面的人才分门别类地进行培训。另外,基于三维动画的广阔发展前景,注重对三维动画游戏人才的培养。高校应针对行业、企业需求定位人才培养方向,制定培养计划,逐步完善如《游戏产品创意》、《游戏产业项目策划与管理》等专业课程。与此同时,要加强动游戏设计高级人才的引进,制定特殊优惠政策,吸引海内外游戏领军人物加盟,创建一流的创作主体,为江苏动漫游戏注入智力资源。

第五章 文化相关产品生产行业发展研究

一、文化相关产品生产行业发展的现状

根据国家统计局《文化及相关产业分类(2012)》,文化及相关产业是指为社会公众提供文化产品和文化相关产品的生产活动的集合。其范围包括:① 以文化为核心内容,为直接满足人们的精神需要而进行的创作、制造、传播、展示等文化产品(包括货物和服务)的生产活动;② 为实现文化产品生产所必需的辅助生产活动;③ 作为文化产品实物载体或制作(使用、传播、展示)工具的文化用品的生产活动(包括制造和销售);④ 为实现文化产品生产所需专用设备的生产活动(包括制造和销售)。

表 3 - 5 - 1 分地区规模以上文化及相关产业法人单位数

地 区	法人单位数(个)	文化制造业	文化批发和零售业	文化服务业
全省	7 578	2 836	1 181	3 561
南京市	1 327	155	207	965
无锡市	630	294	87	249
徐州市	418	104	156	158
常州市	853	301	111	441
苏州市	1 022	455	151	416
南通市	842	369	113	360
连云港市	245	157	42	46
淮安市	362	126	37	199
盐城市	533	186	117	230
扬州市	327	158	38	131
镇江市	385	184	45	156
泰州市	291	114	51	126
宿迁市	343	233	26	84

(数据来源:江苏统计年鉴 2017)

与2015 年(全省法人单位数 6 434 个)相比增加了不少,每市都有所增加,可见在这一年文化发展的劲头强势。从文化制造业、文化批发和零售业、文化服务业的基

本情况也可以看出发展的前景(见下表)

表 3-5-2　分地区规模以上文化制造业企业基本情况(2016 年)　单位:万元

地　区	企业单位数(个)	年末从业人员(人)	资产总计	营业收入	营业税金及附加	营业利润	应交增值税
全　省	2 836	755 058	57 094 315	89 527 100	364 299	5 558 699	2 156 430
南京市	155	34 376	2 734 732	9 559 842	14 675	300 892	148 890
无锡市	294	80 158	7 139 196	10 563 952	26 839	555 024	159 426
徐州市	104	19 768	999 357	2 894 532	19 293	259 297	115 005
常州市	301	100 782	6 042 404	8 274 048	38 611	647 484	263 101
苏州市	455	220 038	20 823 800	22 198 264	71 328	1 397 218	381 784
南通市	369	81 784	4 572 938	8 171 106	33 384	561 649	291 855
连云港市	157	22 747	1 252 090	2 948 777	27 685	213 913	56 986
淮安市	126	21 832	1 133 106	3 607 264	22 003	206 900	86 342
盐城市	186	38 016	2 520 236	4 688 420	28 985	252 949	153 094
扬州市	158	39 103	1 714 227	4 654 577	16 424	305 159	116 826
镇江市	184	40 507	4 917 973	5 593 325	18 401	361 008	138 064
泰州市	114	19 138	1 307 629	3 478 459	26 454	265 999	155 943
宿迁市	233	36 809	1 936 626	2 894 534	20 218	231 206	89 115

(数据来源:江苏统计年鉴 2017)

表 3-5-3　分地区限额以上文化批发和零售业企业基本情况(2016 年)　单位:万元

地　区	企业单位数(个)	年末从业人员(人)	资产总计	营业收入	营业税金及附加	营业利润	应交增值税
全　省	1 181	70 193	18 755 317	31 051 078	65 148	773 488	289 510
南京市	207	31 791	13 812 926	19 568 045	18 991	271 359	134 251
无锡市	87	4 508	932 780	2 219 190	2 485	22 365	16 942
徐州市	156	5 085	293 976	836 479	8 086	65 920	24 925
常州市	111	6 091	533 772	1 923 999	6 197	108 000	30 862
苏州市	151	9 632	1 458 851	3 633 631	9 995	75 407	47 438
南通市	113	3 153	272 747	493 018	4 630	36 145	7 852
连云港市	42	1 100	124 934	281 449	1 451	9 729	2 637
淮安市	37	910	91 168	209 279	1 462	20 530	3 029

续表

地　区	企业单位数（个）	年末从业人员（人）	资产总计	营业收入	营业税金及附加	营业利润	应交增值税
盐城市	117	2 304	192 936	433 038	4 276	41 471	10 291
扬州市	38	997	138 229	171 112	1 777	6 999	2 451
镇江市	45	1 022	132 701	479 733	3 999	27 855	4 277
泰州市	51	1 838	171 695	376 670	1 034	17 913	3 337
宿迁市	26	1 762	598 604	425 435	766	69 796	1 222

（数据来源：江苏统计年鉴 2017）

表 3 - 5 - 4　分地区重点文化服务业企业基本情况（2016 年）　　　单位：万元

地　区	企业单位数（个）	年末从业人员（人）	资产总计	营业收入	营业税金及附加	营业利润	应交增值税
全　省	3 561	380 001	53 187 240	23 597 629	242 807	2 048 651	431 017
南京市	965	126 757	19 740 381	11 028 138	82 524	781 363	202 314
无锡市	249	32 539	7 587 070	2 184 342	16 205	211 342	44 084
徐州市	158	10 662	1 018 586	418 316	7 292	43 707	8 773
常州市	441	65 914	7 816 863	3 065 856	43 235	472 481	44 722
苏州市	416	64 553	7 515 767	3 183 813	23 496	216 697	67 909
南通市	360	19 254	2 018 305	970 246	22 187	60 498	16 035
连云港市	46	4 570	540 061	132 089	1 538	6 089	2 068
淮安市	199	7 973	464 889	505 817	8 252	46 688	6 251
盐城市	230	11 730	892 776	428 510	8 435	57 125	6 976
扬州市	131	10 294	905 297	302 273	6 216	8 505	6 251
镇江市	156	9 159	2 770 892	599 930	8 337	86 234	12 351
泰州市	126	11 105	1 250 388	473 895	12 313	31 044	7 027
宿迁市	84	5 491	665 965	304 406	2 777	26 879	6 257

（数据来源：江苏统计年鉴 2017）

2. 非物质文化遗产现状

近年来，全国的非物质文化遗产保护又上了一个新台阶，江苏也不例外，加大了对非物质文化遗产的保护，也加大了对此的宣传教育力度。

表 3-5-5　各地区非物质文化遗产展示场所情况(2016 年)

	非物质文化遗产博物馆		收藏实物数(件/套)	展示及演出面积(万平方米)	培训学徒
	(个)	民办非物质文化遗产博物馆			
江苏省	3 475	773	257	117.000	205 554
江苏省本级	3	5	1		100
南京市	37	54	6	4.000	1 364
无锡市	9	1	19	11.000	19 550
徐州市	45	541	13	9.000	22 150
常州市	6	2	11	6.000	2 995
苏州市	116	19	65	24.000	89 692
南通市	13	10	32	25.000	10 806
连云港市	13	8	18	9.000	960
淮安市	5	2	9	1.000	1 090
盐城市	195	31	15	5.000	23 199
扬州市	18	87	17	8.000	27 833
镇江市	4	4	17	9.000	1 994
泰州市	3,007	2	7	1.000	2 620
宿迁市	4		27	5.000	1 201

(数据来源:江苏统计年鉴 2017)

二、文化相关产品生产行业发展存在的问题

1. 核心竞争力不强

近年来,江苏创意文化产业越来越受到关注,文化产品的生产量也越来越多,总体上取得了长足的发展。但从自身发展进程看,正在步入文化创新力薄弱、集约化程度偏低、核心竞争力不足的发展瓶颈阶段。作为拥有优势文化资源的文化大省,现时的江苏创意文化产业有高地,但缺乏高峰。要激活江苏文化产业的深层活力,必须抓住关键环节和主要因素,创意产业、原创品牌、高新技术新业态等高精尖核心产业层应成为重点发展对象。

2. 区域联动薄弱

一是从全省范围来看,以苏南地区南京、无锡、苏州等城市为代表,近几年省内各区域、城市创意文化产业发展规模、增长速度都较为突出。但创意文化产业整体的联动作用还没有充分体现出来,各地区创意文化产业发展较为独立,区域联动发展薄

弱,产业融合度低,一定程度上制约了创意文化产业整体跨越式发展。二是根据相关调研结论可以看出,目前江苏创意文化集聚发展主要体现在空间产业园区集群,偏重物理性和空间性集聚,创意文化资源集聚发展较为欠缺,缺乏相关对策,实践不够系统,未能形成产业的集聚与辐射效应。

3. 广播电视媒体与新兴媒体各行其道

广播电视媒体还是传统的媒体形式,目前的发展不能完全满足用户需求,而新兴媒体的兴起使得用户体验感更好,从而由传统广播媒体转向新兴媒体。但是如果将这两者结合融合发展,不是可以将效用发挥到最大吗?两者各行其道,专业性都有所降低,为了吸引用户,很多品牌节目都不再那么精细化,以迎合当下一些所谓的时尚元素。

三、文化相关产品生产行业发展对策分析

1. 加快广播电视媒体与新兴媒体融合发展

一是理念上要从传统的宣传管理向综合服务信息提供转变。传统广电媒体必须应时而变、与时俱进地放下身段,体察用户的需求,以一种细心周到的服务去维护用户,甚至要以用户为中心来组织资源、生产并提供定制化的内容和业务服务,同时倡导用户深度参与,丰富用户体验。二是品牌上要从传统的政府权威向专业内容公信力转变。所谓内容上的专业化,是指报道新闻事实时要坚持客观、平衡、准确,要能承担社会责任;在节目生产上则是指要形成具有知识产权的产品、要打造有原创品牌的精品。三是机制上要从传统的行政管理向灵活的传媒人才激励制度转变。在这方面,无论是成都商报的核心团队持股、四川广电的网络传媒中心公司化运作,还是上海、湖南等省级卫视推行的独立制作人模式向产品经理转变,都是人才激励措施的有益探索。而只有这样,才能凝聚人才、激发活力、鼓励创新。四是资源配置要从政府主导向市场的强力配置转变。借助民间和社会资本力量,不仅能解决广电媒体融合发展所需要的资金,而且还能对广电新媒体的人才管理进行输血和刺激。另一方面,广电媒体与电商合作,跨行业、多领域参股或控股也有助于提高广电媒体的赢利能力,为广电媒体与新媒体深度融合提供结构性动力。

2. 整合区域特色,探索多元化发展道路

一是依托网络平台,整合区域特色创意文化,走差异化联动发展道路。如通过对苏南、苏中、苏北不同区位文化资源进行深入挖掘和开发,摸清江苏各区域创意文化资源和开发的异同,找出差异,从创意文化产品类型、产业结构、文化业态、科技融入等角度进行系统规划,对各市创意文化资源进行差异化联动开发。二是要从价值链视角来促进江苏创意文化产业区域融合,大力建设文创意化品牌,整合文化资源,确立主导产业和潜导产业,应完善主导产业链条,发挥品牌辐射带动作用。三是建议实施文化产业示范城市及产业园区提升工程,重点培育品牌文化企业,提升集聚效力,

增强文化品牌市场竞争力。

3. 加强网络应用，构建集聚发展

一是建议应充分利用互联网提供的移动网络，融合高校研发成果、文化产业园区及品牌企业的聚集效应，开发具有高端创意智慧和市场推广价值的应用性创意文化产品种类和新业态，寻求江苏创意文化资源集聚式发展。具体而言，应依托网络平台，构建高校、科研机构和产业园区的联动发展，实现产学研一体化，开发创意资源集聚模式，加快创意资源集聚进程。二是从差异化、合作机制、品牌战略及培育优质创意等方面建设创意产业园区，提升创意产业集聚效力。三是要开发江苏数字化创意文化、虚拟创意文化、高智能创意文化等高精尖文化形态，提升江苏创意文化核心竞争力，扩大辐射效应。四是积极发挥互联网的平台作用，完善文化服务体系，加强文化服务在文化产业运营中的"黏合剂"作用，促进江苏创意文化产业与旅游业、通信行业、展示行业、博物馆业等行业的融合跨界发展，开发江苏创意文化新产品、新业态和新的产业链，发挥创意文化产业转变经济结构，带动江苏经济发展的辐射作用，提升整体经济效益。

4. 着力打造"精彩江苏"对外文化交流品牌

坚持政府主导、市场运作、社会参与，统筹推进文化交流、文化传播、文化贸易，把江苏的精彩传向世界，把世界的精彩引进江苏。用好国家对外和对港澳台文化交流平台，精心组织"欢乐春节·精彩江苏"活动，安排富有江苏特色的艺术精品，赴特立尼达和多巴哥、哥伦比亚、荷兰、文莱等国展演。积极参与"一带一路"沿线和周边国家及地区的"丝路情韵"文化交流。加强对港澳台文化交流，不断深根厚植，促进港澳台民众对同文同种、同根同源的认同。发挥江苏国际友城众多优势，举办 2016 柏林"精彩江苏"文化年，推进江苏与哥伦比亚大西洋省、荷兰北布拉邦省等友城的文化交流。组织"精彩江苏"进剑桥，举办纪念汤显祖和莎士比亚逝世 400 周年系列文化活动，引进爱丁堡艺术节优秀剧目来江苏演出。加快发展文化贸易，推动文化产品从以"送出去"为主向以"卖出去"为主转变。加强文化贸易基地建设，支持重点文化企业拓展境外业务，打造江苏文化常态化展示窗口，不断增强江苏文化产品和服务的国际竞争力。

5. 文化创意产业园智能化

文化创意产业园是文化创意产业的重要组成部分，目前江苏共有多家文化产业园和基地，在新的发展形势下，我们可以将这些产业园可以分成：文化企业聚集型、线上线下的虚实结合型、创新能力较强的智能型。在园区的定性上，政府应该通过第三方评估园区是否有创意成果、其创意成果是否有内涵和质量，根据评估结果，在政策和资金方面应该给予分级支持。在提升文化创意产业园区的质量上，应该注重创新驱动、培养良好的创新创意生态圈，包括人才的培养和聚集、科技研发和原创作品的跨界融合，此外还要提供较好的物质条件留住人才。

专题调研篇

江苏文化产业人才发展状况与竞争趋势研究

本专题的研究对象是围绕 2016 年江苏省第十三次党代会"两聚一高"的发展主题和建设"强富美高"新江苏实践背景下,江苏文化产业人才发展状况与竞争力的现状及发展趋势,为此,项目研究在相关理论背景分析及指标体系设计的基础上,采用两层次的实证研究:区域性文化产业人才发展状况与竞争趋势实证研究、江苏省域文化产业人才发展状况与竞争趋势实证研究,通过对比国内文化产业人才发展较为领先的地区(上海、北京、广东和浙江等),以及对江苏省 13 个地级市文化产业人才发展与竞争力的现状进行考察和分析,查摆江苏省各地市文化产业人才发展的经验和存在的问题,对江苏文化产业人才发展与竞争力培育进行总体评价,并提出发展策略建议与实施方案。

一、相关理论背景分析及指标体系设计

(一)理论基础

要对文化产业人才发展状况及竞争趋势进行研究,就必须先搞清楚什么是文化产业,什么是文化产业人才。由于研究方法和研究角度的不同,目前对文化产业的定义、分类、范围还没有统一的看法。联合国教科文组织把文化产业定义为:"文化产业是按照工业标准生产、再生产、存储以及分配文化产品和服务的一系列活动,采取经济战略,其目标是追求经济利益而不是单纯为了促进文化发展(胡惠林,2009)。

目前,关于文化产业的定义大致也有精神产品和服务学说、内容产业学说、版权产业核心学说、工业标准学说、文化娱乐集合学说等几种。精神产品学说把文化产业理解为"向消费者提供精神产品或服务的行业";内容产业说把文化产业定位为生产和销售意义内容的产业;版权产业核心说认为,文化产业的核心是版权产业。另外,各国对文化产业所包含的范围也有所不同,美国的文化产业分为 6 个行业,英国分为 13 个行业,新加坡分为 3 大类 13 个行业。根据《文化及相关产业分类(2012)》(国统字[2012]63 号)新标准,文化及相关产业行业范围包括《国民经济行业分类》(GB/T4754—2011)中的 120 个小类。其中,按行业类别分,文化及相关产业分为文化制造业、文化批零业和文化服务业。按活动性质分,文化及相关产业分为两部分:一是"文化产品的生产",指以文化为核心内容,为直接满足人们的精神需要而进行的创作、制造、传播、展示等文化产品(包括货物和服务)的生产活动;二是"文化相关产品的生产",指为实现文化产品生产所必需的辅助生产活动、作为文化产品实物载体或制作(使用、传播、展示)工具的文化用品的生产活动、为实现文化产品生产所需专用

设备的生产活动(包括制造和销售)。

人才是指具有一定的专业知识或专门技能,进行创造性劳动并对社会作出贡献的人,是人力资源中能力和素质较高的劳动者。作为不同于传统行业,以人的创意为中心的文化产业,人才是其发展的核心资源,是对推动文化产业持续发展的根本源动力。文化产业人才具有三个标准:一是具有中专以上学历,二是具有相关专业技术任职资格(职称),三是在文化企事业单位中承担一定的管理或技术工作,符合上述三个条件之一,并且为文化产业发展创造一定价值和作出贡献的人。

雷海涛(2011)强调了文化艺术中介机构以及互联网等新兴媒体在文化创意产业创新发展中的重要作用,认为文化创意产业发展效率的影响要素主要包括投入要素和产出要素两大类,前者分为人力资本、文化资本、制度资本和营销资本四个方面,后者主要是指经济和社会效益。而文化产业的创新发展一般会受到以下因素的影响:一是消费者文化需求由潜在到现实的转化,即市场需求因素,二是财政的支持,即资金因素,三是政府的文化产业政策即政策因素,四是产业发展所需的人力资本即人才因素,五是拥有的经济资源即资源因素,六是科学技术与创新即科技创新因素(纪峰、王建彦,2016)。

(二)文化产业人才发展状况的影响因素

近年来,资源消耗低、附加价值高、市场需求大的文化产业在全国得到蓬勃发展,并成为国家未来重点推动的产业之一,各地区都越来越重视文化产业人才对地区经济的推动作用。通过发展文化产业以转变经济发展方式来推动地区经济发展,成为近年来越来越多国家和地区的发展战略选择。研究中国文化产业人才发展影响因素,可以为政府制定地区发展规划提供现实参考,以更好地吸引文化产业人才,带动地区经济发展。

国内关于文化产业人才发展影响因素的相关理论研究成果较为丰富。贺英(2015)以相关的经济学理论和心理学理论为基础,结合中国国情,以经济因素、政策因素、环境因素三个方面为一级指标阐述了影响文化产业人才发展的因素。黄鹭新、胡天新(2007)以北京的艺术家为主要研究案例,认为影响艺术家发展的主要因素有文化环境、经济环境、建成环境和社会环境。赵智慧、夏胜洁(2011)从创意教育因素、政策性因素、企业人才管理因素、大众理解度与社会接受度因素等几个方面分析了杭州创意人才集聚的影响因素。张胜冰(2011)提出文化创意人才表现出一种地域集聚现象,他们大多聚集在一些中心城市或大都市,而且出现不同层级的划分。而具备文化创意产业发展所需各种基本条件的大城市,也就是经济、政策、文化等方面的环境具有明显优势的地区,也就是说文化产业人才的发展受到经济、政策、文化等因素方面的影响。喻丽君(2012)在分析国内外发达城市创意产业人才培养模式的前提下借鉴其优秀经验,认为文化产业人才的发展受到高校、企业、政府、社会四个方面的影响,提出构建高校、企业、政府、社会四位一体的杭州文化创意产业人才培养模式,发挥多方优势和资源,营造文化创意产业人才培养的多元环境。刘天睿(2012)提出文化产业人才的发展受到学校与政府的影响,他认为根据三螺旋演进培养模式,在培养高端人才过程中,学校与产业在合作中充分发挥培养人才的作用,并由政府提供有力支撑。张明磊(2012)认为企业、高校、科研机构、中介机构和政府对文化产业人才的发展有促进作用,他从企业、高校、科研机构、中介机构和政府的角度出发,为陕西战略性新兴产业构建创新性人才发展模式提出了相应对策。

此外,非物质文化遗产项目传承人作为非物质文化遗产的传承主体和保护主体,是非物质文化遗产的灵魂,也是文化产业发展的重要人才基础与保证,因此,各地方国家级非物质文化遗产的数量也在一定程度上反映了文化产业人才的发展状况(郝文军,2013)。

(三)文化产业人才发展指标体系设计

文化产业集群式发展需要多种条件的聚集和积累,综合上述文化产业人才发展的相关理论研究文献,我们认为,文化产业人才发展的影响因素主要包括:①社会经济基础(C1)。包括城镇居民人均可支配收入(C1.1)、各类文化艺术场馆数(C1.2)、国家级非物质文化遗产数量(C1.3)、信息化发展指数(C1.4)、非农人口占总人口比重(C1.5)等;②文化企业发展(C2)。包括文化及相关产业法人单位数(C2.1)、文化企业中高级专业技术人员从业数(C2.2)[①]、文化及相关产业法人单位从业人员数(C2.3)、文化传媒类企业品牌价值(C2.4)等;③政府政策支持(C3)。包括区域对文化人才发展的相关政策数(C3.1)、文化及相关产业固定资产投资额(C3.2)、各项专利申请受理量(C3.3)、国家文化产业发展专项资金支持项目数(C3.4)、获国家文化创意产业示范基地数(C3.5)等;④教育科技水平(C4)。包括区域普通高等学校数量(C4.1)、区域高等学校文化相关专业数(C4.2)[②]、每万人口高等学校平均在校生数(C4.3)以及高技术产业平均从业人员数(C4.4)等。

二、区域性文化产业人才发展状况与竞争趋势实证研究

(一)研究对象与数据收集

考虑到文化产业的发展水平与区域经济的发展水平紧密相关,因此,本专题以2016年GDP在全国排名前十位的省市,再加上文化产业发展全国领先的北京和上海共12个省市为实证研究对象,围绕区域性文化产业人才发展状况与竞争趋势,收集统计相关数据(见表4-1)。

---

① 该指标采用2015年公有经济企事业单位专业技术人员数(万人)代替。(数据来源:2016年中国科技统计年鉴)

② 根据2017年高考大学专业分类目录,高等学校文化相关专业涉及公共管理类中的文化产业管理专业,新闻传播学类中的新闻学、广播电视新闻学、广告学、编辑出版学、媒体创意、传媒策划与管理等专业,广播影视类、艺术类及艺术设计类的相关专业,中国语言文化类中的文物鉴定与修复、文化事业管理、文化市场经营与管理、图书档案管理等专业。

表4－1　区域性文化产业人才发展状况与竞争趋势评价指标体系（相关数据基本为截至2016年底①，特别说明除外）

相关指标 省市②	社会经济基础					文化企业发展				政府政策支持					教育科技水平			
	城镇居民人均可支配收入（元）	各类文化艺术场馆数（个）	国家级非物质文化遗产数（个）	信息化发展指数（%）	文化及相关产业固定资产投资额（亿元）	文化及相关产业法人单位数（万家）	企事业单位专业技术人员数（万人）	文化及相关产业法人单位从业人数（万人）	文化企业中国最具品牌价值500强（家）③	区域对文化人才发展的相关政策数（项）	各项专利申请受理量（件）	最新文艺国家级获奖（项/人次）④	国家文化创意产业示范基地数（个）	国家文化产业发展资金专项支持项目数（项）⑤	普通高等学校数量（所）	区域高校文化相关专业数（个）	每万人口高校平均在校生数（人）	高技术产业平均从业人数（万人）
广东	37 684	677	115	88.89	19 426.3	15.6	150.6	328.3	5	2	138 878	12.2	27	66	129	10	197.80	385.5
江苏	40 152	843	86	89.17	22 782.0	14.2	118.4	110.3	3	5	250 264	11	16	77	141	50	224.19	246.9
山东	34 012	755	99	77.12	22 390.4	8.9	181.0	106.0	3	3	93 000	8	14	64	132	19	193.01	75.1
浙江	47 237	482	137	95.89	17 523.2	12.8	99.0	119.2	3	3	307 000	13.3	17	87	85	34	221.80	69.2
河南	27 233	810	74	66.16	15 699.6	5.3	138.0	54.7	1	1	74 373	10	12	34	124	2	164.79	71.5
四川	28 335	670	91	73.93	17 671.6	3.9	114.5	38.7	2	1	110 746	8.3	15	22	100	18	169.19	52.2
湖北	29 386	374	74	74.15	15 416.7	5.1	79.7	34.6	1	2	74 240	8	10	31	108	19	241.07	35.7
河北	28 249	649	78	69.64	12 847.1	4.3	116.0	33.1	2	2	44 060	9.3	12	32	103	2	158.79	20.6
湖南	31 284	394	73	68.17	14 012.2	5.4	99.5	37.6	1	3	54 501	7.6	11	44	108	9	174.11	33.9
辽宁	32 876	468	38	71.88	9 869.6	4.0	72.3	37.5	0	1	42 153	8.5	14	33	105	11	229.55	21.4
上海	57 692	194	38	99.65	5 389.9	5.8	68.1	64.8	2	5	100 006	12.1	16	47	63	91	208.85	56.8
北京	57 275	236	76	98.28	7 202.8	14.7	52.4	79.6	15	2	94 031	49.3	27	309	86	49	273.20	28.3

①由于截至定稿时，全国大多数省市尚未正式发布2016年文化产业的相关统计数据，因此，部分数据是在统筹考虑各省市近年来文化产业发展的实际数据、地方政府工作报告及相关文件以及各省市相关新闻报道等资料的基础上，并结合2015、2016《中国文化及相关产业统计年鉴》正式发布的数据整理、推算而得，因而会存在一些偏差。

②本项目选择2016年GDP排名全国前十位的省市作为区域比较研究的样本，另外，虽然上海和北京2016年GDP分别排名全国第12、13位，但考虑到其文化产业发展水平居于全国领先地位，所以在本研究中将其列入考察范围。

③数据来源：世界品牌实验室（World Brand Lab）基于财务分析，消费者行为分析和品牌强度分析，于2017年2月发布的2016《中国500最具价值品牌》排行榜。

④数据来源：2014年第十三届"五个一工程"奖，2016年第十五届文华奖，2016年第十七届群星奖以及2014年第二届动漫奖获奖名单。

⑤数据来源："2016年度财政部文化产业发展资金支持项目名单"。财政部于2016年8月下达2016年度该专项资金44.2亿元，共支持项目944个，其中深圳文化企业实行"市场化配置＋重大项目"双驱动，首次取消一般扶持项目，将其他28.6亿元全部投入重大项目，聚焦媒体融合 文化创意 影视产业 实体书店等八个方面，着力提高财政推动文化领域供给侧改革贡献度。

（二）实证研究发现

我们运用 SPSS 统计软件对原始数据资料进行了无量纲（标准化）处理，然后进行因子分析求出指标间的相关系数矩阵，并通过 13 个地级市各项指标因子载荷乘以因子权重，对区域性文化产业人才发展状况与竞争趋势进行综合分析和评价，最终得到了 12 个省市文化产业人才发展的综合评价指数及其排名（见表 4-2）。

表 4-2　2016 年全国 12 省市文化产业人才发展综合评价指数

省市	社会经济基础（C1）	文化企业发展（C2）	政府政策支持（C3）	教育科技水平（C4）	综合评价指数	排名
广东	3.224 25	6.135 75	1.766 22	2.823 35	3.49	1
江苏	3.804 22	1.819 06	3.366 59	4.399 16	3.35	2
山东	2.265 98	2.311 89	−0.779 55	0.362 39	1.04	5
浙江	4.210 2	1.103 29	3.116 06	−0.395 41	2.01	4
河南	−1.090 0	−0.745 4	−3.023 23	−1.488 81	−1.59	8
四川	−0.039 74	−1.873 88	−2.346 0	−1.998 08	−1.56	7
河北	−2.293 54	−1.815 36	−2.754 85	0.308 68	−1.64	9
湖北	−1.827 58	−2.351 78	−2.869 98	−3.060 72	−2.53	11
湖南	−2.799 29	−1.968 32	−2.075 6	−2.009 36	−2.21	10
辽宁	−4.019 08	−3.254 19	−3.201 07	−0.591 67	−2.77	12
上海	−1.582 31	−2.146 86	1.247 02	0.322 69	−0.54	6
北京	0.146 89	2.785 82	7.554 41	1.327 78	2.96	3

综合表 4-2 全国 12 个省市文化产业人才发展综合评价指数，2016 年 GDP 排名全国前两位的广东和江苏毫无悬念地排名第 1、2 位，而北京则凭借其优越的区域及政策优势同样跻身第一集团，且第一集团 3 省市的优势十分明显；广东的优势来源于其绝对的文化企业发展水平（该项指标几乎为综合评价指数排名 2—5 位的江苏、北京、浙江、山东 4 省市该项指标的总和），北京在政府政策支持方面优势十分明显，江苏则由于在 4 个指标方面的均衡发展（教育科技水平尤为突出）而体现出整体优势；浙江以其出色的社会经济基础（该项指标排名全国第一），山东凭借较强的社会经济基础和文化企业发展水平，两省的文化产业人才发展综合评价指数均名列前茅；上海则由于在社会经济基础和文化企业发展水平方面存在明显的短板（两项指标分列全国第 8、10 位）而仅排在综合评价指数的第 6 位；文化产业人才发展综合评价指数排名前 6 位的省市（除北京外）均处在我国的东部经济发达地区，中西部地区与上述地区的差距也存在着被进一步拉大的趋势，且这种差距是全方位存在着的。这一实证研究结果也在一定程度上验证了人才发展水平与地区经济发展相互促进、协调发展的论断。

具体到江苏省，4 个文化产业人才发展综合评价指数中，教育科技水平（C4）在全国遥遥领先，体现出江苏教育强省的特点和优势；社会经济基础（C1）能够仅次于浙江排名第二，主要源自于江苏在各类文化艺术场馆数和文化及相关产业固定资产投资额方面强势表现；虽说江苏在政府政策支持（C3）方面仅次于北京排在全国第二位,但在绝对值方面却相差甚远,北京超过 55％;四项指标中,江苏在文化企业发展水平(C2)方面的排名是最低的,仅排名第 4,且从绝对值来看,广东的该项指标是江苏的 3.37 倍,该项指标偏低主要表现出江苏文化及相关产业法人单位从业人数和企事业单位专业技术人员数总量偏低,文化传媒企业品牌价值和品牌影响力不高,重点龙头文化企业数量较少,江苏文化产业人才发展地方文化特色彰显不力等问题。

三、江苏省域文化产业人才发展状况与竞争趋势实证研究

近年来,江苏文化产业呈现加速度发展态势,但江苏文化产业的改革与发展也存在一些问题,特别是在文化产业人才发展方面,与国内文化产业发展先进省市相比并不具优势。

(一)江苏文化产业人才发展的现状

2016 年,江苏省文化及相关产业的增加值继 2014 年之后连续 3 年突破 3 000 亿元,达到 3 800 亿元,位列全国第二,文化产业增加值占地区生产总值的比重为 4.99％,接近 5％,基本实现了"十二五"期间将文化产业打造成江苏省国民经济支柱产业的战略目标。目前,江苏省文化企业达到 12 万家左右,从业人员突破 110 万人。

目前,江苏全省共有公共图书馆 114 个,从业人员 3 183 人,其中高级职称(含副高 311 人)362 人;全省共有文化馆 115 个,从业人员 2 125 人,其中高级职称(含副高 210 人)253 人;全省共有文化站 1 281 个,从业人员 4 855 人,其中专业技术人员 1 278 人;全省各级美术馆从业人员共计 366 人,具有高级职称(含副高 56 人)96 人;全省共有艺术表演团体 309 个、艺术表演场馆 207 个。从业人员 15 758 人,具有高级职称(含副高)人员 1 208 人;全省共有网络文化、娱乐、艺术品、演出等文化市场经营企业 17 586 个,从业人员 103 343 人。

近年来,江苏坚持以"333 工程"、"五个一批"、"青年文化人才"等工程为依托,在全省文化系统内培育了 37 名文化艺术优秀人才,新入选国务院特殊专家津贴 2 人、文化部优秀专家 3 人、省有突出贡献中青年专家 2 人。目前,全省拥有文化及相关行业机构 20 263 个,从业人员 167 883 人,其中专业技术人才 26 281 人,在专业技术人才中,正高级职称 1 211 人,副高级职称 2 595 人,中级职称 7 485 人。江苏文化人才队伍结构基本合理,舞台艺术人才队伍业务水平较高,在全国处于前列;美术人才资源底蕴厚实,新人辈出;群众文化人才队伍遍布全省城乡各地,基础较好;文化产业人才有较强竞争力;图书文博人才实力雄厚;新一代文化科研人才队伍正走向成熟。

(二)研究对象与数据收集

本课题以江苏省 13 个地级市为实证研究对象,围绕上述文化产业人才发展状况与竞争趋势评价指标体系,收集统计各地市 2016 年文化产业人才发展的相关数据(见表 4-3)。

表4-3 江苏省域文化产业人才发展状况与竞争趋势评价指标体系（相关数据基本为截至2016年底①，特别说明除外）

相关指标 地市	社会经济基础				文化企业发展					政府政策支持					教育科技水平			
	城镇居民人均可支配收入（元）	各类文化艺术场馆数（个）	国家级非物质文化遗产数（个）②	信息发展指数（%）②	文化及相关产业固定资产投资额（亿元）	文化及相关产业法人单位数（家）③	各类专业技术人员数（万人）	文化及相关产业法人单位从业人员数（万人）	文传企业中国品牌价值500强（家）④	区域文化人才发展相关政策（项）	各项专利申请受理量（件）	文艺类国家奖（项、人次）	国家级文化创意产业示范基地数（个）	国家文化产业发展专项资金支持项目数（项）⑤	普通高等学校数（所）	高校文化专业相关专业数（个）	每万人口高校在校生数（人）	高新技术产业产值（亿元）
南京	49 997	67	7	70.68	1 809.2	1 327	10.23	14.9	3	2	65 198	9	4	21	44	30	1 000.93	5 902.61
苏州	54 341	65	22	75.60	2 441.4	1 022	13.59	27.4	0	1	106 700	1	3	10	22	6	151.37	14 470.32
无锡	48 628	54	7	71.22	1 159.4	630	9.08	12.2	0	1	71 673	0	2	10	12	8	156.76	6 548.72
常州	46 058	36	6	64.92	1 246.6	853	6.57	16.7	0	1	43 860	0	1	13	10	0	262.03	5 453.78
镇江	41 794	37	5	63.90	680.1	385	4.77	4.7	0	0	34 260	0	0	2	6	0	274.99	4 586.86
扬州	35 659	54	12	55.20	236.1	327	6.05	4.6	0	0	27 043	2	2	7	6	2	165.69	4 520.07
泰州	36 828	62	4	52.48	153.5	291	6.48	2.3	0	0	13 383	1	1	0	3	3	127.43	5 310.75
南通	39 247	63	5	54.33	600.1	842	9.52	10.3	0	0	45 557	0	2	0	8	0	129.88	7 072.89
徐州	28 421	100	5	45.53	177.2	418	11.78	2.8	0	0	21 511	1	1	6	10	0	161.68	5 177.46
盐城	30 496	80	3	44.53	274.6	533	9.38	4.7	0	0	28 509	0	0	0	6	0	94.98	3 044.15
淮安	30 335	83	4	43.75	187.6	362	6.22	4.1	0	0	17 293	1	0	0	7	0	142.23	1 909.00
连云港	27 853	55	4	43.53	117.4	245	7.13	2.2	0	0	8 780	0	0	4	4	1	85.95	2 178.43
宿迁	24 086	71	2	40.33	206.5	343	5.38	3.5	0	0	10 522	0	0	4	3	0	40.69	949.61

① 由于截至定稿时，全省大多数地市尚未正式发布2016年文化产业的相关统计数据。因此，部分数据是在统筹考虑各地市近年来文化产业发展的实际数据、地方政府工作报告及相关文件以及各地市相关新闻报道等资料基础上，并结合2015、2016《中国文化及相关产业统计年鉴》正式发布的数据整理、推算而得，因而会存在一些偏差。

② 数据来源：《2016年江苏省信息社会发展报告》。信息社会指数ISI＝信息经济指数×30％＋网络社会指数×30％＋在线政府指数×10％＋数字生活指数×30％。

③ 这里的"文化及相关产业法人单位"均指"规模以上文化及相关产业法人单位"，与表4-1有所区别。（数据来源：《2017江苏统计年鉴》）

④ 数据来源：世界品牌实验室（World Brand Lab）基于财务分析、消费者行为分析和品牌强度分析，于2017年2月发布的2016《中国500最具价值品牌》排行榜。

⑤ 数据来源："2016年度财政部文化产业发展专项资金支持项目名单"。财政部于2016年8月下达2016年度该专项资金44.2亿元，共支持项目944个，涉及文化及相关产业实行"市场化配置＋重大项目"双驱动，首次取消一般扶持项目，将其他28.6亿元全部投入重大项目，聚焦媒体融合、文化创意、影视产业、实体书店等八个方面，着力提高财政资金对推动文化领域供给侧改革贡献度。

运用 SPSS 统计软件对原始数据资料进行了无量纲（标准化）处理，然后进行因子分析求出指标间的相关系数矩阵，并通过 13 个地级市各项指标因子载荷乘以因子权重，对江苏省 13 个地级市文化产业人才发展状况与竞争趋势进行综合分析和评价，最终得到江苏省 13 个地级市文化产业人才发展的综合评价指数及其排名（见表4 - 4）。

（三）实证研究发现

表 4 - 4　2016 年江苏省 13 个地级市文化产业人才发展综合评价指数

地市	社会经济基础（C1）	文化企业发展（C2）	政府政策支持（C3）	教育科技水平（C4）	综合评价指数	区域平均指数	排名
南京	4.205 3	7.189 82	11.248 93	9.569 77	8.05	2.94（苏南地区）	1
苏州	8.664 18	5.589 72	5.416 49	3.772 72	5.86		2
无锡	2.497 48	0.699 13	3.020 08	0.780 06	1.75		3
常州	0.624 77	1.022 8	1.756 21	−0.261 87	0.79		4
镇江	−0.800 07	−2.652 72	−2.633 95	−0.826 05	−1.73		8
扬州	−0.453 66	−2.359 07	−0.553 99	−1.051 11	−1.10	−1.13（苏中地区）	7
泰州	−1.743 34	−2.610 82	−2.912 78	−1.120 51	−2.10		10
南通	−0.490 67	1.249 47	−1.019 63	−0.499 55	−0.19		5
徐州	−0.818 86	−0.170 33	−1.674 98	−0.754 44	−0.85		6
盐城	−2.064 71	−0.474 87	−2.749 32	−2.021 41	−1.83	−2.27（苏北地区）	9
淮安	−1.902 58	−2.256 33	−3.544 84	−2.076 5	−2.45		12
连云港	−3.852 72	−2.517 95	−3.206 55	−2.374 78	−2.99		13
宿迁	−3.865 1	−2.708 85	−3.145 66	−3.136 34	−3.21		11

综合表 4 - 4 江苏省 13 个地级市文化产业人才发展评价指数，南京和苏州居于第一集团，且优势十分明显。南京在文化企业发展、政府政策支持和教育科技水平三方面均优势明显，而苏州的优势则来源于强大的社会经济基础；无锡和常州作为苏南地区，其文化产业人才发展评价指数排名第 3、4 位并不意外，但同处苏南地区的镇江却被苏中的南通、扬州以及苏北的徐州超越而仅排名第 8 位，就值得深思了；苏中的南通市凭借全部 4 个因子的均衡发展且没有明显的短板而跻身全省文化产业人才发展水平的前列；苏北的徐州市由于在教育科技水平（C4）方面的明显优势（该项指标排名全省第三，仅次于南京和苏州）而排名全省第 6 位；不过，从区域整体发展状态看，苏中、苏北地区与苏南地区相比，在文化产业人才发展方面存在的差距依旧十分明显，而且这种差距是全方位存在着的并呈现出逐渐加大的发展趋势（见表 4 - 4）。

四、江苏文化产业人才发展存在的问题

(一) 中低端人才过剩, 高端紧缺人才不足

创意人员是文化产业发展的关键与核心人才, 但目前江苏文化产业创意人员大多属于复制型或模仿型, 真正能够实现创意创新的文化产业人才, 无论是数量上还是质量上都难以满足江苏文化产业快速发展的需要。本项目实证研究的结果表明, 江苏省在教育科技水平(C4)方面遥遥领先于全国其他省市, 但此项指标所反映的更多是中低端层次的文化产业人才, 如高校在校学生及毕业生, 专业技术人员等。而江苏在代表文化产业高端紧缺人才的文艺类国家级获奖(项、人次)和国家级非物质文化遗产数两项指标方面却远远落后于国内其他省市(两项指标均排名第5)。文化产业高端紧缺人才的缺乏将直接导致优秀的原创文化产品的匮乏, 同时也影响文化企业核心竞争力的培育。

(二) 政府政策支持, 特别是国家层面的政策支持力度有待加强

文化产业要迅速、健康发展就必然离不开政府的大力支持。如果政府能提供合适的外部环境, 并且在知识产权方面做好保护策略, 就能够提升文化产业人才的能力以及整个行业的整体能力层次。如表4-1所示, 江苏在区域对文化人才发展的相关政策方面力度较大(与上海市并列第一), 但在国家层面的政策支持方面, 如国家文化产业发展专项资金支持项目数(与上海市并列第四)和国家文化创意产业示范基地数(位列第三, 但总数不及北京市的四分之一)方面, 却不尽如人意。随着文化产业的发展, 对人才的要求越来越高, 人才的培养需要地方及国家政策的扶持, 以促进文化产业发展的更快更好。

(三) 高校文化产业人才培养的作用尚未得到充分发挥

文化产业的发展, 既需要高层次的创意人才, 也需要掌握科技又精通文化产业管理和运作的复合型人才, 高校作为人才培养的基地, 更应责无旁贷地承担起这一责任。尽管江苏省在区域高校文化相关专业数以及每万人口高校平均在校生数方面居于全国领先地位(见表4-1), 然而, 在江苏的134所高校中, 目前只有6所高等院校(南京师范大学、南京农业大学、江苏师范大学、南京艺术学院、三江学院、常熟理工学院)开设文化产业管理本科专业, 每年招生不到500人, 不论从文化产业管理人才的培养数量还是从质量上看, 都无法与江苏文化大省或文化强省的地位相匹配, 远远不能满足江苏省建设经济文化强省和快速发展文化产业的需要(郭新茹、王洪涛, 2016)。

(四) 文化产业人才省域发展水平不平衡,差异过大

从表4-4可以看出,目前江苏文化产业人才省域发展水平极不平衡,苏中和苏北地区8个地市的文化产业人才发展区域平均指数均为负值。这说明相比于苏中和苏北地区,苏南地区的文化产业人才发展水平表现得异常突出。苏南地区经济较为发达,各项公共文化基础设施较为完善,文化市场机制相对健全,文化需求比较丰富,这为文化产业人才发展提供了良好的发展基础,也为苏中和苏北地区提供了极为丰富的经验与启示。与此同时,苏中和苏北地区需要进一步提高对文化产业人才发展的重视程度,从文化企业发展、科研技术水平、政策扶持力度等方面加大投入,进一步完善文化基础设施建设,尽快缩小与苏南地区的差异。

五、江苏文化产业人才发展对策研究

综上所述,江苏文化产业人才发展有成绩,也存在一定的问题,为此,对照江苏省委省政府新近颁布的《关于加快提升文化创意和设计服务产业发展水平的意见》《关于加快提升文化创意和设计服务产业发展水平行动计划(2015—2017)》等文件所提出的发展目标,本专题从社会、企业、政府、高校四个角度,为江苏文化产业人才发展提出了相关对策。

(一) 社会应营造适合文化产业人才发展的宽容氛围

文化创意产业人才的发展离不开各类博物馆、图书馆、艺术团体和其他承载文化的社会机构,所以社会各界应为文化产业人才的发展尽可能地提供良好的社会环境。社会各界应拓展视野,提高对发展文化创意产业,培养文化创意产业人才重要性和迫切性的认识,要进一步解放思想,转变观念,明晰文化创意产业的战略性和人才培养的重要性;应尽一切可能为文化产业人才发展提供实践机会和条件,为他们成长的阶梯奠定良好基础;社会各界应对文化创意产业人才充分尊重与认可,使其感受到自身对于社会的价值和贡献,为他们提供一个能充分发挥的轻松环境;最后,社会应不断推进社会的各项资源向文化产业人才发展领域集聚,为其发挥作用和作出贡献,包括推进已有文化创意产业资源的集聚和充分利用,以及加大未有资源的投入和开发力度等。

要加强文化人才培养引进。实施更加开放的人才政策,建立全方位、多层次的人才培养、培训和使用机制。依托南京大学、南京师范大学、南京艺术学院,充分发挥文化系统各艺术学校、各级文化馆的作用,加强高层次人才、重点专业人才、基层文化骨干的培养。重点培养善于统筹规划、宏观管理、具有较强组织协调能力的文化管理人才;培养不同领域不同门类、国内一流、业内公认的文化专业人才;培养擅长文化企业

经营、熟谙文化市场运作规律的文化产业人才。以委托培养、公开招聘、行业外引进等方式,培养一批创新型、复合型、科技型文化人才。

(二)企事业单位应为文化产业人才的发展创造有利环境

企业是相关文化专业人才的需求者和使用者,企业在追求利益最大化的同时尽可能地给予员工更满意的薪资福利,使得员工的进入意愿和驻留意愿更强,来吸引更能满足相关职位要求的人才进入,搭建出更好的工作团队。企业最直接了解其对人才的需求,企业应积极主动地与高校沟通,及时向高校表明自身所需人才类型及要求,企业应从自身人力资源规划和团队建设战略出发,及时对人才进行评估,并将评估意见及时反馈给高校;企业应建设好相关激励机制,可以采取对文化创意产业人才进行物质与精神激励的措施,大胆探索新型激励机制和以"创意资本"为主的新型分配机制,采用技术入股、管理入股、股票期权等分配形式,以提高他们的创新积极性;企业应为文化产业人才提供尽可能多的系统性、实战性培训机会。

要优化文化人才发展环境。健全人才培养开发、评价发现、选拔任用、流动配置、激励保障机制,建立以岗位职责为基础,以品德、能力和业绩为导向的人才评价考核指标体系,逐步形成面向全社会的统一、规范、科学的文化人才激励机制。加大文化人才宣传推介力度,支持中青年优秀人才举办个人专场展演展览。对作出突出贡献的文化工作者给予奖励,对文化名人名家在工作和生活上给予更多关心支持。

要实施人才基地建设工程。支持省文化馆培训文化普及人才、省戏校培训艺术专业人才,为文化强省建设提供人才支撑。发挥省文化馆在基层文化人才培训、群众文化艺术创作和群众文化活动方面的龙头作用,将其建设成为全省文化普及人才培训基地和群众文化示范基地,升格为国家一级馆。发挥省戏校在舞台艺术和应用型艺术人才培养方面的龙头作用,将其建设成为全省文化艺术专业人才培养基地,升格为高等艺术职业院校。

(三)政府应发挥宏观调控功能

在文化产业人才发展集聚的过程中,由于市场经济的弊端,会导致文化创意产业人才集聚产生不经济效应,造成资源浪费,需要政府发挥宏观调控功能。政府根据各地区文化产业人才集聚发展的实际情况,找准自身的职能定位,明确自己该做的与不该做的,该做到什么程度,这些对于最大化地发挥政府宏观调控功能具有重要意义。政府应该加强基础设施建设、保护生态环境、开发多样化的地区文化资源,加强城市绿化和风气建设,来提高城市居住意愿,并最终提升城市魅力,为文化产业人才的发展提供良好的环境。

要统筹推进各类人才队伍建设。把握人才成长规律的科学性,加强党政人才、企业经营管理人才、专业技术人才、基层文化骨干等队伍的建设工作。重点做好面向基层、面向剧团、面向百姓的文化活动策划人才、组织人才、专业人才的业务培训和技能培训。举办文化管理人才、文化专业人才、基层文化骨干等培训班,注重普遍轮训与重点培训相结合,逐步形成集中培训、在职学习、挂职实践和业绩考评相结合的培养格局。此外,由于文化产业人才流动是知识、技术和效益的流动与扩散,能够为文化产业和社会经济的持续发展注入新鲜的血液,因此,基于文化产业人才流动的重要意义以及现实障碍,政府应该积极地消除文化产业人才流动壁垒。

(四)高校应承担文化产业人才培养的责任

高校是培养文化产业人才的主要力量,必须发挥好主要角色与功能,构建并完善文化产业人才培养的长效机制。在学科建设方面,高校一方面应充分利用自身的科技和教育优势,形成科学的文化学科体系,为文化产业人才的培养奠定良好的基础;另一方面,在学科、专业设置和课程设置上应基于江苏文化产业的发展趋势,坚持培养与就业统一,及时了解社会的需求,并根据市场变化作出及时调整,培养多元化和具备多方面能力的文化产业人才,适应江苏文化产业的快速发展,培养文化产业人才的竞争优势。在人才培养方式上,高校一方面需要创新人才培养方式,改进人才培养模式,根据自身优势、地域优势和行业优势,明确文化产业人才培养的目标和定位,增强知识创新能力与培养文化产业人才的能力;另一方面,高校应该意识到良好和完备的软硬件条件是文化产业人才培养的保障,必须根据其文化创意产业人才成长规律,进一步优化文化产业人才培养的软硬件条件。

企 业 篇 ①

——————————

① 2016年4月29日,为鼓励和支持我国文化企业参与国际竞争,扩大文化产品和服务出口,推动中华文化走出去,根据《文化产品和服务出口指导目录》(商务部、中央宣传部、外交部、财政部、文化部、海关总署、税务总局、广电总局、新闻出版总署、国务院新闻办公告2012年第3号),经企业申报、各地初审、第三方专业机构合规性审核、专家评审和相关部门复核等程序,商务部、中央宣传部、财政部、文化部、新闻出版广电总局共同认定了2015—2016年度国家文化出口重点企业和2015—2016年度国家文化出口重点项目,其中,江苏共有24家企业入选,入选数量在全国居于前列。本篇选取这24家江苏省文化产业类重点企业进行分析和介绍。

砥砺奋进，持续推进有价值的内容建设

——江苏凤凰出版传媒股份有限公司

江苏凤凰出版传媒股份有限公司的主营业务为图书、报刊、电子出版物、音像制品的编辑出版、印刷、发行，公司教育出版、一般图书出版、图书发行等，其主要业务板块在国内出版集团的排名均位居前列。公司控股股东凤凰集团位列 2016 年世界出版 50 强第七位。在巩固传统业务优势的基础上，公司持续加大转型升级力度，积极完善产业布局，在智慧教育、影视、职业教育、云计算、大数据、游戏、娱乐等产业积极拓展，形成了新旧媒体有效融合、新老业务相辅相成的产业布局。公司已形成编印发一体化的产业链和多媒体、多业态的文化产业生态圈，各板块之间资源共享，业务协同，有效减低成本，提高整体效率，做到内容、渠道、技术、物业等优质资源价值最大化。2016 年，公司实现营业收入 105.46 亿元，与上期同比增长 4.98%；实现归属于上市公司股东的净利润 11.70 亿元，与上期同比增长 4.07%；公司经营活动产生的净现流量为 19.04 亿元，与上期同比增长 1.39%。2016 年末，公司总资产 193.18 亿元，与上期同比增长 7.84%；净资产 123.34 亿元，与上期同比增长 9%；归属于母公司股东权益 116.2 亿元，与上期同比增长 8.84%。

公司主要业务模式如下：

1. 出版业务

主要包括教材、教辅、一般图书、电子出版物、音像制品的编辑出版。公司下属 9 家出版单位，围绕各自的出版专业定位，策划组织选题并组稿，按专业出版流程完成图书出版工作，并通过相关渠道面向市场进行销售。其中，5 家出版单位从事教材中小学出版业务，7 家单位具备中小学教辅出版资质，9 家单位都从事一般图书出版业务。人民社等 5 家出版社共有 24 种中小学教材经教育部审定成为国家基础教育课程标准教材，列入国家教学用书目录，在全国推广使用。公司下属各出版单位围绕自身出版理念和专业定位，策划相关选题并组稿，或采用相应的社会来稿，经三审三校等完成出版流程，通过相关发行渠道走向市场。

2. 发行业务

主要包括教材教辅发行和一般图书发行业务、教学装备销售、物流配送、文化商业地产运营等业务。公司作为江苏、海南两省唯一具备教材发行资质的单位，承担着两省各地各校教辅材料的发行工作（承担各省评议公告教辅材料发行的单位，应具备教材发行资质);公司通过实体书店连锁经营、电子商务、团供直销、流动供应等方式开展一般图书发行业务。

3. 印务业务

主要从事教材、教辅、一般图书、票据、包装品的印刷,积极向以按需出版、个性定制、自出版为主的数码印刷转型。

4. 游戏业务

自主研发、运营手机游戏业务,代理运营其他手机游戏企业的产品;运营单机版游戏资讯网站,进行周边产品、网站广告销售。

5. 影视业务

通过主投与参投相结合的方式,从事电视剧、电影的制作、发行、艺人经纪及相关服务业务。

6. 软件业务

主要从事幼儿教育、基础教育、职业教育等教学软件、虚拟实训软件、网络平台及教育 APP 的研发、销售,包括产品策划、软件开发、推广销售等。

7. 数据业务

依托优质的数据中心资源,高品质、大容量宽带资源,专业、高保障运维服务,以机房(机架)租赁、带宽运营、云服务为主要业务,面向政府和企事业客户提供安全、按需使用的 IT 服务。

凤凰传媒作为江苏省乃至我国文化产业的龙头企业,在品牌影响、规模实力、运营机制、内容资源、发行渠道、人才优势等方面具备明显优势,同时在新媒体互联网转型、境内外并购重组、文化消费综合体建设等领域在出版企业中处于领先地位。

1. 品牌优势

公司目前拥有 6 家国家一级出版社,仅次于中国出版集团位居全国第二。根据国家新闻出版广电总局数据(最新数据统计到 2015 年),凤凰传媒进入全国图书出版总体经济规模排名前 100 位的出版社分别是:江苏凤凰教育出版社有限公司列第 7位、江苏译林出版社有限公司列第 35 位、江苏凤凰科学技术出版社有限公司列第 72位;苏教社列地方图书出版单位总体经济规模综合评价排第 1 名,译林出版社连续 7年列文艺类图书出版社总体经济规模综合排名第 1 名。

2. 内容优势

公司教育产品优势突出,凤凰版课标教材总数达 24 种,品种数量和市场占有率居全国第 2 位,做到了基础教育语文、数学、外语三门主课的全品种、全年级覆盖。凤凰版教材覆盖全国 28 个省(直辖市、自治区),超过 4 000 万学生使用。公司一般图书市场占有持续保持行业前列。根据北京开卷信息技术有限公司的权威统计,2016年,凤凰传媒在开卷整体图书零售市场的码洋占有率为 3.33%,排名全国同行第 3

位;其中在实体店渠道排名第 2 位,在网店渠道列第 4 位。公司在文学、传记、生活、教辅等类别图书市场中的表现较为突出,其中生活类图书两个渠道均排名首位,传记市场均排名第 2 位,文学类和医学类均进入前 3 位。

3. 渠道优势

公司发行板块连续多年销售码洋超百亿,销售总量、利润、资产等主要经济指标连续 25 年居全国同行前列,政治理论读物发行量保持全国领先。公司构建了"大中小特"相结合的发行体系,主要书城均已完成升级改造,成为集阅读、体验于一体的新文化消费中心,大书城、中心门店、专业书店、特色书店、小微书店和 24 小时书店有序分布江苏、海南两省,网点数量和规模居全国之首。目前,公司共有各类网点 1 016 个,其中自有网点 629 个,网点总建筑面积 87.88 万平米,其中自有网点建筑面积 80.96 万平米。

4. 智慧教育领先优势

公司已把由传统教育出版商向教育综合运营商转变作为公司的核心战略之一。近年来,通过围绕数字内容、网络平台、软件技术、数据管理等几个重点板块积极布局智慧教育业务,努力打造体系较为完整、结构较为合理的智慧教育产业链。2016 年,公司与省教育厅就智慧教育建立战略合作关系,将通过在教学资源、应用服务体系、大数据服务、装备服务等四个方面的合作,共同在江苏省推动教育信息化。学科网是国内基础教育资源最丰富的网站。厦门创壹是国内职业教育数字化领域最具实力的领军企业,是教育部职教所选定的开发、制作、发行三维互动数字化教学资源"唯一合作单位"。

5. 转型布局全面优势

公司近年来积极践行新老媒体融合战略,通过传统的业务转型升级布局云计算、影视剧、文化消费综合体、数字印刷、培训、游戏等相关新兴产业,打造的文化产业生态圈已初具雏形。公司建成华东第一、全国第三的云计算数据中心,入选"国家首批绿色数据中心试点单位",建成以来收入、利润持续快速增长,目前正在加快推进数据中心二期工程、分中心等项目的落地;公司影视板块已步入良性发展轨道,电视剧业务传统优势继续巩固,不断推出市场口碑俱佳的作品;公司文化消费综合体逐步落地,运营模式进一步清晰,业态定位更加精准,战略合作伙伴的规模和质量明显提升;公司成功引进亚洲第一条 POD 单色数字印刷连线系统,已为江苏、上海和北京等 50 多家出版单位提供按需印刷服务。

2017 年是党的十九大召开之年,是实施"十三五"规划的重要一年,是推进供给侧结构性改革的深化之年,也是公司以改革创新推进五年规划的关键之年。公司工作的总体要求是:坚持改革创新、稳中求进、融合转型、提质增效、双效统一,加快推进结构调整,持续优化体制机制,扎实筑牢管理基础,不断培育新的增长点和积蓄发展动能。

顺应消费需求，创新引领时尚

——徐州市贾拉克工艺品有限公司

　　徐州市贾拉克工艺品有限公司坐落于江苏省徐州市贾汪区，比邻青岛港口，交通便利。旗下义乌工厂成立于 2007 年，徐州工厂成立于 2013 年，经营范围涉及工艺品、饰品（不含电镀）、画框、相框、镜框、装饰线条、细木工板、刨花板、密度板、灯具制造、销售等，是一家大型的集开发、设计、生产、销售为一体的跨地区、多元化、外向型的专业装饰画生产企业。公司占地面积达 17 988 平方米，拥有日本数码印刷机 28 台、光油上光机 2 台、意大利切卡机 2 台、线条生产线 8 条、纸箱生产线 1 条、锯钉框设备 22 套、装配生产线 10 条，年销售额超过 1 300 万美元。

　　贾拉克坚持以创新引领时尚的理念，以不拘泥于传统的思维方式，融合欧美各种文化艺术精髓，进行设计理念创新，创造出经典的美式后现代风格的装饰画。作品给人以不同寻常的视觉冲击和感官享受，诠释了对生活的热爱，演绎了一种彰显品位而率性的生活态度。公司拥有一支卓越的产品创新设计团队，作品经美国知名画家和设计师共同设计完成，每一幅出自贾拉克的装饰画都有知识版权或专利保护。其作品不仅能提升家居装饰的品位，更具备艺术价值。公司每周推向市场的新产品达 20 多款，产品设计新颖独特，综合运用雕刻工艺、树脂工艺、丝网印工艺、手撕画工艺制作，备受消费者的喜爱。

　　贾拉克的设计优势：产品设计新颖独特，综合运用雕刻工艺、树脂工艺、丝网印工艺、手撕画工艺、手绘笔触工艺、金银箔等工艺制作，而且与国外行业内一流设计团队合作，有自己的画面库可以提供给不同的市场销售。

　　贾拉克的生产优势：公司在国内拥有一流的大型装饰画生产基地 3 处，完善的工艺管理流程，先进的进口和国产生产设备，严格的品检制度，保证了产品的品质和生产效率。

　　贾拉克的品牌优势：与贾拉克合作经营的 Desings Direct 公司在美国家喻户晓，其旗下的"Today Living"品牌软装饰品畅销全美，追求产品的卓越品质和持续创新，是公司的核心竞争力。在中国的第一家专卖店已经成功落户南国大武汉高端软装街，并且与美国市场分公司同时上市，给消费者提供了同步享受欧美时尚生活的机会。

　　公司拥有自营进出口权，产品 100％出口，远销欧美等众多国家和地区。公司推出的产品因设计新颖、品质优良而深受中外客商的喜爱。经过长期的努力奋斗，公司和旗下产品在行业内享有极高的声誉。

坚守社会责任和文化担当，
打造国有出版品牌强企

——江苏译林出版社有限公司

译林出版社成立于 1988 年，隶属凤凰出版传媒集团，是国内最具影响力的品牌出版社之一，多年来致力于外国文学、人文社科、英语教育、博物馆与文化遗产等领域的图书出版，有丰富的选题开发经验和精干的作译者、编辑团队。译林出版社 2006 年被国家人事部和新闻出版总署授予"全国新闻出版系统先进集体"称号，2009 年入选"全国百佳图书出版单位"，2010 年被江苏省新闻出版局授予 2007—2009 年度江苏省"新闻出版行业文明单位"称号，2011 年荣获"第二届中国出版政府奖先进出版单位奖"，2012 年荣获"首届江苏省新闻出版政府奖出版单位特别奖"，2013 年荣获《出版人》等评选的 2013 中国书业"年度出版社"特别奖，2014 年入选中国出版传媒商报等联合组织评选的"2013 中国图书世界影响力 100 强"。

译林出版社以品牌战略着眼持久发展，具备较强的专业优势，竞争能力居于同类社前列。"经典译林""译林名著精选"和名作家作品集等构成世界文学品牌板块；"传记译林""双语译林"富有读者口碑与市场潜力；以"人文与社会译丛"为主体的人文社科学术板块深具影响。"十二五"期间，译林出版社共有 2 种图书获中国出版政府奖图书提名奖，1 种图书获中国出版政府奖装帧设计提名奖；1 种图书获中华优秀出版物图书奖，3 种图书入选"三个一百"原创图书出版工程；2 种图书入选"向全国青少年推荐的百种优秀图书"；3 种图书入选"大众喜爱的 50 种图书"；5 种图书获输出版优秀图书奖，11 种图书获引进版优秀社科图书奖；1 种图书入选首届向全国老年人推荐优秀出版物；1 种图书入选首届向全国推荐中华优秀传统文化普及图书；1 种图书入选向全国推荐百种优秀民族图书；4 种图书获国家图书馆文津图书奖；1 种图书获全国文化遗产最佳译著奖、3 种图书分别获全国文化遗产十佳图书及优秀图书奖；1 种图书入选 2015 中国最美的书。百逾种图书被多家有影响力的主流媒体评为年度好书。《牛津初中英语/牛津高中英语》获"江苏省基础教育教学成果奖特等奖"，获中国日报社《21 世纪英文报》评选为"60 年 60 本最具影响力英语教育出版物"。译林网站在译林品牌建设中也发挥积极作用，连续七年在"全国出版业网站评选"中获得系列荣誉。

2016 年 1 月，译林出版社获评"亚马逊 Kindle 2015 年度黄金合作伙伴"；2016 年

1月，译林出版社入选国家文化出口重点企业；2016年2月，译林出版社携手扇贝网全面推进英语教育数字化；2016年4月，南京大学—译林出版社战略合作项目暨"南大·译林通识教育名家讲座"启动仪式在南京大学仙林校区举行。南京大学校长陈骏教授，凤凰出版传媒集团张建康董事长，首场讲座主讲人、英国布里斯托大学哲学系主任萨米尔·奥卡沙教授，南京大学副校长王志林教授，凤凰传媒股份有限公司副总经理佘江涛，以及凤凰出版传媒集团和译林出版社相关人员参加了仪式。

2016年4月起，针对行业市场的形势变化，结合自身业务发展需要，依据企业"十三五"发展战略，译林出版社对本单位内设机构做了针对性调整，将原外国文学出版分社拆分为文学出版中心和新知出版中心，将人文社科图书事业部重组为人文社科出版中心；同时在上海异地成立上海出版中心，进一步推动图书各细分板块的专业化、精细化运作。

2016年5月起，为优化编辑人才培养机制，进一步发扬译林出版社优良出版传统，积聚和传承编辑经验，提升书刊出版质量，译林出版社2016年制定出台《新编辑导师制度》(译出[2016]16号)，并确定了第一期指导名单，社委会成员带头担任新编辑导师。

2016年是"十三五"的开局之年，译林出版社以成为"出版品牌更响、内容创新能力更强、优质出版资源聚合能力更突出、文化影响力和市场号召力更广"的国有出版品牌强企为长远发展目标，坚守社会责任和文化担当，扎实协调"两个效益"，优化产品结构，提升专业化运营能力，继续保持良好的高位增长态势，经营业绩更是创历史新高。2016年全年实现营业收入5.78亿元，较2015年增长3.26％，完成预算指标的101.49％；实现利润总额1亿元，较2015年增长108.91％，完成预算指标的200.88％；其中社本部实现利润总额0.8亿元，较2015年增长37.03％。

在"图书产品做精做细、管理制度做实做活、营销渠道做深做透"的合力下，译林出版社聚力精品生产，2016年大众出版销售继续保持稳定增长的良好势头，在全国实体店的码洋占有率排名第22位，较上一年上升4位。2016年全年出版了一批好书，销售量达到10万册以上共计20种，比上一年增加7种。《望春风》、《伦敦传》、《艾希曼在耶路撒冷》、《傅雷家书》、《查令十字街84号》、《南京不哭》、《乡村生活图景》等新书取得良好市场反响。其中，《查令十字街84号》自2016年4月份上市以来，销量已突破80万册；《望春风》被总局誉为2016年文艺原创精品的代表作，先后入选"深圳读书月"、《中华读书报》、《中国新闻出版报》、新浪网等年度好书榜。

2016年，译林出版社在业内的整体排名继续位居前列。总体经济规模连续第七年在全国文艺类图书出版社中位居第一；在257家地方图书出版单位中位居12位；在全国556家出版社中居第35位，均比上一年前移了两位。

励精图治,再续辉煌

——江苏人民出版社有限公司

江苏人民出版社成立于 1953 年 1 月 1 日,于 2010 年 5 月改制为江苏人民出版社有限公司,简称"江苏人民出版社",注册资本为 5 000 万元人民币。

江苏人民出版社为国家一级出版社,首批"全国百佳图书出版单位"之一,是具有深厚历史积淀和众多图书品牌的综合性出版社。年均出版图书 1 000 余种,承担多项国家重点出版项目。先后有 400 余种图书获得省部级以上优秀奖,其中《我的经济观》、《中国三峡》、《拉贝日记》、《中国现代化历程》、《走进马克思》等 17 种图书,先后 21 次获得国家级大奖。江苏人民出版社现为凤凰出版传媒集团成员。建社至今,出版图书万余种,总印数 16 亿多册。"十二五"以来,江苏人民出版社将努力打造成为集团内重点图书的生产基地,大众读物的创新平台作为其战略发展目标。江苏人民出版社现设有 14 个部门,4 个子公司。其中业务部门有 6 个编辑室,1 个文化教育分社,1 个美编室,1 个营销部;拥有 1 家合资企业:北京凤凰联动文化传媒有限公司。

在图书出版上,江苏人民出版社重点打造五大板块:一是以《凤凰文库》为主的学术板块,包括"马克思主义研究"、"政治学前沿"、"纯粹哲学"、"宗教研究"、"海外中国研究"和"历史研究"六大系列;二是以《大家丛书》为主的知识普及板块;三是以《国医健康绝学系列》等为代表的健康生活板块;四是以《中国教师书坊》和助学读物为特色的教育板块;五是以《中国符号》、《图腾与中国文化》为代表的外向型板块。近年来出版的《五个一工程入选作品·少儿书系》(108 卷)、《中国近代通史》(10 卷)、《南京大屠杀史料集》(55 卷)、《西方哲学史》(8 卷)、《现代经济词典》、《中国人民解放军简史》(2 卷)、《世界现代化历程》(6 卷)、《资本主义理解史》(6 卷)、《中国佛教通史》(15 卷)等一大批重点图书,受到了社会的广泛关注和赞誉。现正精心组织《中国哲学史》、《中国美学通史》、《中国战争史》、《大国通史》等重点项目,努力把自己打造成一流的人文社科学术出版基地、大众出版创新平台。

自 20 世纪 50 年代起,江苏人民出版社的图书就以珍贵的价值和精美的装帧,多次被选送日本、朝鲜、苏联、美国、英国、芬兰、乌拉圭、巴西、委内瑞拉、法国、波兰、捷克斯洛伐克、德国、南斯拉夫及东南亚等国家和地区展出或发行,多次在国际上获奖。进入新世纪,江苏人民出版社每年引进图书数十种,并先后向韩国、越南、俄罗斯、日本及台湾、香港等 20 余家海外出版公司输出版权。自国家设立"中国图书海外推广计划资助项目"后,江苏人民出版社图书连年入选,并有多种项目入选"经典中国国际出版工程"。

坚持走精品化发展之路，
发展成为 IP 泛娱乐产业优质运营商

——慈文传媒集团股份有限公司

  慈文传媒是一家以"互联网＋"为 DNA，充分发掘中华优秀传统文化当代价值，综合运用电视剧、电影、动漫、游戏、舞台艺术等现代多元文化艺术形式，向全球精彩展示、生动传播中国故事与时代价值，同时拥有影视、动漫、游戏、经纪、少儿等 13 家成员公司的大型泛娱乐传媒集团。中国广播电视学会电视制片委员会副会长、首都广播电视节目制作业协会常务副会长、国家一级编剧、中国传媒大学经济与管理学院兼职教授及 MBA 实践导师马中骏先生，从 2000 年创办慈文传媒以来，始终将中华优秀传统文化视为创作的宝库，不断发掘、梳理其蕴含的当代价值，生产出了《花千骨》、《暗黑者》、《华胥引》、《西游记》、《神雕侠侣》、《七剑下天山》、《家》、《半生缘》等一大批叫好又叫座的时代佳作。2015 年 11 月，慈文传媒登陆中国 A 股市场（深市代码 002343）。在接受资本市场洗礼、壮大实力的同时，慈文传媒进一步主动拥抱"互联网＋"，紧紧围绕 IP（知识产权）加强研发实力，形成具有鲜明中国特色、现代理念、国际布局的优势竞争力，力争成为亚洲一流、世界领先的中国文化创意产业集团。

  公司主要从事影视剧的投资、制作、发行及衍生业务，移动休闲游戏研发推广和渠道推广业务及艺人经纪业务。目前，公司已形成了以自有 IP 为核心资源，以电视剧投资、制作及发行业务为核心业务，积极延伸拓展电影、游戏和艺人经纪等相关业务领域，并形成了各业务领域良性互动、协同发展的业务体系。

  2016 年，公司继续推进精品 IP 的培育、开发和转化，充分释放精品 IP 的价值，重点打造网台联动的精品大剧；继续引领周播模式，为一线平台推出周播大剧。公司注重原创开发，主动把握政策导向，适应竞争环境，进一步优化产品结构，丰富剧作题材，提升制作品质，取得了良好的经济效益和社会效益。

  在游戏业务方面，赞成科技坚持移动互联技术的研究与移动应用技术的推广，继续巩固自身在移动休闲游戏研发与发行领域的优势；同时积极开拓流量运营业务，扩大市场规模和利润。

　　公司坚持艺人经纪与影视娱乐内容生产和运营密切结合、协同发展,积极寻求转型升级,不断优化艺人结构,建立了符合主流市场需求的年轻化艺人梯队;加强艺人宣传与培养,借助于《老九门》等电视剧和网络剧的热播,迅速提升旗下艺人的知名度和商业价值。此外,公司深耕各大内容业务板块,整合各类渠道资源,推动各产业模块的协同发展,打造慈文"品牌＋"的泛娱乐平台,致力于从传统影视娱乐内容提供商升级为新世代以精品 IP 为核心的泛娱乐产业优质运营商。

　　2016 年,公司各项业务发展良好,实现营业收入 182 618.96 万元,比 2015 年同期增长 113.34％;归属上市公司股东净利润 29 010.92 万元,比 2015 年同期增长 45.63％;归属于上市公司股东的扣除非经常性损益后的净利润为 27 925.27 万元,比 2015 年同期增长 50.28％。

　　2017 年,公司身处全新的市场环境,将在泛娱乐领域一如既往地发挥工匠精神,用心打磨出符合市场需求的优质产品;保持敏锐的商业嗅觉,在每一次行业风云变幻中,都能冲上浪尖引领市场。公司在深化推进 IP 泛娱乐开发、主打网台联动头部剧的基础上,将发力 C 端付费模式的网络剧和网络大电影产品,打造出具有代表性的现象级产品,树立行业标杆。在产业升级迭代的新机遇下,公司将同步在理念、人才结构、制度建设、资源协同和资金配置等方面进一步升级调整,紧跟市场快速发展的步伐。

　　公司将坚持走精品化发展之路,加码优质 IP 资源的储备及开发,持续量产头部稀缺内容,以网台联动头部剧为主打,保证业绩稳定增长。2017 年,《特工皇妃》《凉生,我们可不可以不忧伤》、《回到明朝当王爷》等一批以"强 IP＋大卡司＋大制作"为配备水准的网台联动头部剧将陆续播出,进一步巩固公司在头部内容市场的领先优势。

　　公司将加快向"IP 泛娱乐产业优质运营商"的步伐,从项目策划初期就贯穿 IP 商业价值变现的运营思维,对 IP 进行全产业链开发,通过影视剧、游戏、周边衍生品、创意广告、内容电商等产品及方式,充分释放 IP 的价值空间。继《花千骨》IP 游戏火爆市场之后,2017 年,公司将推出影游联动的 IP 游戏《特工皇妃》。公司储备的一系列优质 IP 产品也将陆续启动开发,探索多元化的盈利模式,实现"内容创作—内容运营—内容价值变现"的良性循环。

　　公司将与各大视频网站深度联动合作,深化切入网生内容 C 端付费市场,探索新的盈利增长点。经过前期《老九门》、《暗黑者》、《执念师》、《示铃录》等系列网生产品的市场磨合及经验总结,公司将加大对网生内容的投资力度,探索网剧、网大的 C 端付费产品,力争在产品模型、播出模式、商业模式、盈利能力等方面树立行业标杆,进一步巩固公司网生内容龙头企业的市场地位。

公司将在组织构架、人才孵化、激励机制等方面积极完善,以应对快速变化的行业形态和业务升级。推进原有业务团队升级,加强年轻业务团队建设,打造适应公司发展战略的多类型、梯队人才队伍,强化各业务领域良性互动、协同发展。在资金层面,公司在自身业绩稳定、内生驱动力充足的基础上,将积极发挥上市公司的品牌效应,充分运用各类融资方式和金融工具,以满足企业资金需求,提升业务的发展速度,整合产业链上下游的优质资源,构筑行业竞争壁垒。

多层次积极推进国际化，
打造江苏文化"走出去"平台

——江苏广电国际传播有限公司

江苏广电国际传播有限公司成立于2011年，隶属江苏省广播电视总台（集团）旗下，注册资本4 500万元人民币，经营范围涉及：广播电视节目制作、发行；国内外文化艺术活动策划组织服务；设计、制作、代理、发布国内外各类广告；会议及展览服务；电视节目进出口；影视投资；自营和代理各类商品及技术的进出口业务；社会经济信息咨询；国内贸易；人才培训（不含国家统一认可的职业证书类培训）。

江苏广电国际传播有限公司始终尊崇"踏实、拼搏、责任"的企业精神，并以诚信、共赢、开创经营理念，创造良好的企业环境，以全新的管理模式，完善的技术，周到的服务，卓越的品质为生存根本，始终坚持用户至上，用心服务于客户，坚持用自己的服务去打动客户。

自江苏省广播电视总台（集团）明确提出国际化战略以来，在总台领导的重视和指导下，江苏广电国际传播有限公司不断创新思维、开拓进取，从版权贸易、平台建设、内容制作、文化交流等多个方面多个层次积极推进国际化，取得了引人瞩目成绩和突破，版权出口规模继续领先全国。2015年，总台与香港电讯盈科成立合资公司，以江苏广电的综艺节目为主，同时整合国内其它优质节目，共同在电讯盈科旗下的Now TV平台开设并运营全媒体付费频道"紫金国际台"。半年时间里，就覆盖了香港、马来西亚等国家和地区，并于当年实现盈利。2016年，根据国家的"一带一路"战略，重点加强对沿线国家的覆盖，实现了对新加坡、澳大利亚的覆盖，并通过OTT平台在两年内增加对印尼、菲律宾以及埃及等中东国家的覆盖。此外，北美播出平台建设项目也取得重大进展，与旧金山等地的媒体运营商已经从时段合作开始进行试播，并取得了很好的市场反响，下一步将实质性推进北美电视频道的开设和运营。

2016年7月，在国家商务部和中宣部、财政部、文化部、广电总局联合发布的全国文化"走出去"评选中，江苏广电国际传播有限公司成功入选2015—2016年度"全国文化出口重点企业"，这是总台首次以国际公司为主体独立申报"全国文化出口重点企业"，此前以总台为主体申报并入选了2011—2012年度、2013—2014年度"全国文化出口重点企业"。同时，江苏广电国际传播有限公司申报的"英国雄狮影视合拍纪录片"项目入选了2015—2016年度"国家文化出口重点项目"。

坚持社会主义核心价值观引领，
打造国有骨干文化企业

——江苏省演艺集团有限公司

　　江苏省演艺集团成立于 2001 年，是江苏唯一的省属演艺类文化企业，也是全国规模最大的综合性文艺团体之一。肩负着繁荣发展社会主义文艺、打造国有骨干文化企业，服务江苏文化强省建设的责任和使命。经资源优势整合，现旗下拥有歌剧舞剧院、京剧院、昆剧院、话剧院、锡剧团、扬剧团、交响乐团、民族乐团、评弹团、木偶团等 10 个院团（涵盖 12 个艺术门类）和舞美中心、江苏省演出公司、江苏资产管理经营公司、江苏演艺传媒中心、江苏苏演艺术培训中心、江苏演艺艺术发展公司等 6 个子公司。集团四度蝉联"全国文化企业 30 强"；七度获得"国家文化出口重点企业"称号；荣获"全国文化体制改革优秀企业"荣誉称号。

　　集团牢固树立以人民为中心的创作导向，坚持用社会主义核心价值观引领文艺创作，坚持文艺精品战略、坚持文艺惠民服务、坚持优秀文化走出去，在"出人、出戏、出效益"方面取得了积极成效。创作积累了一批优秀文艺作品，获国际及国内奖项数百项。京剧《骆驼祥子》、昆剧《牡丹亭》、大型民间歌舞《好一朵茉莉花》、扬剧《王昭君》、锡剧《珍珠塔》、评弹《唐宋古韵忆江南》等剧（节）目在国家级评比中名列前茅，话剧《枫树林》获第十四届"文华大奖"，民乐"茉莉花组合"获第九届中国音乐金钟奖民乐组合比赛金奖，昆剧《1699·桃花扇》获全国"五个一工程"奖、"文华大奖特别奖"，现代京剧《飘逸的红纱巾》先后获全国"五个一工程"奖、第五届中国京剧节现代戏金奖榜首和"文华优秀剧目奖"。近年来，集团艺术创作生产空前活跃，推出了歌剧《运之河》、《鉴真东渡》、《郑和》，昆剧《醉心花》，京剧《镜海魂》、《向农》、锡剧《紫砂梦》、扬剧《党的女儿》，话剧《二月兰》、《生命的托付》等一批体裁题材多样、主题深刻、具有独特艺术风格和江苏地域特色的作品，其中歌剧《运之河》获第二届中国歌剧节六个奖项七个大奖，赴欧洲巡演活动被评为"全国对外传播十大优秀案例"，歌剧《鉴真东渡》两度赴日本演出，积极发挥"和平友好文化使者"的独特作用，现代京剧《向农》先后参加第八届中国京剧艺术节和第十五届中国戏剧节并担纲闭幕式演出。集团现拥有 14 位中国戏剧"梅花奖"获得者、20 位"文华奖"个人类奖项获得者、2 位中国曲艺牡丹奖终身成就奖获得者、8 位江苏紫金文化奖章获得者、28 位艺术家享受政府特殊津贴。

2016年12月,由江苏省委宣传部组织指导、江苏省演艺集团打造的原创史诗歌剧《鉴真东渡》走出国门,在日本东京、京都、奈良三地连演五场,得到了业内专家和观众的高度赞誉,在日本社会各界引发热烈反响。《鉴真东渡》全剧分为《幻海》、《愿海》、《迷海》、《觉海》、《心海》、《慧海》六个部分,以国际通识的歌剧语言,讲述了中国唐代高僧鉴真不畏艰险六次东渡日本弘法的故事,展开了一幅恢弘大气的中日文化交流历史画卷。该剧在音乐上借鉴了江苏民歌元素和佛教音乐的特点,无论是在作曲、戏剧结构、导演手法还是舞美设计等方面,都大胆创新、构思精巧、匠心独运。

近年来,集团持续践行"深入生活,扎根人民"主题实践活动,丰富了"高雅艺术进校园、进基层、进乡镇"、"演出季"惠民等品牌;推动艺术普及创新,形成了"交响音乐季"、"朱鹮艺术节"等艺术品牌;促进艺术与科技融合,拥有了"环球昆曲在线"等品牌。2016年,成功承办了首届紫金京昆群英会、"中国音乐金钟奖民乐比赛"等重大艺术活动,并积极参与了第三届江苏文化艺术节、江苏首届京昆艺术节、第三届丝绸之路国际艺术节三项意义重大的活动,为打造江苏文化名片做出了积极贡献。

未来,集团将以"聚焦改革添动力,聚力创新推精品,高起点实现双效统一,全面提升发展水平"为目标,不断开拓进取,努力创作更多无愧于时代的优秀作品,让艺术之花为时代绽放,为建设"强富美高"新江苏作出新的更大贡献。

用心服务客户，快乐中国儿童

——苏州魔卡童创意设计有限公司

苏州魔卡童创意设计有限公司成立于 2009 年 9 月，总投资 1 000 万元，是中国最早进行规模化纸质儿童玩具、幼儿园系列纸质游戏教学教具、纸质家具等纸艺设计研发、生产及销售的公司。公司建有 3 500 平方米的标准厂房，已通过 ISO9001：2000 质量管理体系认证以及 ISO14000 环境管理体系的认证，并且已导入 SONY 公司的 GP 认证。公司设立产品研发中心，主营产品包括纸质幼教区角装备，创意纸玩，环保创意纸质家具及多功能创意包装用品等系列产品，深受中国消费者欢迎和市场肯定，产品已成功进入国际市场，远销美、德、英、法、俄罗斯等欧美国家。2016 年 6 月，公司成功入选"2015—2016 年度国家文化出口重点企业"。

苏州魔卡童创意设计有限公司坐落在美丽的苏州昆山阳澄湖畔，公司的产品原料以环保纸质材料为主，总投资 3 000 万元，拥有强大、专业的生产工厂。产品主要是以培养儿童早期感知、益智、创意为主的系列纸玩。2009 年开始，公司联合国内知名幼教专家团队专门为中国儿童学前教育打造了精品课程"系列仿真社会—情景角色游戏教育课程"，以情景纸教具辅以精心设计的幼教游戏教案、漫画图书与动漫影视配合使用，达到立体综合学习游戏的效果，符合幼教五大领域的教学需求，有助于儿童社会感知性教育和健康成长。

同时，公司秉承"切实了解客户需求，真正用心服务客户"的经营理念立足市场，精心打造四大系列产品：专为满足儿童心理需求、快乐游戏的手绘屋和折叠绘画产品；大型儿童游乐产品——欢乐屋；利用传统的纸张经过精心设计的纸质儿童、成人家具；与美国知名公司合作开发的纸质立体音乐贺卡。公司还以安全环保、服务教育为导向，以创新和开拓为中心，以文化创意设计产业建设为目的，技术涵盖包括专利生产技术、产品设计及外观设计等多个领域。

公司除拥有较强的制作、设计团队外，还拥有国内知名的儿童教育、社会教育、心理疏导专家团队。公司倾力于把最好的理念、最好的设计、最好的产品带给我们中国快乐的儿童。公司的发展理念得到教育、文化、中央电视台少儿频道、《幼教导读》杂志社等相关国家部委、机构的相当认可，同时公司积极参加国内外各项行业顶级展会，达成了多个合作项目，产品成功进入德国、英国、法国、丹麦、美国等国家。

绿色成就生活之美，低碳造就品质享受

——江苏桃园家饰有限公司

江苏桃园家饰有限公司位于江苏省盐城市射阳县合德镇境内的沿海高速射阳、阜宁出口处，占地 38 亩，建筑面积为 22 000 m²，固定资产达 5 000 多万元，是一家拥有自营进出口权的独资企业。公司下辖 2 个专业合作社，16 个分厂，现有在职员工 140 余人，领料在家操作 12 000 余人。公司主产品涉及草编文化工艺墙纸、窗帘、屏风、地毯、生物质制浆、秸秆装饰板、秸秆工艺画、装饰工艺品等八大系列 1 000 多个品种。市场覆盖国内近 200 个城市，境外 55 个国家和地区。2013 年，实现销售近 6 100 万元，创汇近千万美元。

公司自 2007 年 6 月成立以来，以秸秆、苇草、竹木、藤等为原料，以手工编织和现代先进设备相结合制作了草编文化工艺墙纸、窗帘、屏风、地毯、装饰板、工艺饰品、纸浆、秸秆工艺画等系列产品等八大系列 1 000 多个品种的传统文化工艺品，其"桃园家饰"商标被认定为"江苏省著名商标"，草编文化工艺墙纸被认定为"江苏省名牌产品"，2012 年出口创汇突破千万美元大关，企业被认定为江苏省非物质文化遗产传承单位，同年，"桃园家饰"获评江苏省著名商标，2011—2012、2013—2014、2015—2016 连续三届六年获得中宣部、文化部、商务部、财政部、广电总局、新闻出版总署等六部委（局、署）联合命名为"国家文化出口重点企业"。

持续发展的绿色追求，品质第一的质量意识，按岗用人的敢性策略是公司的团队理念。桃园家饰始终坚持"巧智慧心、忠信誉德，专业执着、精业求精、以人为本"的宗旨，以弘扬中华民族文化，传承非物质文化遗产，发展民间草编技艺，建设美好家园为己任，严格执行国家轻工行业标准，在 ISO9001：2008 质量体系认证下，精挑细选的天然竹、木、麻、草、芦苇和秸秆等天然绿色野生植物为原材料，承续了 400 多年传统特色的江苏省非物质文化遗产草编技艺和现代技艺相融合生产出独特的工艺窗帘、墙纸和工艺品。

桃园家饰公司拥有年生产草编工艺窗帘 600 万平方米、草编工艺墙纸 800 万平方米的生产能力，生产的产品从生活日用品到装饰用品，无所不包，是建材系列中不可或缺的家居装饰材料。江苏桃园家饰公司的生产的草竹工艺窗帘、墙纸极致体现产品的质感、纹理感和立体感，赋予墙纸极高的审美品位，自然纹理、无毒、无味、无污染、防霉、吸音，同时色泽淡雅，乡土特色，浓郁清香，赏心悦目，融合国内外时尚的氛围,潮流感十足,产品热销国内各大中城市以及日本、韩国、巴西、东盟、欧美、中东、等国家和地区。

传统工艺的沿承,草编工艺的发展,桃园家饰公司在为社会贡献的道路上实现了绿色价值观的收益最大化。江苏桃园家饰有限公司 2009 年被认定为江苏省农业产业化龙头企业,农作物秸秆编织出口家饰产业化开发被认定为"国家级星火计划项目",草编技艺被列入江苏省"非物质文化遗产"名录,此产品获第二届江苏省旅游商品类最佳产品奖、第十二届江苏省农业国际洽谈会评比中获最佳创意农产品奖,秸秆工艺画为盐城市优秀旅游商品,公司被省评为"江苏省最具有发展潜力企业",非物质文化遗产传承人戴元军先生分别被授予江苏省第三、四届和全国第十届"创业之星"荣誉称号,并受到了回良玉等党和国家领导人的亲切接见。

近年来,企业不断扩大市场占有率,在参与各地的建材展、博览会和广交会等的同时,还在莫斯科、迪拜、香港等国家和地区设销售公司,内贸部、外贸部数十名专业销售人员热情为国内外客商服务并和国内外多家装饰企业和科研机构共同组织研发团队开发,深受国际家饰市场青睐,极富中华民族元素的草编文化工艺品,公司产品供不应求。

展望未来,桃园家饰将始终坚持"巧智慧心、忠信誉德、专业执着,精益求精、以人为本"的创业宗旨和以弘扬中华民族文化、传承非物质文化遗产、发展民间草编技艺、建设美好家园为己任的社会责任,与时俱进,努力做大做强桃园家饰公司,全力造福社会! 桃园家饰,美的选择!

传播文化，回馈社会

——江阴金杯安琪乐器有限公司

中美合资的江阴金杯安琪乐器有限公司是当今中国手风琴界的著名企业。江阴金杯安琪乐器有限公司是目前中国规模最大、品种最全、质量最优的手风琴专业生产基地。公司拥有研发、制造、营销、培训等多方面功能。公司凭借雄厚的技术实力和创造能力，成为中国乐器协会手风琴专业委员会会长单位、国家行业生产标准制定单位、中国驰名商标拥有单位。"金杯"乐器历经数十年的精心打造，已成为长江三角洲上一颗夺目璀璨的明珠。

公司自成立以来，始终以"顾客满意是金杯的出发点和归宿，持续改进是金杯员工的永恒追求"为宗旨，精心打造具有市场竞争力的"金杯"品牌。如今，产品远销美国、意大利、俄罗斯等30多个国家和地区，同很多海内外客商建立了良好的合作关系，在未来的道路上公司将依然恪守这一宗旨，将以更优质创新的产品领先于手风琴事业的发展，将金杯乐器推向更广阔的全球市场。

公司拥有6 000平方米的智能型办公大楼和38 000多平方米的现代化厂房，并拥有一大批具有多年乐器制造经验的工程师和技术人员，产品选取各类优质木材和进口钢材以及国内最好的优质合金铝板，严格按照行业标准专业设计、精心制造而成，并通过ISO9001:2008质量体系认证，获得国家13项实用技术专利和1项发明专利，"金杯"商标还荣获江苏省著名商标等称号。

金杯手风琴已经在国内及世界市场得到认可，它吸取了国际著名品牌的精髓，产品由8BS-120BS形成系列。为使产品精益求精，集中表现金杯乐器的独特魅力，金杯乐器融汇了国际先进技术之精华，致力于高档演奏手风琴的研制、开发，2005年，公司推出了106键自由低音B系统巴扬手风琴，填补了国内手风琴的空白，2008年公司自主研发的流行双波动系列手风琴问世，并很快得到推广，赢得海内外手风琴演奏家的一致好评。

金杯乐器创办于20世纪70年代，经历了从无到有、从小到大的发展历程。经过几代人的顽强拼搏和艰苦创业，公司从成立初期的十几人发展到目前国内手风琴行业最大的生产企业。企业发展至今，已经是第三次创业了。这次创业，公司立足传播文化，以文化提升企业发展软实力。自2010年开始，与国内外各大教育机构，全国音乐学院、师范院校来共同推动中国手风琴文化的发展。每年多次赞助冠名全国性手风琴大赛及大型活动,举办中国金杯南方手风琴艺术节;首届中国手风琴作曲原创大赛;同年参加"德中同行"全国手风琴专场巡回展;2010年和南艺签约,资助南艺开设手风琴·吉他专业班,挂牌成立了"南京艺术学院生源基地"、"南京艺术学院艺术考级基地"。2011年携手香港"苗圃行动",提供汶川灾后重建1 000台教学手风琴及教学师资等活动来培育中国手风琴文化市场。2016金杯之声草原琴韵艺术节在内蒙古大草原顺利举行。2016德国法兰克福国际乐器、舞台灯光及音响展览会上,目前手风琴界最大厂商的意大利SCANDDALLI工厂老总,也是国际手风琴演奏家,主动提出邀请要和金杯合作,建立文化的传播和技术的扶持,以进一步提高金杯品质。

目前,金杯公司正在努力实施战略性发展计划,将生产、销售、教育三结合,以江阴金杯艺术培训中心为基地,致力于推广艺术教育,培育手风琴文化。公司更加积极地参与手风琴市场的培育工作,通过多种途径和方法,推动中国手风琴文化事业的发展,为发展中国手风琴文化的发扬光大做出不懈的努力。

创新、和谐、靠实、进取

——泰兴市凤灵吉他制造有限公司

泰兴市凤灵吉他制造有限公司位于中国黄桥工业园区 1 号，占地面积 50 000 多平方米，于 2012 年 11 月 16 日成立。目前，公司拥有员工 1 300 多人，其中技术人员 400 多人；占地面积 13 万平方米，建筑面积 5.8 万平方米，年产古典、民谣等吉他系类产品 80 万套。公司提供私人定制和企业定制服务，主要经营项目：吉他、提琴以及配件、布艺箱包制造、销售，自营和代理商品及技术出口业务。

公司先后通过了 GB/T 19001—2000 idt ISO 9001:2000 认证质量管理体系认证、欧盟 RoHS 等绿色环保认证，98% 以上的产品远销美洲、欧洲、澳洲、亚洲等 80 多个国家和地区。公司秉承"质优价廉、诚实守信、真诚服务"的经营理念，产品质量稳定、性能卓越、可靠性高、性价比极佳，享誉业界，服务优良，赢得了广大用户的信赖。公司现被认定为"江苏省质量奖企业"、"国家文化出口重点企业"、"国家文化产业示范基地"、"国家名牌"、"吉他免检产品"等，是 3 项吉他行业标准的起草、编制单位，是国家《提琴制作工》职业技能等级标准及教材的起草编制单位。"凤灵"商标被国家工商总局认定为"中国驰名商标"。

江苏凤灵乐器集团是以乐器制造、工业旅游、艺术教育、文化产业为主题的大型企业集团。集团由泰兴凤灵乐器有限公司、泰兴凤灵吉他制造有限公司、江苏李书进出口有限公司、江苏凤鸣科技有限公司、泰兴市凤灵文化艺术中心、江苏欧莱娜乐器有限公司等八家公司组成。年产各种规格档次的提琴产品 38 万套、吉他产品 50 万只，90% 以上的产品销往美国、德国、日本、意大利、南非等 80 多个地区。集团董事长李书当选为乐器协会提琴分会会长，荣获"创业之星"、"优秀企业家"、"乡镇企业家"、"企业信息化优秀领导奖"、"道德诚信企业家"、"改革开放 30 年功勋企业家"、"江苏省优秀民营企业家"、"江苏省关爱员工优秀企业家"和江苏省劳动模范、五一劳动奖章等。

公司聘请小提琴制作大师、中央音乐学院教授郑荃为技术总顾问，聘请小提琴演奏大师吕思清为形象代言人，聘请小提琴演奏家迈克·嘉玛尼斯和大提琴演奏家莎拉·梅尔为凤灵提琴文化大使。

企业荣获出口企业全国"双优"奖，连续 6 年跻身全球乐器音响制造业 150 强，被命名为"国家文化产业示范基地"，被评为"国家文化出口重点企业"、"全国卓越绩效先进企业特别奖"、"全国轻工业质量效益型先进企业"、"全国企业信息化先进单位"、"中国乐器行业强势公司"、被授予"江苏省现代企业制度示范企业"、江苏省"明星企业"、江苏省"优秀民营企业"、江苏省"质量诚信企业"、江苏省"民营企业就业先进单位"、"江苏省文明单位"、"江苏省精神文明建设先进单位"、江苏省"AAA级信用企业"等荣誉称号。企业拥有国家级乐器声学品质检测室、国家级特有工种职业技能鉴定站和全国轻工乐器行业技能培训中心和省级乐器材料与技术应用工程研究中心。

公司始终秉承"靠科技提升产品品质、靠品牌确立龙头地位、靠优质赢得更大市场、靠诚信营造发展机遇"的管理理念,"品质让顾客满意,服务让客人感动"的经营理念,以及强化"让顾客满意、让顾客感动"的服务理念,全面推进"科技凤灵、品牌凤灵、文化凤灵"的各项建设,营造浓厚的"创新、和谐、靠实、进取"的良好氛围,严格按照ISO9001:2000质量体系的要求实施品牌战略,未来的凤灵将更加繁荣、更加辉煌,也必将为地方经济的跨越式发展和提琴文化创意产业发展作出更大的贡献。

一百年专注，做世界品牌

——江苏奇美乐器有限公司

江苏奇美乐器有限公司（以下简称奇美公司）坐落在江阴大桥北岸，拥有全套全自动电脑数字化乐器生产设备及音准检测仪器，与南京师范大学音乐学院进行技术合作，秉承"博学·融合·超越"的经营理念和"一百年专注、做世界品牌"的百年目标，研制开发生产奇美（QIMEI）牌、DIAMOND（钻石）牌和DHS牌系列竖笛、口琴、口风琴等乐器产品。

奇美公司是国内一家生产竖笛、口风琴、口琴的基地，已形成年产约竖笛600万支、木笛10万支、口风琴250万台、口琴250万支左右的生产规模。竖笛、口琴、口风琴产销量位居国内品牌市场前列，根据"国际音乐制品协会"发布《全球乐器报告》统计：奇美牌竖笛、口风琴产销量全球遥遥领先。公司拥有钻石、奇美、DHS三大品牌的乐器产品，销售辐射全球100多个国家和地区，国内市场覆盖全国大中城市。

奇美公司生产系列ABS工程树脂最高音、超高音、高音、中音、次中音、低音六、八孔竖笛；生产系列木质高音、中音八孔竖笛；生产系列8键、13键、24键、25键、27键、32键、36键、37键、41键高音、低音口风琴；生产系列10孔、16孔、24孔、28孔等复音口琴，系列10孔、12孔、16孔半音阶口琴，24孔中音口琴，高、中音笛声口琴，25孔旋律贝司口琴，24组、48组双联和弦口琴。几十年对奇美牌竖笛、口琴、口风琴的专注，普及了众多欧美及亚太地区中小学生和音乐爱好者。

奇美公司2011—2016年度被商务部、中宣部、财政部、文化部、新闻出版广电总局联合授予"国家文化出口重点企业"，2015—2016年度被联合授予"国家文化出口重点项目"，被国家工商行政管理总局公示为2010—2015年度"守合同重信用企业"，被江苏省教育厅和质量技术监督局联合授予江苏省中小学质量教育社会实践基地，以及荣获"泰州市级文化产业示范基地"荣誉称号。奇美牌竖笛、口琴、口风琴2003—2019年度被江苏省名牌战略推进委员会授予"江苏名牌产品"，2014—2017年度奇美商标被江苏省工商行政管理局认定为"江苏省著名商标"，2010—2013年度荣获江苏省消费者协会"推荐商品"称号。2012—2016年度奇美公司被中共靖江市委员会、靖江市人民政府授予"百优企业"荣誉称号，授于董事长张龙贵"明星企业家"荣誉称号。奇美公司荣获口风琴行业标准起草单位和竖笛行业标准主要起草单位。2014—2017年度奇美公司被国家标准化管理委员会评定为AAA级标准化良好行为单位。被中国乐器协会授予 2010—2015 年度"中国乐器行业 50 强",荣获 2015—2020 年度"江苏省民营科技企业"称号,2011—2012 年度荣获靖江市"诚信单位"称号,奇美公司 2012—2014 年度被靖江市人力资源和社会保障局授予劳动保障诚信示范企业称号。奇美牌系列乐器产品的质量已通过或委托教育部教仪所、轻工业乐器质量监督检测中心、全国乐器标准化中心、中国艺术教育促进会、南京大学声学研究所、江苏省疾病预防控制中心等权威机构的检测或鉴定,奇美公司先后获得过国家专利局授予的发明、实用新型、外观等专利,奇美牌口风琴(口风琴用新型音簧固定板)技术 2011—2016 年度荣获"江苏省高新技术产品"称号,公司通过 ISO9001:2008 国际质量管理体系认证。

奇美牌系列乐器产品音准准确、音色优美,是学生学习、演奏的理想普及乐器,走进清华大学附属中学、北京大学附属小学、上海复旦大学附属小学等音乐课堂,多次荣获教学仪器中标产品,不仅畅销国内市场,还远销德国、法国、美国、加拿大、墨西哥、印度、马来西亚、意大利、土耳其、日本等欧美国家和亚太地区,受到国内外中小学生和音乐爱好者以及专业演奏家的欢迎。

"对标"生产，"吟飞"腾飞

——吟飞科技（江苏）有限公司

吟飞科技（江苏）有限公司是集科研、设计、生产、销售和服务为一体的高科技企业，占地面积 5 万多平方米，厂房面积 8 万多平方米。公司是目前国内品牌主要的电子乐器生产企业，中国轻工业百强企业，国内乐器行业 10 强企业，中国乐器协会副理事长单位，江苏省高新技术企业，中国教育装备行业协会会员，江苏省教育装备行业协会会员，国家级守合同重信用企业，全国轻工业卓越绩效先进企业，连续多年被美国《音乐贸易》杂志列入全球乐器与音响制品 225 强行列。公司先后通过了 ISO9001:2008 质量管理体系认证；ISO14001:2004 环境管理体系认证和 OHSAS18001:2007 职业健康安全管理体系认证，被国家文化部、宣传部、商务部、财政部、广电总局、新闻出版总署列入国家文化出口重点企业目录。2013 年，吟飞工业设计中心被国家工业和信息化部评为国家级工业设计中心。

公司主要从事音源集成电路开发，依靠先进的电子技术和自主创新能力，不断地研发和生产适合消费者需要的各类电子乐器产品。包括单排键电子琴、电子管风琴、数码钢琴、电子鼓以及 MIDI 键盘等电子乐器。多年来"吟飞"也为全国各师范类、艺术类院校提供了适合教学的普及型用琴和适合舞台表演的演奏型用琴，并受到了专家和师生的一致好评。公司地处长江三角洲区域经济最发达地区，毗邻国际大都市上海，交通十分发达，电子技术力量雄厚，自 20 世纪 90 年代初以来，一直注重电子乐器音源开发，以及电子乐器产品的设计、生产、销售，主要生产"吟飞"牌 TB 系列电子琴、TG 系列数码钢琴、TD 系列数码电子鼓、RS 系列双排键电子琴、MTS 系列音乐教学控制系统。

作为世界三大专业乐器展会之一，由中国乐器协会、上海国际展览中心有限公司、法兰克福（香港）有限公司联合主办的 2015 中国（上海）国际乐器展览会（Music China）于 2015 年 10 月在上海新国际博览中心举行。该届展会横跨 9 个展馆，展出面积达 98 000 平方米，拥有来自 30 个国家和地区逾 1 800 家参展商，来自比利时、捷克、法国、德国、意大利、日本、荷兰、西班牙、英国和中国台湾等国家和地区参加了该届展会。公司已连续十四年参加了该展会。公司不断研发、生产市场需求的产品，积极参与国际市场竞争。在此次展会上，公司展示了多款新品，无论从外观、音色、节奏还是从价位等方面都使得广大国内、外客户产生了浓厚的兴趣及好评。同时，吟飞艺术中心的华那晨、闯璐、刘丹丹、潘晓燕、曹洁琼和王鑫用"吟飞"RS—1000E 电子管风琴、三角电钢琴和电子鼓为广大观众带来了《卡农》、《曙光》、《梦回大唐》、《梁祝》等脍炙人口的乐曲,精彩的演出博得了在场观众的热烈掌声。通过为期四天的展示,"吟飞"把企业文化、品牌形象及产品在这一音乐、文化、知识交融的行业盛会中给所有观众留下了难忘的回忆,充分展示了吟飞公司的实力,显著提升了公司及"吟飞"系列产品的知名度和影响力,在拓展国际、国内市场份额的道路上也取得了长足的进步,为把"吟飞"打造成为中国电子乐器民族第一品牌打下了坚实基础。

2016 年 4 月 23 日至 24 日是 2016"吟飞"国际电子管风琴比赛东部大赛的日子,在 23 日的吟飞电子管风琴十周年全国巡演的开场,举行了此次比赛的亮点环节——吟飞科技(江苏)有限公司与浙江音乐学院流行音乐系的合作项目"吟飞电子键盘教学中心"的正式揭牌仪式。这标志着吟飞科技(江苏)有限公司研发的高端数字音乐产品,如 MIDI 键盘,数字音响,数字声卡系统,电子管风琴,以及吟飞控股的德国"Bitwig"公司研发的软件等电子音乐设备,将源源不断地进入浙江音乐学院流行音乐系的教室和科研场所,供学生老师们进行科研、教学、演出、培训等实践活动。这也意味着吟飞科技(江苏)有限公司成为了浙江音乐学院流行音乐系的社会实践基地。这一教学中心合作项目被视作是校企合作和产学研协同发展的有益探索,得到了浙江音乐学院流行音乐系领导的积极支持。这次合作充分证明了,吟飞科技研发的乐器产品无论是质量上还是功能上已经达到了很高的水准,从而得到了专业音乐高等院校的青睐。从高等院校的层面来说,各专业的发展也离不开民族企业的支持和进步。吟飞科技(江苏)有限公司作为中国电子乐器行业的标杆企业,很好的扮演了牵头者的角色,以这样校企合作的方式,促进了各大高等院校之间的学术交流与合作。

"从 1996 年销售几百万元,到 2015 年销售额达 3 亿元,再到 2016 年销售额超3.5 亿元,'吟飞'的年销售额每年以两位数增长,这都是得益于'对标','对标'生产是企业提质增效的关键。"范廷国说,"对照标准生产,刚起步时很痛苦,每道环节都有严格的质量要求和生产标准,但是我们克服了种种困难硬是挺过来了。"现在,该公司生产的所有系列产品不仅"对标"生产,还先后参与制定了《电子管风琴》、《电鸣乐器教学系统配备及安装通用技术规范》等 9 项国家、行业电鸣乐器类技术标准;国家级"吟飞工业设计中心"从 2007 年的第一代电子管风琴,到 2012 年的第二代电子管风琴,再到 2014 年第三代电子管风琴,实现了 1.0 到 3.0 工业设计的升级转变,"仅电子管风琴的脚踏板、键盘的'寿命数'一项要求,就达到 100 万次以上,远超电子琴的'60 万次'标准要求。""吟飞"商标不仅被认定为中国驰名商标,公司还先后取得了CCC、UL、CE、FCC 等国内和国际产品认证,并在美国建立了电子乐器产品研发中心,接受世界最前沿技术,其"吟飞产"MIDI 键盘琴,销量做到了全球第一。

乐器精品远销海外，打造国际知名品牌

——江苏大风乐器有限公司

江苏大风乐器有限公司成立于 1989 年，占地面积 80 000 余平方米，集研发、生产、销售于一体的大型乐器制造商，拥有八百多台各种专业设备。公司经过 20 多年的发展，现拥有员工 1 400 余名，资产近 2 亿元，年产量各种乐器及相关配件 150 余万台把，企业被评为质量计量信得过单位、"AAA"级企业、江苏省文化产业示范基地。公司已成功通过 ICTI 认证体系。

江苏大风乐器有限公司是江苏省文化产业示范基地，是我国目前研究、开发、制造、销售各种中西乐器品种最全、规模最大的民营企业。公司位于江苏省徐州市沛县张庄镇工业园区。该公司中文品牌是"大风"，国际品牌英文是"Strong Wind"。生产的中国乐器有古筝、古琴、扬琴、阮、二胡、中胡、低音胡、高胡、板胡、京二胡、琵琶、柳琴等；西洋乐器有各类古典吉他、各类民谣吉他、各类电声吉他、电贝司、小提琴、中提琴、大提琴、贝司、各类电声提琴、电声贝司等；其它产品有日本"GOTO"、三味线，韩国伽耶琴，蒙古雅托葛等，乐器配件有各类中西乐器琴弦及箱包等。产品销往全国各地及东南亚诸国、日本、韩国、朝鲜、俄罗斯、欧美等 100 多个国家和地区。

公司现有主要生产设备和检测仪器 1 246 台（件），已形成了年产各类高、中、低档乐器及相关配件 150 余万台把，500 多个花色品种的生产能力，具有较完整的产品系列。企业产品技术成熟，质量可靠，拥有完善的生产工艺流程、质量控制体系和销售服务体系，在行业和用户中享有较高的声誉，被中国技术监督情报协会确认为"标准、质量、服务"达标知名品牌企业，全国名牌产品。公司所研发的景泰蓝古筝、柳琴、琵琶、琴凳、乐器下码真空施压机、琴箱真空合桶机等被我国知识产权局授予多项专利权，其中琴箱真空合桶机被授予发明专利。

目前，公司产品销往全国各省、市及全球 50 多个国家和地区，以物美价廉，服务热情周到，在海内外享有较高声誉，并得到有关专家和用户的称赞。公司董事长兼总经理徐宝华在中国乐器行业享有较高声誉，目前担任中泰艺术家联合会名誉会长、中国乐器改革制作专业委员会副会长、中国筝会副秘书长、中国乐器考级委员会考评专家、大风古筝学会会长，他多年致力于乐器的研究，曾发表相关学术论文数十篇，在乐器行业中有精湛的技术和独到的见解。

一年一度的美国国际乐器展 Namm Show 是世界最大最知名的乐器展之一，

2016 美国国际乐器展 Namm Show 于美国当地时间 2016 年 1 月 22—25 日在加利福利亚阿纳海姆的国际会议中心举行,吸引了来自全球各地的各大势力经销商与买家。作为世界上最知名的乐展之一,许多知名的乐器厂商都会在展会上展出自己的最新产品,对于众多乐手来说也绝对是一次视听的盛宴。而作为国家文化产业示范基地、国家文化出口重点企业的知名乐器公司——江苏大风乐器有限公司也亲临参加该届 Namm Show。此次 Namm Show 江苏大风乐器有限公司携旗下著名品牌:大风、STRONGWIND、GUST、TRENDY、POMAIKAI 等品牌,携精品 UKULELE、Acoustic Guitar、Clacssis Guitar、Electric Guitar、Electric Bass 等共 100 多个品种 300 余件乐器进驻展会展位,此次展会展现出更多更为精湛的产品、技术和工艺。大风乐器在此次展览会上所展出 100 多种 300 余件乐器精品和新产品,得到了海内外专家学者客户的一致好评和高度称赞,展位参观者天天爆满。

为梦想而生

——苏州蜗牛数字科技股份有限公司

苏州蜗牛数字科技股份有限公司系由蜗牛有限于 2011 年 4 月 26 日整体变更设立的股份公司,注册资本为 4 500 万元,法定代表人为石海,住所为苏州市工业园区金鸡湖路(现中新大道西)171 号。经营范围:利用互联网经营游戏产品、动(漫)画等其他文化产品;第二类增值电信业务中的信息服务业务(不含固定网电话声讯服务、移动网和固定网信息服务)(按《增值电信业务经营许可证》核定业务覆盖范围经营)。试点移动通信转售业务(试点截止日期 2015 年 12 月 31 日)。网页的制作;设计、制作产品样本广告,代理自制广告业务;软件开发及销售;软件进出口业务;承接计算机网络工程及服务;电脑图像、图片制作;批发零售电脑、电脑零配件及外部设备、办公设备;零售:手机、手机零配件。

公司是一家互联网综合性数字娱乐服务提供商,主营业务围绕多平台网络游戏产品的自主研发和游戏产品的运营两大环节进行。其中,自主研发包括了客户端游戏、网页游戏、移动网络游戏及主机游戏产品的开发和内容提供,游戏产品的运营包括了自主研发游戏产品的运营以及移动网络游戏产品的代理发行及运营。除此之外,公司还通过移动虚拟运营商服务、移动游戏设备的设计和销售等新型数字娱乐服务模式为移动网络游戏的发行及运营提供支持。总体来看,公司的主营业务涵盖了网络游戏产品的跨平台开发、产品发行、运营服务等多个环节,公司致力于打造数字娱乐服务全产业链的经营模式。截至 2014 年 9 月 30 日,公司游戏产品累计注册用户数量超过 1 亿人次,2014 年 1—9 月游戏产品月平均活跃用户数量超过 1 200 万人次。

近年来,公司营业收入呈稳定增长趋势,这主要得益于:(1) 公司拥有开发出高品质网络游戏产品的研发实力;(2) 公司拥有丰富的游戏市场经验,能够较为准确地判断游戏玩家的偏好并推出具有较好适销性的游戏产品;(3) 公司主打游戏产品的推出时点的承接性比较好。具体来看,公司主打的客户端游戏产品《九阴真经》2012 年底推出后,为公司带来丰厚回报,并于 2014 进入稳定期;2014 年 9 月末,公司又推出另一个主打的移动网络游戏产品《太极熊猫》。两款主打产品将相继为公司带来较高回报;(4) 公司对广告费及移动业务投入进行了合理规划和控制,并与公司的经营状况进行了良好的匹配。

未来，如果公司研发实力削弱或是未能准确判断游戏玩家偏好，公司将不能推出成功的游戏产品，公司盈利能力将下降；如果公司的主打游戏产品的推出时点未能较好衔接，或过于集中，或未及时开发出主打产品，都将导致公司业绩的大幅波动；如果公司对广告费投入以及移动业务投入未能进行合理管控，将导致公司营业成本或期间费用的增加，从而影响公司业绩。总之，公司可能因上述因素存在业绩大幅下滑乃至亏损的风险。

公司蝉联国家新闻出版总署和游戏工委评定的"2011 年度中国十大品牌游戏企业""2012 年度中国十大品牌游戏企业"，并在 2004 年、2007 年和 2010 年三次入选国家新闻出版总署和游戏工委评定的"十佳游戏开发商"，同时在 2012 网游风云榜评选中获得"中国年度十佳网游公司"称号、2013 年获得"中国十大品牌拓展企业"称号、2014 年获得"金翎奖——十大移动游戏最佳品牌发行商"称号。

公司是国内 3D 网络游戏开发商，是 2010 我国十佳游戏开发商中以开发 3D 游戏为主要收入来源的公司。公司拥有自主知识产权的 3D 网络游戏引擎技术，该技术荣获中华全国工商业联合会科技进步二等奖、江苏省科技进步三等奖。除此之外，公司拥有 11 项专利技术，其中发明专利 1 项，实用新型专利 2 项，外观设计专利 8 项，拥有计算机软件著作权 47 项，软件产品登记证书 8 项。

公司拥有多个精品网络游戏产品。公司自主开发的《航海世纪》是我国最早的 3D 网络游戏之一；公司自主开发的《九阴真经》及其制作团队先后获得了 ChinaJoy "2011 年度金翎奖——最佳 3D 网络游戏"、"2012 年度金翎奖——最佳、原创网络游戏"、"2012 年度金翎奖——最佳 3D 网络游戏"、CGWR 中国游戏排行榜"2013 年度国产网游精品奖"、ChinaJoy"2014 年度金翎奖——玩家最喜爱网络游戏"、第六届中国优秀游戏制作人大赛（CGDA）"评委会游戏制作团队大奖（优秀奖）"、"最佳游戏原画美术设计奖（优秀奖）"等多项业内奖项。2014 年 9 月，公司推出移动网络游戏产品《太极熊猫》，获评 ChinaJoy"2014 年度金翎奖——玩家最期待移动网络游戏"、第六届 CGDA"最佳移动游戏创新奖（优秀奖）"、"最佳移动游戏关卡设计奖（优胜奖）"。

公司是国产游戏的主要出口商。公司产品《航海世纪》是我国最早出口的网络游戏之一。目前，公司多款游戏产品签约出口，出口区域达五十多个国家和地区，出口产品数量和覆盖区域均位居国内游戏开发商的前列，公司还是国内少数几家在海外市场成功自主运营的游戏开发商。基于公司为国产游戏出口作出的突出贡献，公司 7 次（每年评选一次）获得国家新闻出版总署和游戏工委颁发的"中国民族游戏海外拓展奖"。

公司拥有近 10 年的游戏运营经历，自主运营经验丰富。除自主运营外，公司通过授权运营和公司主导的联合运营的方式，与国内三十几家游戏运营商签订了合作运营协议,与国外数十家实力雄厚的游戏运营商签订了授权运营协议。2013 年以来,公司除不断推出自主研发的移动网络游戏产品之外,还不断加强移动网络游戏产品的代理发行及运营能力,推出"蜗牛免商店"移动网络游戏平台,并获评 ChinaJoy"2014 年度金翎奖——十大移动游戏最佳品牌发行商"称号。

公司一直坚持自主创新的发展战略,注重创新所带来的长期发展,而不是短期商业利益。公司一直努力营造有助于激发员工创造力的工作氛围和文化环境,对创新理念、创新方法进行宣扬以使创新文化得到传承,员工们以推出一款全新的、受市场称赞的产品而感到自豪,并愿为之付出努力。公司自上而下已形成了勇于创新的工作氛围,"蜗牛,为梦想而生"已成为公司最为核心的企业文化。

用户至上，用心服务

——常熟游斋软件有限责任公司

常熟游斋软件有限责任公司，于 2012 年 2 月 20 日成立，经营范围包括开发、制作游戏软件、网络系统软件、多媒体软件，销售自产产品并提供相关技术服务、技术咨询等。公司自 2012 年成立以来，与欧美和日本著名游戏厂商合作开发了大量单机/联网游戏。其中有如拳皇系列、侍魂系列、饿狼传说、合金弹头、唐金拳击等格斗游戏，积累了大量游戏开发经验，同时培养了大批人才。在这些技术积累下，公司开始自主知识产权的网游开发，并于 2012 年推出了有自主知识产权的 2D 横版格斗网游《功夫天下》。同时，在手游开发方面也开始积极探索，于 2012 年初《Power Skate》登陆 APPStore 之后，近期也将推出 UNITY3D 开发的挎平台手机联网游戏《王牌三国》。

2014 年 2 月，苏方、徐臻、康添豪、徐梅兰、钱学锋将所持全部常熟游斋股权转让予皿鎏有限，并于 2014 年 4 月办理完成常熟游斋的工商变更登记手续，常熟游斋成为皿鎏有限的全资子公司。同时，为满足皿鎏有限游戏软件研发需要，促进皿鎏有限母子公司架构内的资源整合，常熟游斋于上述股权转让完成后将其持有的部分软件著作权（登记号分别为：2014SR078057、2014SR078078、2014SR078053、2014SR078080、2014SR078055）转让予皿鎏有限。

皿鎏有限的主营业务为游戏软件外包服务和自主研发，其中包括游戏软件开发制作的美术外服务业务、程序外服务业务、自主原创手游研发。自成立以来公司一直从事游戏软件开制作的美术外服务业务、程序外服务业务，产品主要销往日本、美国、欧洲等，主要客户有 apcom，WarnerBothers Games，Ubisoft，Rockstar Games，Namco Bandai Games，SQUARE ENIX 等国外一线游戏厂商，同时也有国内的畅游、网易等游戏公司。随着公司发展和战略调整，公司也逐渐将业务扩展到自主原创手游研发方面。公司研发的手游产品主要有《卡牌 2》《连击无双》等，其中《卡牌 2》已于 2016 年 3 月在东南亚进行公测。

皿鎏软件具有索尼、任天堂、微软授权的中国地区游戏件开发资质，经过多年与国际知名游戏厂商之间的合作，皿鎏软件已成长为享誉全球独立游戏开发商。2016 年，随着日元、美元升值，游戏软件外包服务持续稳定增长，公司境外业务的收入由 2015 年的1 868 万元增长到了 2016 年的 2 618 万元。同时,国内业务收入也由 2015 年的 1 156 万元增长到了 1 648 万元。结合国内与境外的收入,2016 年的全收入同比 2015 年的全收入有了大幅度增长。

常熟游斋软件有限责任公司尊崇"踏实、拼搏、责任"的企业精神,并以诚信、共赢、开创经营理念创造良好的企业环境,以全新的管理模式、完善的技术、周到的服务、卓越的品质为生存根本。公司始终坚持用户至上,用心服务于客户,坚持用自己的服务去打动客户。

做世界的山猫吉咪

——江苏山猫兄弟动漫游戏有限公司

江苏山猫兄弟动漫游戏有限公司成立于 2010 年 4 月,注册资金 1 000 万元人民币,是一家从事影视动画、手机动漫节目制作;游戏开发;音乐录制以及卡通衍生产品研发、销售于一体并拥有自营进出口权的大型高科技文化企业。同时,公司被文化部认定为动漫企业,是昆山市创业领军人才企业,昆山首个文化出口过百万美元的动漫企业。目前,"山猫兄弟"、"山猫功夫"和"山猫吉咪"等商标均已在国家工商总局注册,为公司多品牌、可持续发展战略奠定了坚实基础。

2010 年,公司在昆山创作完成中国首部高清长篇动画故事片《山猫和吉咪》之嘉年华,共 108 集,时长 1 296 分钟,该片是中国第一部高清长篇动画故事片,成为首部昆山"智造"并实现央视首播的动漫节目。此外,《山猫和吉咪》之嘉年华还荣获首届美国国际电影节"优秀动画片奖";2011 年国家广电总局"国家少儿精品二等奖"、"优秀国产动画片奖";中国动画学会"美猴奖""最佳动画产业价值奖"。第二部高清长篇动画故事片《山猫和吉咪》之全家乐荣获国家广电总局"优秀国产动画片奖";2012 年国家广电总局"国家少儿精品"一等奖;2012 年 7 月公司被国家商务部、文化部、广电总局、出版总署评为 2011—2012 年度"国家文化出口重点企业";2012 年 7 月《山猫和吉咪》之全家乐动画形象"狐狐"荣获第三届中国十大卡通形象奖;2012 年 9 月《山猫和吉咪》之全家乐系列动画片主题曲《爱无限》荣获第四届年度最具产业价值影视动画作品奖之"中国年度十大优秀动画歌曲奖";2012 年 12 月《山猫和吉咪》之一家亲系列荣获 2012 中国动画年会"金蟹奖"最具产品开发价值奖;2012 年 12 月《山猫兄弟功夫系列》荣获 2012 中国动画创投奖最佳提名奖;2013 年 1 月《山猫和吉咪》之嘉年华荣获 2012 年"苏州市优秀版权奖"。目前,《山猫和吉咪之嘉年华》、《山猫和吉咪之全家乐》均在中央电视台 6 个频道、5 个卡通卫视以及全国 5 家卫星频道和 33 家专业少儿频道等全国上千家电视台频道播出和转播,受到全国观众的喜爱和欢迎。动画片及衍生产品出口到美国、日本、中东等 60 多个国家和地区。

公司着眼未来,建立了国际山猫兄弟篮球俱乐部,并组织"山猫兄弟"杯全国三人制/五人制篮球联赛,选拔优秀运动员进入"山猫兄弟"百万会员俱乐部。江苏山猫兄弟动漫游戏有限公司立志打造文体产业的"双百工程",即"百万会员,百亿产值",树立我国乃至世界动漫品牌与文体产业完美结合的典范,使"山猫兄弟"成为引领中国、影响世界的时尚运动品牌。2011 年 3 月 26 日,代表昆山市最高水平的篮球联赛昆山市篮球甲级联赛和昆山市大学篮球联赛正式开球,比赛篮球上的"SMXD"的字样格外引人注目。本次联赛的比赛指定用球就是江苏山猫兄弟动漫游戏有限公司在昆山出品的"山猫兄弟"品牌篮球,此举也开创了动漫品牌与体育产业完美结合的全球典范。此后,"山猫兄弟"品牌篮球将继续作为比赛指定用球赞助昆山市篮球乙级联赛、机关干部篮球赛、昆山市街球挑战赛等系列赛事,不断做强"山猫兄弟"品牌,并在全球建立销售网络。目前已销售"山猫兄弟"品牌篮球超过 10 万个。

公司以打造中国动画品牌、弘扬民族文化为己任,坚持国际化运作视野,引进国内外高端人才和先进技术,以"山猫兄弟"、"山猫吉咪"、"山猫功夫"等系列动画片为基础,围绕打造"山猫兄弟 SMXD"、"山猫吉咪 SMJM"、"山猫功夫 SMKF"品牌为核心,形成了动画创作、播出与品牌授权、衍生产品开发、国内国际销售为一体的互动体系。公司通过山猫兄弟、山猫吉咪品牌节目和系列衍生产品的出口,持续提升了企业和品牌的综合影响力,并通过"山猫兄弟"、"山猫吉咪"品牌授权等一系列合作方式,不断扩大文化产品的出口创汇,为提升中国文化的国际影响力奉献山猫人的力量。

专注于动漫衍生品，打造动漫原创品牌

——江苏久通动漫产业有限公司

　　江苏久通动漫产业有限公司成立于 2008 年 12 月，注册资金 1 000 万元人民币，公司坐落于常州创意产业基地，是一家集动漫作品原创、动漫衍生产品研发、生产、销售为一体专业公司。2010 年，公司被文化部、财政部、国家税务总局等联合认定为国家首批 18 家"国家重点动漫企业"之一；同时被国家商务部文化部、广电总局、新闻出版署评定为"2011—2012 年度国家文化出口重点企业"；公司原创的"佩佩小猪"项目也被评定为"国家文化出口重点项目"和"国家重点动漫产品"。

　　江苏久通动漫产业有限公司的经营范围包括：动漫形象设计；服装、鞋帽、针纺织品、皮革制品、日用百货、建材、灯具、汽车装饰用品及汽车配件、玩具、童车、眼镜、办公用品、家具、五金、交电、文化体育用品及器材、工艺美术品、电子产品、蔬菜、水果、禽蛋、水产品、摩托车配件、盆景、电动车、家用电器、机械零部件、花卉的销售；网络技术开发及网络技术服务；电子商务咨询；计算机软硬件的研发、销售、技术咨询；票务代理；商务信息咨询；计算机系统集成；自营和代理各类商品和技术的进出口业务，但国家限定公司经营或禁止进出口的商品和技术除外。

　　江苏久通动漫产业有限公司旗下拥有原创品牌"佩佩小猪"、KAVU（卡斐）、BA-NANA CHIPS（香蕉片），并且销售国际顶级儿童品牌英国 BBC 的 TELETUBBIES（天线宝宝）、花园宝宝，国内最著名媒体儿童品牌 SMG 的 HAHA（哈哈），以及"蘑菇点点"、"炮炮兵"等十余个国内外知名动漫品牌。公司产品涵盖服装、玩具、文教、配饰、鞋帽、用品等 30 多个领域，在全国各地已建立各类销售网点超过 2 000 个。经过多年的快速发展，公司已成为国内动漫衍生品领域的领先企业，良好的市场表现已引起国际资本的瞩目。

秉承精品意识，不断超越自我

——南京波波魔火信息技术有限公司

南京波波魔火信息技术有限公司（www.bbmf.net）是一家全球领先的手机游戏开发商和发行商。公司在美国的内华达州注册，在日本、中国香港以及中国内地设有办事处及运作中心，2004年4月在纳斯达克OTC电子交易板挂牌上市（代号：BBMF. OB）。

公司拥有超过250名员工。目前，在日本市场，公司拥有30多个手机频道（世界上最大的手机内容市场）。公司除了拥有属于BBMF自己的手机频道，还与日本的很多手机运营商建立了合作伙伴关系。包括：东京电视台（拥有Naruto，Powerpuff Girls的执照），Atlus（Stella Deus，Megamitensei），Idea Factory，Peter Rabbits，Moomin，等等。公司的产品包括：手机壁纸、手机动画、简单的手机游戏、丰富的RPG游戏和3D游戏。除了日本，公司还在中国、美国、欧洲国家发布手机游戏。

2004年，公司成功收购三家日本手机内容供应商，分别是：Atlus的手机部门（公司从此拥有了它的运营许可和手机频道）、Bothtec（一家拥有20多个手机频道的公司）、JDisk（一个拥有众多了解日本手机行业专业人才和经验的公司）。公司在日本运营的模式是：人才＋市场＋丰富的内容。

南京波波魔火信息技术有限公司（BBMF）与日本著名游戏软件开发商Atlus公司在日本东京签署了两份商业协议，从而掀开了BBMF进军日本手机游戏领域的序幕。通过此次合作，BBMF获得了Atlus公司在日本的手机游戏销售渠道，并且可在全球范围内使用Atlus的游戏内容及商标。这意味着像《真女神转生》这样在日本与《最终幻想》、《勇者斗恶龙》并称三大RPG的经典游戏得以在手机上面市，更令人期待的是，此后Atlus发行的游戏将会有手机版本同期上市。

随着中国移动通讯市场从纯SMS数据向基于JAVA综合性服务过渡，移动游戏的广阔市场效益已露端倪。移动数据服务市场有着较高的边际效益，它的高利润、高回报也成为近几年中国门户网站及相关网络公司转向赢利的灵丹妙药。壮大中的波波魔火信息技术有限公司通过与海外JAVA游戏开发商，尤其是与日本开发商的合作，持续保持在JAVA手机游戏行业的领头羊优势，并通过自己的不懈努力，能够在未来的手机游戏领域中傲视群雄。

波波魔火信息技术（无锡）有限公司为波波魔火（中国）控股公司拥有100％股权

的子公司。波波魔火（中国）控股公司是一家注册于英属维琴群岛的公司。波波魔火（中国）控股公司同时也拥有波波魔火信息技术（台湾）有限公司 100％ 和波波魔火信息技术（南京）有限公司 100％ 的股权。波波魔火 KK 公司是日本最大的手机动漫提供商，为日本各运营商（包括 Docomo，KDDI，Softbank）提供服务。除了提供手机动漫服务以外，波波魔火 KK 公司还提供动漫书籍的出版以及其他手机增值服务，包括手机游戏、手机壁纸、手机彩铃下载等服务。波波魔火 KK 公司于 2004 年 10 月在日本东京成立，截至 2008 年 12 月，公司拥有资本金总额为 10 亿日元，集团拥有员工约 500 人。上海公司拥有专业的手机应用研发团队，优秀的技术开发、产品创意、美术设计人才集合于此，致力于为智能手机平台 Android 和 iPhone 的用户提供丰富多样的手机应用。

公司拥有一支热爱创想、充满活力、相互信任、相互协作的团队，致力于挖掘智能手机用户的深度需求，创造国内外用户都能喜爱的产品应用。目前已有图个乐（图片分享社区）、快拍（照片拍摄工具）、图志（图片处理工具）、贪睡闹铃等诸多应用投向市场或密集开发中，并将不断拓展更多新的产品线，在图片处理分享的基础上，将产品渗透到用户的各个层面。

自 2005 年开始，公司开始手机漫画业务，经过几年时间的发展，为日本客户提供了大量的手机漫画，成为较大手机漫画供应商之一。自 2011 年 3 月开始，公司开始基于 Android 和 Apple ios 智能平台的各种全球性应用的开发。截止到 2011 年 12 月已经投放到市场上的各类多语言应用 349 个，总用户规模超过 2 500 万。

公司是一个热爱创想、充满活力、相互信任、相互协作的团队，同时又不乏稳健与坚韧，公司执着于建设精品团队、做精品应用，不断超越自我。

文化与科技融合，国内与国际并举

——苏州欧瑞动漫有限公司

  欧瑞动漫成立于 2006 年，是经认定的国家动漫企业、国家文化出口重点企业、江苏省重点文化科技企业、江苏省版权示范单位、苏州文化产业示范基地、苏州市首批重点文化企业、苏州市服务业标杆企业。欧瑞动漫由制片管理中心、数字娱乐中心、旅游发展中心、事业发展中心、行政事务中心、物业管理中心六大部门组成。

  欧瑞动漫一直致力于原创动漫产业的发展和探索。目前欧瑞动漫以自有基地——欧瑞大厦为载体和动漫产业孵化器，不断完善动漫产业链，打造出集创意、制作、人才培训、发行、衍生品开发、旅游拓展为一体的动漫产业集团。欧瑞动漫已经建成集原创动画的制作发行、品牌产品的引进、动漫人才的教育培养、动漫旅游开发、动漫电子商务运营、动漫衍生品设计与贸易以及动漫海外文化交流等于一体的动漫文化产业发展基地。欧瑞动漫旗下的欧迪瑞动漫馆是国内首个体验式动漫馆，同时也是苏州市科普教育基地。

  欧瑞动漫与超过 70 个国家的 600 多家传媒、动漫集团，开展了一系列国际合作，合作机构包括沙特国家广电机构、法国 CANAL＋集团、俄罗斯 BM 集团、俄罗斯天堂院线、哈萨克斯坦 KCG 集团、美国斯波特雷影视公司等，涉及国际版权贸易、联合制片、人才交流、服务外包等多个合作领域。

  凭借多年的发展，欧瑞动漫成功组建起一支经验丰富、技术卓越的创意、制作、市场团队，同时还与包括中影集团、上影集团、央视少儿、炫动卡通、金鹰卡通等国内外近百家电影、电视机构以及出版社建立起了紧密的合作关系。截至 2015 年 6 月，欧瑞动漫累计完成原创动画电视 7 000 余分钟，并有 4 部动画电影、11 部电视动画片作品问世，多部作品获得国家广电总局电影精品、少儿精品奖，江苏省广播影视政府奖，各类电视节优秀作品奖等。作品的制作数量与质量在国内原创动漫企业中名列前茅。

  2016 年 1 月，中共江苏省委宣传部、省科技厅、省文化厅、省新闻出版广电局公布了第二批江苏省重点文化科技企业名单。欧瑞动漫成功入选第二批江苏省重点文化科技企业。江苏省重点文化科技企业旨在贯彻落实《国家文化科技创新工程纲要》，进一步推进文化与科技融合，更好地培育重点文化科技企业。此次入选江苏省重点文化科技企业是对欧瑞动漫的再次肯定。未来，欧瑞动漫将在影视技术的研发道路上不断前行,创作出更多技术先进、艺术优良的影视动画作品,并将这些作品带向全世界。

欧瑞动漫成立以来,始终致力于将文化与科技相结合,围绕影视项目的制作,开发多款软件和制作系统,并将新技术应用到影视动画项目中,提升影片质量。同时也为相关类型企业提供技术支持和服务,促进全行业的共同发展。

在为期四天的2016戛纳春季电视节上,欧瑞动漫作为中国为数不多的参展企业之一,向世界各地电视人展示了来自中国的优秀动漫作品。此次,欧瑞动漫重点推广了《布非同学》、《泡泡鱼的美丽生活》、《欧迪瑞》等一系列的优秀电视动画作品,同时也将版权库内的数十部作品推荐给各国电视发行人和采购商。此次展会,欧瑞动漫与美国有线电视网络签署了2 000分钟的电视采购协议,这也意味着欧瑞动漫的电视作品将进入北美的主流市场。法国戛纳电视节(MIPTV)是法国戛纳电影节电视频道的官方活动,也是世界最大、最著名、最有影响力的视听与数字内容交易会。在这一周的时间里,来自世界100多个国家和地区的电视从业者、制片人和发行商以及广播公司和数字媒体内容提供商汇聚在戛纳,进行面对面交流,洽谈商务合作。

2016年9月8日,第41届多伦多国际电影节拉开帷幕。欧瑞动漫携原创3D动画电影《飞吧,霹雳》、《极地大反攻》,和《勇网直前》、《回归》、《冰球之王》等四部新作参展。作为国内赴展的唯一一家动漫公司,欧瑞动漫吸引了来自美、加、法、德等多国电影人、投资方的注意,现场签订了多项合作方案,合作内容涉及版权交易、影视发行、联合制片、IP授权等多个领域。多伦多国际电影节是具有世界性影响力的电影文化和传媒沟通盛会,欧瑞动漫此次参展动作,代表着其"全球海外市场渠道"战略的推进。继西亚、北非地区和独联体国家区域之后,欧瑞动漫凭借其内容、资金、理念等多重优势,将全方位开拓北美市场,为"中国动漫国际化"贡献出力量,带领动漫产业"文化出口"的转向。

今后,欧瑞动漫将坚持积极探索融合发展的国际化发展道路、并积极拓展对外文化交流和贸易的道路,努力引进更多优质的国际合作伙伴,共同进行文化产品的交流与合作,实现文化的共同繁荣和发展。

追求卓越品质，创新服务至上

——江苏原力电脑动画制作有限公司

  江苏原力电脑动画制作有限公司成立于 1999 年，是国内三维动画技术领先的制作公司。主要从事三维动画及游戏的创意、制作、后期电脑特技特效合成、三维动画、游戏的技术培训以及相关产品开发业务。公司的目标是建立一流的以创意、制作、发行以及衍生产品授权经营为一体的卡通动画、游戏公司。

  原力动画自成立之日起一直致力于在动画领域的发展，2003 年开拓了日本三维动画加工业务，2004 年开拓了北美网络游戏三维加工业务，至 2007 年原力动画已经成为世界前五位游戏公司其中四家的固定合作伙伴，每年都有 10 余款原力动画加工的游戏在北美、欧洲等地上市。

  随着公司的逐渐壮大，原力动画对人才的需求也在不断增加，公司 2001 年获得 ALIAS 公司正式授权开展 MAYA 培训，总裁赵锐先生通过 MAYA 角色动画国际认证指导员认证，培训中心拥有开设 MAYA 角色动画国际认证课程的资格；2006 年 10 月成为国家信息化办公室授予的 CEAC 计算机动画认证培训（南京）中心，原力动画的培训为原力动画的发展提供了大量的人才。

  在动画加工业务不断扩大到同时，原力动画一直没有放弃对原创动画和自主知识产权软件研发的追求，2004 年 10 月原创动画片花《猪八戒》荣获中国视协动画短片奖优秀动画影视片花奖及优秀卡通形象设计奖；2005 年和 2006 年原力动画研发了 MATCHUV 和 REDWORM 插件，这两种插件极大的提高了原力动画的工作效率，也填补了国内在三维动画领域上自主研发软件的空白；2007 年原力动画开始研发安全保密平台和三维动画制作工作流平台，研发成功后将对整个三维动画领域的安全保密和工作效率起来重大的作用。

  1999 年原力动画成立时注册资金仅为 10 万元，随着公司的不断发展，2010 年注册资金已追加到 1 300 百万元；公司的工作面积也从 1999 年的 30 平方米增至 830 平方米，人数从 4 人增加到 900 人。未来，原力动画将再接再厉，迅速扩大外包业务，并不断加大对合作开发游戏的投入，争取到 2014 年公司达到上市企业规模，人数达到近千人。

  原力电脑动画制作有限公司是一家旨在为全球游戏及影视行业提供高质量美术制作的公司。自 1999 年成立以来，原力动画一直追求卓越品质，并致力于为当代游戏、次世代游戏以及影视作品等提供精致的美术服务。十几年间，原力与全球 10 大顶级游戏公司中的 8 家建立了稳定而良好的合作关系，其中包括 EA，Microsoft Games，THQ，2K Games，Activision，SEGA，Sony，腾讯，盛大等。在合作过程中，原力动画以先进的数字技术、出色的产品质量，获得了客户的一致好评。原力在北京、南京、成都及洛杉矶都拥有自己的团队及办事处。2012 年 06 月，原力的成员已经超过 900 名，业务范围涵盖中国、北美、欧洲、日本等地，在中国游戏影视美术外包领域位列三甲。

原力一直致力于为国内外的游戏、影视发行商提供美术外包以及影视动画制作的服务。成立以来，原力以出色的品质、敬业的态度赢得了国内外客户的好评，成为了包括微软、腾讯、梦工厂、索尼、美国艺电、THQ、动视暴雪等多家国内外知名企业的战略合作伙伴和主承包商。参与制作的影视作品有：梦工厂《驯龙记》高清电视剧集，电影《鸿门宴》、电影《魔侠传之唐吉可德》、电视剧《春光灿烂猪八戒》等。先后参与的游戏作品有：《神秘海域 3》索尼，《神鬼寓言 III》微软，《御龙在天》腾讯，《Yoville》Zynga 等；另外，原力也曾为江苏电视台、南京电视台提供节目片头制作，如江苏零距离、大刚说新闻等知名节目。

2013 年美国时间 2 月 2 日（北京时间 2 月 3 日），有"动画奥斯卡"之称的国际动画领域最高荣誉——"安妮奖"在美国加州大学洛杉矶分校举行第四十届颁奖仪式。江苏原力电脑动画制作有限公司两位动画师石子木和闫加壮获电视类动画片最佳角色奖提名。

"品牌＋动漫＋游戏＋商品"全方位发展

——常州卡米文化传播有限公司

常州卡米文化传播有限公司（Comy Culture Propagation Co., Ltd.）成立于2005年5月，业务分为三个部分，包括网游与APP研发中心（自主游戏、app研发以及企业服务）、原创品牌运营中心（"炮炮兵"等自有品牌内容的研发与运营）、新媒体服务中心（为企业客户服务），为数十家企业客户提供服务，包括强生，联想集团、葵花药业集团、美赞臣、中华恐龙园、东南汽车、滇红药业、唐狮集团等。公司获得的主要荣誉与称号包括：国家重点动漫企业、国家文化出口重点企业、文化部重点动漫产品、文化部原创动漫扶持企业、蝉联三届中国金龙奖最佳新媒体动漫奖、2010十大年度动漫形象等。

常州卡米文化传播有限公司是一家以IP为核心，动漫、游戏及衍生业态的泛娱乐产业化建设的专业机构；是中国著名动漫形象"炮炮兵"IP的缔造者。公司依托IP形象，创作并输出了大量符合互联网及移动互联网的多元化数字内容、数字娱乐产品，业务包括原创动画剧系列、原创漫画系列、网络游戏、手机游戏、电视互动IP休闲游戏墙面投影VR互动游戏，周边衍生产品及互动专置乐园（展）等。公司坚持线上线下，多媒体跨平台一体化运营。线上基于自生品牌及用户的基础，以动漫、数娱产品等多元内容，互为支撑、跨界整合，吸引、粘合用户。通过线上社会化营销活动配合IP互动装置乐园（展）及签售会等线下活动，加强主流平台用户入口的联动性，形成线上、线下销售通路。以IP为枢纽，将业务贯穿互动专置乐园（展）、数娱、动漫等多条产品线，促进用户的重复消费。截至目前，"炮炮兵"品牌已成功运营于各类平台，多元内容下载超过7亿人次，忠实用户达4 000万。炮炮兵手机动画、手机游戏及无线增值产品成功销往俄罗斯、法国等欧美地区。

卡米文化是国内第一家围绕自主IP进行"品牌＋动漫＋游戏＋商品"全体系开发及产业化的企业。公司用互联网思维做IP，以"炮炮兵"版权为核心，坚持"互联网＋版权"的运营模式，取得了巨大成就。目前，"炮炮兵"品牌已成功运营于各平台，成为国内新媒体第一动漫品牌。公司是国家文化部认定的重点动漫企业，自主版权"炮炮兵"被认定为重点动漫产品。截至目前，公司自主软件著作权申请量18件，炮炮兵系列形象获得形象著作权12个。"炮炮兵"45大类商标之文字商标、图案商标、文字＋图案组合商标均已申请注册111个，知识产权拥有量在新媒体动漫行业排名前列。

公司"炮炮兵"商标分别于 2011 年、2013 年被评为"常州市知名商标",2013 年被评为"江苏省著名商标"。2012 年,公司被认定为"高新技术企业",2013 年 6 月,卡米文化签约中国标准化计量技术情报研究所,参与制定文化创意产业分类国家标准。2011—2014 年,"炮炮兵"连续四年被评为中国十大动漫形象。同时,常州卡米文化传播有限公司是 2009—2010 年度、2011—2012 年度、2015—2016 年度国家文化出口重点企业,"炮炮兵"是 2009—2010 年度国家文化出口重点项目。

常州卡米文化传播有限公司 Comy Culture Propagation Co.,Ltd. 是一家致力于原创卡通影片及系列剧创作,数码图形影像和互动游戏平台开发及运营的专业公司,由上海同济大学毕业的优秀的博硕士管理团队和研发团队的共同组成。公司凝聚了一批国内动画创作和互动游戏开发及运营的精英人士,公司成员曾参与国内数部知名动画片的创作与互动游戏引擎的开发。

经过多年的精心打造,公司原创品牌"炮炮兵"品牌已成功地运营于各平台。炮炮兵品牌内容涉及动画短片系列、漫画绘本系列、手机动画、手机游戏、Avatar 社区、无线增值产品、网络游戏等事业。内容下载超过 3 亿人次,每月以 500 万递增;官方博客用户近 400 万人,每天以 1 万人递增;潜在用户基础 4 000 万人;精确搜索 100 万条。"炮炮兵"品牌先后与中国移动、腾讯、MSN 中国、新浪、搜狐、骏网、盛大、铁通华夏、拓维科技、中国军网、上海文广、百事中国、重庆出版集团、江苏久通等 80 多家国内外著名企业达成战略合作伙伴,品牌价值超过 3 亿元;同时,炮炮兵手机动画、手机游戏及无线增值产品成功销往俄罗斯、法国等欧美地区。"炮炮兵"品牌已进入授权领域,授权客户包括:蒙牛、匡威、美年达等数十家国内外著名企业;产品授权种类包括:模型、毛绒、服装、办公用品、电子类产品等数十个品相。2008 年炮炮兵手机动画系列荣获 OACC 第 5 届"金龙奖"原创漫画动画艺术大赛最佳手机动画奖;炮炮兵漫画绘本系列成为 2008 年国家新闻出版总署重点扶持的优秀作品之一;2009 年炮炮兵动画短片荣获 OACC 第 6 届"金龙奖"最佳新媒体动画奖;炮炮兵品牌被腾讯 QQ 评为全国四大经典网络动漫品牌之首。

立足东亚,全力拓展原创领域

——无锡九久动画制作有限公司

无锡九久动画制作有限公司成立于 2008 年 6 月 1 日,2008 年 8 月 1 日正式投产,是一家离岸服务外包型外商独资企业,主营业务范围涵盖动漫企划、形象设计、动画制作、动画着色、影像合成等。公司位于无锡滨湖区国家工业设计园,面积约 3 200 平方米,并且在相关专业院校设有固定的学员培训基地,公司员工 380 余人,注册资金 300 万美元。公司由原无锡三艾动画公司和新光线动画公司合并而来,是无锡最大的动画制作公司。原三艾动画有着 6 年的经营历史,每月作业能力 15 万张,参与制作了《犬夜叉》、《名侦探柯南》、《钢之炼金术师》、《高达》等著名动画片;原新光线动画有着 4 年经营经验,每月作业能力 6 万张,参与制作了《网球王子》、《隐王》、《魔法战士》、《灼眼的夏娜》等。两家公司合并后注资人民币 2 000 万元,重新注册成立了九久动画制作有限公司。无锡九久动画设有企划部、动画部、着色部、制作部、营销部等,月作业能力为:动画 20 万张,着色 15 万张。此外,无锡九久动画在韩国、日本均设有分公司,从事日本、韩国的动画加工以及原创动画片的制作。

作为无锡乃至长三角最具规模的动漫加工制作企业,无锡九久动画已实现从动漫创意设计、动画加工、样片制作到后期合成的完整产业流程,实现了自身业务的拓展。公司主要参与制作的系列动漫作品有《名侦探柯南》系列、《海贼王》系列、《火隐忍者》系列、等等,同时承接日韩以及海外多家公司的动画中间环节制作,培养并形成了专业素养极高的制作团队。无锡九久动画凭借一贯的高品质设计和制作,并依托现代化的通讯手段,立足东亚,结合中、日、韩三国的资源优势,在业界建立了创新引领者的地位。目前正全力拓展原创领域,已企划并准备投资制作多部原创系列动漫。

2007—2013 年,无锡九久动画连续多年被评为无锡市服务外包先进企业,并被授予"无锡国家动画产业基地示范企业"称号,作为无锡首家动漫服务外包行业代表企业,于 2008 年成功入围且也是目前为止唯一一家入围无锡市首批"123"计划的动漫制作企业。

无锡九久动画制作有限公司是以动画制作为主,并在其他多种文化领域:影像、漫画、娱乐、音乐进行企划、制作、商业运营的专业集团公司。公司以一站式的动画制作为依托,与日本、韩国等海外企划制作公司的合作中积累的丰富经验为基础,致力于代工制作以及海外合作动画的企划、制作等事业。

　　自成立以来,公司年均营收保持在 200 万美元左右,主营业务方向为日本动漫市场,100%承接离岸外包,其主要业务范畴涵盖前期原画创作,中期动画以及着色,此外还涉及背景创作以及数据摄影环节,借助于 10 多年的日式动漫加工制作经验,已经基本具备了整片制作的能力,依托于设立在日本东京的海外制作营销中心以及根植于无锡的九久动画制作基地,在争取海外订单的同时,正计划组建开拓国内动漫市场的全新团队,从而实现由制作型公司向创作型公司的巨大转变。力争在未来三到五年的时间将九久动画打造成不仅在日本动漫市场具备一定知名度,而且在长三角地区,甚至国内专业领域也小有名气的专业动漫创意公司。

为品质而生，为荣誉而战

——南京艾迪亚动漫艺术有限公司

南京艾迪亚动漫艺术有限公司成立于 2007 年，注册资本 300 万元人民币，是一支具有国际视野、尖端技术以及丰富经验的团队。公司专注于数字艺术领域，主要致力于与国际顶级游戏公司联合开发大型在线游戏，次世代游戏以及手机和社区游戏等多平台的游戏项目。业务涉及影视动画与特效、游戏制作与研发、新媒体数字展示、广告片、平面创意设计等领域。公司成立至今，已与国内众多行业翘楚强强合作，并逐渐成为这些公司在亚太地区最重要的合作伙伴之一。公司尊崇"踏实、拼搏、责任"的企业精神，并以诚信、共赢、开创经营理念，创造良好的企业环境，以全新的管理模式，完善的技术，周到的服务，卓越的品质为生存根本，公司始终坚持用户至上，用心服务于客户，坚持用自己的服务去打动客户。

目前，艾迪亚拥有一批国内外一流的游戏制作人才，已经发展成为全方位、高水准的百人制作团队。其中的很多人曾经参与过国际一流游戏项目的研发，这为公司的发展奠定了坚实的基础。公司拥有一支经验丰富的制作团队：从角色设定，剧本创作，动画制作到后期效果等全方位量身打造客户最理想的动画影视剧。公司服务精良、产品优质、交付准时的良好声誉吸引了众多国际顶级游戏开发商与之合作，而长期稳定的客户关系正是艾迪亚卓越实力的见证。

艾迪亚凭借独特的渲染技术《艾迪亚 Render Man 材质创作软件》，通过复杂而精密的计算模拟出真实的材质，对毛发、流体、粒子、火焰、烟尘等特殊材质的真实体现征服了许多世界一流的影视及游戏公司。2013 年，公司成功研发了"群集动画"技术，为国内填补了这个领域的空白，从而使公司 CG 产品的表现形式更加丰富和多元化。公司以数字化三维技术为核心，结合国际一流的制作流程、新颖的创意构思、独树一帜的视觉效果，来打造全三维的数字广告。

艾迪亚的核心竞争力包括：(1) 特种电影：天幕电影、球幕电影、环幕展示、异形屏幕展示，针对不同的载体因地制宜，充分满足各种特殊尺寸和不同主题的多种需求；(2) 四维影院：四维影院由立体影片、投影系统、音响系统和动感系统四个模块组成。通过高科技的展示手段集科技感、真实感、娱乐性为一体；(3) 数字展馆：制造身临其境的逼真感，数字立体展示方案为您解决大型项目规划过程中的各种难题，实现项目规划设计方案演示时的可视化，增强准确性与说服力；(4) 品牌形象策划与设计:CI工程,是企业对公众树立一个清晰而统一的企业形象,是企业塑造品牌产品的必经之路。公司以专业的VI理念,为客户打造个性化的产品品牌和企业形象;(5)网站设计:网站已经成为最有效的企业宣传方式之一。随着Internet作为传统媒体之后的第五大媒体,通过网站树立企业形象,展示企业商务信息已经成为企业传播的有效方式之一。公司基于对网络互动技术的运用帮助企业将原有的部分商务活动网络化,从而实现更广泛的企业宣传与信息分享。

公司参与设计和制作的《泰迪熊》、《怪物猎人》、《光明纪元》、《英雄联盟》、《战锤40K》、《刺客信条》、《时空裂痕》、《指环王在线》、《龙与地下城在线》、《魔界Ⅱ》、《美国职业摔跤大赛2011》及《美国终极格斗锦标赛2011》等多款项目摘得同年著名的E3"最佳展示奖"、IGN"最佳网络游戏大奖"等众多奖项。

在国家"十二五"规划强调文化产业要成为国民经济支柱性产业的目标指引下,中央和地方各级政府离岸外包免税政策、人才补贴等各项政策的大力扶持下,公司自觉将自身发展纳入国家文化产业发展纲要,调整战略重心,全面开拓国内外市场,将公司多年与国际顶级影视和游戏公司合作积累的经验和技术应用到国内数字文化产业的发展当中。公司积极研发自主品牌产品,比如"超高清渲染微电影"、"互动医疗教育系统",打造出具有较强社会影响力的国际一流数字文化产品,充分塑造和提升艾迪亚企业品牌价值的同时,带动我国文化创意产业国际化。

作为民营文化创意产业的领军型企业,公司将继续遵循新创意、新视听、新科技、新领域的发展方向,以研发和制作具在中国特色的国际化自主数字文化作品为理想和目标,力争打造"中国创造"的数字文化精品,继续加大海外市场拓展力度,在原有市场的基础上,进一步加强与国际顶级影视和游戏公司的合作,积极构建数字娱乐文化国际交流平台。在做强、做精创意文化产业的同时,以更开放的心态携手同行业合作伙伴一起为创造具有中国特色的国际化超高清渲染微电影提供服务,创造一个共赢的环境,充分发挥"科技创新是文化发展的重要引擎"的作用,更为我国文化创意产品的出口与中华传统文化传播作出积极的贡献。

艾迪亚的发展史充满了创新与激情。从夯实基底到自主研发,从业内顶尖到专业领域多元化,艾迪亚坚实地跨越了每一个历史阶段。公司"专注高端",致力于将技术优势转变为客户的竞争优势,把公司发展中的实践经验变成推动行业发展的动力。作为国内影视动漫产业的领军企业,艾迪亚引进了大量的国外尖端技术与服务理念,在提升中国数字艺术的整体水平等诸多方面发挥了积极的作用。

艾迪亚一直以来本着"为品质而生,为荣誉而战"的服务理念,迎接每一次机遇与挑战,公司将努力给中国带来不一样的数字科技!

政　策　篇

一、省政府办公厅关于推进基层综合性文化服务中心建设的实施意见

苏政办发〔2016〕98 号

各市、县(市、区)人民政府,省各委办厅局,省各直属单位:

建设综合性文化服务中心是党的十八届三中全会明确提出的改革任务,是推动发展、改善民生、促进和谐的重要举措。近年来,江苏省公共文化服务体系建设加快推进,覆盖城乡的公共文化设施网络基本建成,文化产品和服务供给日益丰富,基层公共文化服务设施和条件得到较大改善,但仍然存在区域城乡之间发展不平衡、基层公共文化资源匮乏与重复建设现象并存、公共文化服务便利性有效性和社会参与度不够等问题。为贯彻落实《国务院办公厅关于推进基层综合性文化服务中心建设的指导意见》(国办发〔2015〕74 号)精神,深入推进我省基层综合性文化服务中心建设,进一步提升基层公共文化服务能力和水平,现提出如下实施意见。

一、明确基层综合性文化服务中心建设的总体要求

(一)指导思想

认真贯彻党的十八大和十八届三中、四中、五中全会精神以及习近平总书记系列重要讲话特别是视察江苏重要讲话精神,牢固树立新发展理念,按照中央和省关于构建现代公共文化服务体系的部署要求,着眼于打通公共文化服务的"最后一公里",坚持导向、服务大局,统筹规划、共建共享,以保障群众基本文化权益为根本,以强化资源整合、创新管理机制、提升服务效能为重点,全面提升乡镇(街道)和村(社区)综合性文化服务中心建设、管理和服务水平,促进基本公共文化服务标准化均等化,为"迈上新台阶、建设新江苏"提供强大精神动力和文化支撑。

(二)目标任务

"十三五"时期,在全国率先建成集宣传文化、党员教育、科学普及、普法教育、体育健身等功能于一体,布局合理、功能齐全、服务规范、保障有力、群众满意度较高的基层综合性公共文化服务中心。到 2020 年,实现乡镇(街道)综合性文化服务中心全

覆盖,村(社区)综合性文化服务中心覆盖率达到98%以上,形成一套符合实际、运行良好的管理体制和运行机制,建立一支扎根基层、专兼职结合、综合素质较高的基层文化队伍,基层综合性文化服务中心成为我省文化建设的重要阵地和提供公共服务的综合平台,成为党和政府联系群众的桥梁和纽带,成为基层党组织凝聚、服务群众的重要载体。

二、加强基层综合性文化服务中心设施建设

(三)合理规划布局

从城乡基层实际出发,发挥基层政府的主导作用,按照均衡配置、规模适当、经济适用、节能环保等要求,加强规划指导,科学合理布局,进一步完善基层公共文化设施网络。基层综合性文化服务中心面积和功能应当与服务人口数量和服务半径相适应。乡镇(街道)合并的,原有的公共文化设施要继续用于公共文化服务,确保公共文化服务全覆盖。加强服务设施的无障碍建设改造,以方便残疾人、老年人等参与各项文化活动。

(四)落实保障标准

落实《江苏省基本公共文化服务保障标准(2015—2020年)》,进一步完善村(社区)综合文化服务中心建设标准,建立健全基层综合性文化服务中心标准体系,确保设施与设备、项目与内容、人员与经费等全面达到要求。乡镇(街道)和村(社区)综合性文化服务中心要配套建设文体广场、体育公园和广播站(室),并配备阅报栏(或电子屏、信息科普大屏)、公益广告牌、科普文化设施、体育健身设施和灯光音响设施等,有条件的可搭建戏台舞台和科普服务站等。

(五)明确建设路径

基层综合性文化服务中心设施建设主要采取盘活存量、调整置换、集中利用等方式进行,不搞大拆大建,凡现有设施能够满足基本公共文化需求的,一律不再进行改扩建和新建。尚未建成的乡镇(街道)综合性文化服务中心应进行集中建设。村(社区)综合性文化服务中心主要依托村(社区)党组织活动场所、城乡社区综合服务设施、文化活动室、闲置中小学校、新建住宅小区公共服务配套设施以及其他城乡综合公共服务设施,在明确产权归属、保证服务接续的基础上进行集合建设,并配备相应器材设备。

三、提升基层公共文化服务水平

（六）提供基本服务

县（市、区）人民政府结合自身财力和群众文化需求，制定本地基层综合性文化服务中心基本服务项目目录，重点围绕文艺演出、读书看报、广播电视、电影放映、文体活动、展览展示、教育培训等方面，设置具体服务项目，明确服务种类、数量、规模和质量要求，实现"软件"与"硬件"相适应、服务与设施相配套。

（七）整合文化资源

以基层综合性文化服务中心为终端平台，整合分布在不同部门、分散孤立、用途单一的基层公共文化资源和服务，促进优化配置和共建共享，实现人、财、物统筹使用。推动党员干部现代远程教育网络、服务群众工作信息系统、基层体育健身工程、居民学校、科普服务站、妇女儿童活动中心、道德讲堂等功能与基层综合性文化服务中心功能融合发展。整合数字文化资源，完善文化信息资源共建共享机制。实施农家书屋提升工程，推进县域内公共图书资源共建共享和一体化服务。推进广播电视户户通，提供应急广播、广播电视器材设备维修、农村数字电影放映等服务。加强文化体育设施的综合管理和利用，提高使用效益。

（八）丰富服务内容

发挥基层综合性文化服务中心在宣传党的理论和路线方针政策、培育社会主义核心价值观、弘扬中华优秀传统文化、开展未成年人"八礼四仪"养成教育、培养健康文明生产生活方式等方面的重要作用，广泛开展宣传教育活动，用先进文化占领基层文化阵地。增加对特殊群体的扶持，为老年人、未成年人、残疾人、农民工和农村留守妇女儿童等群体提供有针对性的文化服务，推出一批特色服务项目。积极发掘当地特色历史文化资源，推进物质与非物质文化遗产传承保护和民间文化艺术之乡、特色文化之乡建设，打造基层特色文化品牌。充分利用中华传统节日、重要节假日及文化遗产日、全民健身日、江苏文化艺术节、江苏艺术展演月、江苏读书节、江苏全民阅读日、科普宣传周等，组织形式多样的公共文化活动。引导广场舞等群众文体活动健康规范有序发展，丰富群众文化生活。按照中心功能设置要求，结合当地党委和政府赋予的职责任务，与居民自治、村民自治等基层社会治理体系相结合，开展就业社保、养老助残、妇儿关爱、人口管理等其他公共服务和社会管理工作，推广一站式、窗口式、网络式综合服务，简化办事流程，集中为群众提供便捷高效的服务。推广基层综合性文化服务中心"1＋X"模式，在做好各项基本公共文化服务的基础上，因地制宜开展地域特色文化服务,增加基层公共文化产品和服务供给。

（九）改进服务方式

建立健全群众需求反馈机制,根据基本服务项目目录科学设置"菜单",采取"订单"服务方式,实现供需有效对接。实行错时开放,提高利用效率。充分发挥互联网等现代信息技术优势,加强全省公共文化数据中心和公共文化数字平台建设,推进数字图书馆、数字文化馆、数字博物馆、数字美术馆、数字科技馆、农村数字电影和数字文化社区等数字文化项目建设,到 2020 年实现行政村数字农家书屋基本覆盖。建立图书馆总分馆制,推进城乡公共图书资源通借通还和"一卡通"服务。积极开展高雅艺术进校园进社区进乡镇、文化科技卫生"三下乡"、文化民生基层文艺巡演、送书送戏送展览送电影下基层、科普文化进万家、流动科技馆下基层等流动文化服务和区域文化互动交流活动,推进优质文化资源进社区、进农村。推广文化体育志愿服务,探索建立文化体育等相关机构与基层综合性文化服务中心对口帮扶机制,推动省、市骨干文艺团体与基层综合性文化服务中心"结对子"。

四、创新基层公共文化运行管理机制

（十）健全管理制度

加强对基层综合性文化服务中心的管理与指导,制定服务规范、设施维护、活动开展、安全管理等规章制度,形成服务管理长效机制,实现设施良性运转、长期使用和可持续发展。建立村(社区)综合性文化服务中心由市县统筹规划、乡镇(街道)组织推进、村(社区)自我管理的工作机制。完善突发事件应急预案,及时消除各类安全隐患。

（十一）鼓励群众参与

在村(社区)党组织的领导下,发挥村委会和社区居委会的群众自治组织作用,引导城乡居民积极参与村(社区)综合性文化服务中心的建设使用,加强群众自主管理和自我服务。健全民意表达机制,依托村(居)民会议、村(居)民代表会议和村民小组会议等,开展形式多样的民主协商,充分听取群众意见建议,鼓励群众参与基层公共文化项目的规划、建设、管理和监督。探索开展乡镇(街道)综合文化站法人治理结构等适合自身发展的管理体制试点,推进公共文化服务群众参与制度化建设。

（十二）推动社会化发展

落实国家和省关于政府向社会力量购买公共文化服务的部署要求,加大政府向社会力量购买公共文化服务力度,拓宽社会供给渠道,丰富基层公共文化服务内容。鼓励支持企业、社会组织和其他社会力量通过直接投资、赞助活动、捐助设备、资助项目、提供产品和服务,以及采取公益创投、公益众筹等方式,参与基层综合性文化服务中心建设管理,探索不同投入主体合作共建的管理运行模式。率先在城市探索开展社会化运营试点,通过委托或招投标等方式吸引有实力的社会组织和企业参与基层文化设施运营。

五、努力为基层综合性文化服务中心建设创造良好条件

(十三)强化政府主导

各地要结合国家和省公共文化服务体系示范区、示范项目创建工作,以及农村社区建设、扶贫开发、美丽乡村建设等工作,尽快制定实施计划,明确目标任务、具体举措和时间安排。县(市、区)人民政府要切实承担起建设的主体责任,实事求是确定存量改造和增量建设任务,把各级各类面向基层的公共文化资源纳入到支持基层综合性文化服务中心建设发展上来;宣传文化部门要发挥牵头作用,加强协调指导,及时研究解决建设中存在的问题;各相关部门要立足职责、分工合作,共同推动工作落实。坚持试点先行,发挥典型示范作用,推动各地形成既有共性又有特色的建设发展模式。

(十四)加大资金保障

各级人民政府要根据实际需要和相关标准,将基层综合性文化服务中心建设所需资金纳入财政预算。省级财政统筹文化专项转移支付资金,不断健全奖补办法,逐步加大一般转移支付力度,增强市县保障基本公共文化服务能力。发挥政府投入的带动作用,落实对社会力量参与公共文化服务的各项优惠政策,鼓励和引导社会资金支持基层综合性文化服务中心建设。

(十五)加强队伍建设

乡镇(街道)综合文化站按照中央和省有关规定配备工作人员;村(社区)综合性文化服务中心由村委会或社区居委会确定1名兼职工作人员,同时通过县、乡两级统筹和购买服务等方式解决人员不足问题。推广部分地区基层文化体育设施设立文化管理员、社会体育指导员等经验。鼓励"三支一扶"大学毕业生、大学生村官、志愿者等专兼职从事基层综合性文化服务中心管理服务工作。加强业务培训,乡镇(街道)、村(社区)文化专兼职人员每年参加集中培训时间不少于5天。

（十六）健全考评机制

把基层综合性文化服务中心建设纳入政府公共文化服务考核指标和事业单位信用等级评价体系。各级文化行政部门会同有关部门建立动态监测评价机制,定期督促检查基层综合性文化服务中心建设使用情况,同时引入第三方开展公众满意度测评,对好的做法和经验及时总结、推广,群众满意度较差的进行通报批评,形成鲜明导向。

江苏省人民政府办公厅

2016 年 9 月 8 日

二、省政府关于进一步加强文物工作的实施意见

苏政发〔2016〕124 号

各市、县（市、区）人民政府，省各委办厅局，省各直属单位：

文物是不可再生的珍贵文化资源，文物工作承载着见证历史、传承文明、资政育人、推动发展等重要任务，在经济社会发展大局中具有重要地位。近年来，全省上下认真贯彻党中央、国务院决策部署，在推进文化强省建设中切实加大文物工作力度，文物保护、管理、利用水平不断提高。同时也要看到，全社会对文物工作重要性的认识有待深化，协调推进文物保护与经济社会发展面临新的挑战，科学合理利用好文物资源还有大量工作要做。为进一步做好新时期文物工作，根据《国务院关于进一步加强文物工作的指导意见》（国发〔2016〕17 号），结合我省实际，提出如下实施意见。

一、明确新时期文物工作的总体要求

（一）指导思想

牢固树立创新、协调、绿色、开放、共享的发展理念，全面贯彻"保护为主、抢救第一、合理利用、加强管理"的文物工作方针，坚持公益属性，坚持服务大局，坚持改革创新，坚持依法管理，深入挖掘、系统阐明并发挥文物所蕴含的文化内涵和时代价值，充分发挥文物的公共文化服务和社会教育功能，切实做到在保护中发展、在发展中保护，使文物保护成果更多惠及人民群众，努力走出一条符合江苏省情、走在全国前列的文物保护利用路子，为推动文化建设迈上新台阶、促进经济发展和社会进步作出新的贡献。

（二）主要目标

进一步发挥文物资源在传承文明、教育人民、服务社会、推动发展中的作用，显著改善各级文物保护单位及一般不可移动文物安全状况，持续提升馆藏文物预防性保护和研究展示水平，不断拓展文物合理利用的科学途径，切实加强文物法治建设和行政执法工作，健全完善政府主导、全社会广泛参与的文物保护利用管理体制机制。到 2020 年，形成更加科学的文物保护利用体系，更加丰富的文博公共文化服务体系，更加完善的文博创意产业体系，更加有效的文物安全和法治保障体系，

更加完备的文物工作支撑体系；完成省级以上文物保护单位保护规划编制、公布第八批省级文物保护单位各 100 个以上，实施 100 个红色遗产、名人故居维修保护与展示提升项目，培育100 个博物馆教育品牌项目，确保世界文化遗产预备项目遗产点中文物保护单位完好率和市、县（市）文物行政执法机构建成率均达 100%。

二、夯实文物保护各项基础工作

（一）规范文物资源基础管理

全面摸清文物资源状况，健全国家文物登录机制，建立全省文物资源总目录和数据资源库，全面掌握文物保存状况和保护需求，实现文物资源动态管理，推进信息资源社会共享。各地要及时核定并依法公布本行政区域内相应级别的文物保护单位、一般不可移动文物名录及保护措施，依法划定并公布文物保护单位保护范围和建设控制地带，依法划定公布地下文物埋藏区，依法核批相关工程设计方案。对重点水域开展水下考古调查，重点完成江苏太湖水下考古调查工作，基本掌握其水下文物分布和保存状况，划定水下文物保护区。推进文物保护单位保护规划编制，制定落实保护措施，按照"多规合一"要求将文物保护规划相关内容纳入城乡规划。加强世界文化遗产保护与申报管理，加快世界文化遗产监测预警体系建设，做好世界文化遗产地日常监测及巡查工作，强化世界文化遗产地和预备名单遗产点项目监测预警平台建设和改造提升。

（二）加强不可移动文物保护

推动文物保护由抢救性保护为主向抢救性与预防性保护并重转变，注重文物本体与周边环境、文化生态的整体保护，落实一般不可移动文物保护措施，明显改善文物保护单位保存状况。开展全省文物保护单位险情调查，对濒临倒塌、损毁严重、存在重大安全隐患的文物保护单位及时开展抢救保护工作，在资金安排上予以保障和倾斜。实施红色遗产、名人故居和古民居，以及高校内文物、宗教场所文物等专项抢救性保护与展示利用工程。在推进新型城镇化和美丽乡村建设中，坚持保护、传承和发扬优秀传统文化，统筹做好文物保护与历史文化名城、村镇、街区以及传统村落整体格局和历史风貌保护，防止建设性破坏；实施历史文化名城名镇名村中重点文物抢救保护工程，加强传统村落中集中连片文物保护单位的保护；做好基本建设中的考古调查、勘探、发掘和文物保护工作，鼓励有条件的地区建设考古遗址公园，改善遗址周边自然与人居环境。支持有条件的城市申报国家历史文化名城。开展江苏特色世界文化遗产保护管理模式研究，加强保护基础工作及管理能力建设。扎实做好海上丝绸之路、江南水乡古镇联合申报世界文化遗产各项准备工作，稳步推进中国明清城墙联合申报世界文化遗产。

（三）做好可移动文物保护工作

完成第一次可移动文物普查，建立全省可移动文物信息管理系统及数据共享平台，完善文物认定标准，规范文物调查、申报、登记、定级、公布程序。实施经济社会发展变迁物证征藏工程，充实丰富博物馆馆藏。贯彻《博物馆条例》，加强博物馆发展规划引导，构建主体多元、结构优化、特色鲜明、富有活力的博物馆体系。实施馆藏文物预防性保护工程，全面提升博物馆库房及展厅文物保存硬件水平，增强博物馆文物健康评测、展厅和库房监控预警、环境调控等方面的能力，改善馆藏珍贵易损文物保护环境，完成100座中小型博物馆标准库房改建工作。实施博物馆文物保护实验室提升工程，强化现代科技对文物保护与修复的支撑引领作用。文物保护修复基础薄弱的市、县级博物馆，要建立文物保护修复室，并对修复人员开展专业培训。

（四）强化文物安全防护

推广文物安全综合管理实验区建设经验，加强文物安全工作，实现文物安全综合有效管理。落实文物管理单位主体责任，严格文博机构安全工作法人负责制。夯实基层文物安全管理，健全县（市、区）、乡镇（街道）、村（社区）三级文物安全管理网络，逐级落实文物安全责任；发挥乡镇综合文化站作用，完善文物保护员制度，推行政府购买文物保护服务，逐处落实文物安全责任单位或责任人。加强博物馆藏品安全管理，推进全国重点文物保护单位和各级各类博物馆安全防范达标提升。涉及各级文物保护单位保护范围及建设控制地带和地下文物埋藏区的各类建设项目，要严格按照文物保护法律法规规定履行相关审批手续并加强项目建设后续监管。对开发区建设项目，如确需开展考古调查、勘探、发掘和文物保护工作的，应将相关内容纳入开发区"区域评估"。强化文物安全检查，开展省级以上文物保护单位、文博场所等重大险情排查，实现博物馆、纪念馆、省级以上文物保护单位等安防、消防、防雷达标。

三、推进文物资源合理利用

（一）发挥社会教育功能

挖掘研究文物价值内涵，经常性推出具有鲜明教育作用、彰显社会主义核心价值观的文物陈列展览、影视作品及各类出版物。结合重要事件节点，加强相关革命文物的展览展示、宣介和教育工作，开展相关主题活动。将博物馆教育纳入国民教育体系，建立馆校合作机制，针对青少年开发博物馆教育课程，建立《博物馆青少年教育项目库》，培育一批品牌项目，广泛开展展览陈列进校园、进社区、进乡村、进军营，鼓励有条件的地区根据实际需求设立流动展览车开展文化活动。实施红色遗产、革命文物保护、展示和利用工程,鼓励学校组织学生定期走进博物馆开展学习实践活动,接受爱国主义等优秀传统文化教育。

（二）提升公共服务水平

落实国家和省有关部署,完善文物保护单位、博物馆等机构公共文化服务功能,扩大公共文化服务覆盖面,促进文博机构公共文化服务标准化、均等化、规范化。健全博物馆免费开放运行绩效评估管理机制,有条件的文博单位基本实现全面开放。推动博物馆建立和完善以理事会及其领导下的管理层为主要架构的法人治理结构,强化服务功能。加快文物保护与现代科技融合创新,借助"互联网＋"技术、"互联网＋中华文明"行动计划,有序推进智慧博物馆、数字博物馆建设;继续实施博物馆陈列展览提升工程、全省馆藏文物巡回展,提高基本陈列质量和藏品利用效率,实现博物馆由数量增长向质量提升转变。推动文物保护单位、博物馆与学校、乡镇、社区、企业、部队等开展共建共享。

（三）发展文物相关产业

推进文物领域供给侧结构性改革,健全规范有序的文物利用制度,支持文博旅游、文博创意、文物市场等文物相关产业跨界融合发展,推动文化文物资源与现代生产生活相融合,实现文化价值与实用价值的有机统一。积极培育以文物保护单位、博物馆为支撑的体验旅游、研学旅行和传统村落休闲旅游线路,打造以"畅游江苏—大运河文化之旅"为代表的文物旅游品牌。落实《国务院办公厅转发文化部等部门关于推动文化文物单位文化创意产品开发若干意见的通知》（国办发〔2016〕36号）,选择一批不同类型的文博单位开展试点示范,在开发模式、收入分配和激励机制等方面积极探索,允许在确保公益目标、保护好国有文物、做强主业的前提下,依托馆藏资源,采取合作、授权、独立开发等方式开发文化创意产品。将文化创意产品开发经营企业纳入各级文化产业示范基地评选范围,培育江苏文化文博产品研发基地,打造江苏文创企业和产品品牌。

（四）扩大文物交流合作

借助国际博物馆日、中国文化遗产日等活动,结合世界文化遗产申报工作,积极宣传江苏丰厚历史文化资源。鼓励各类文博机构之间开展全方位交流合作,更好展示地域文明,彰显江苏地域文化。加强与港澳台文博界的对口互访,开展学术、展览、科技等方面的业务交流。积极主动参与国家"一带一路"等重大战略中的文物外事项目,利用"欢乐春节""精彩江苏"等外宣活动,加强与国外友好省州、友好城市等文物保护利用方面的交流合作,组织更多文物保护成果出国(境)展览展演,讲好江苏故事,展示江苏形象。

四、健全文物行政执法体系

(一)完善法规规章

根据新修订的《中华人民共和国文物保护法》,积极配合立法机关健全完善《江苏省文物保护条例》及文物保护地方性法规规章。各有关地区要推动文物保护地方性法规和规章制订修订工作,加强文物保护领域专门立法,建立完善文物保护规章制度。

(二)加大普法宣传

各地及有关部门要将文物保护法律法规学习宣传纳入"七五"及日常普法教育规划、计划,纳入党校和行政学院、社会主义学院等课程,纳入基础教育校本课程。文化、新闻出版广电等部门和单位要主动做好宣传普及工作,各级文化文物行政执法机构要落实"谁执法谁普法"的要求,以普法保执法,以执法促普法,突出以案释法,切实提高全民文物保护意识和自觉性主动性。

(三)加强文物执法

结合行政综合执法改革,进一步加强文物执法工作,配备人力物力,落实执法责任。完善全省文物安全与执法巡查制度、监督制度,健全文物与文化、公安、检察、法院、海关、规划、住房城乡建设、国土资源、环保、旅游等多部门和单位联合执法机制,依法严厉打击文物违法犯罪行为,始终保持高压态势。加强文物行政执法和刑事司法的衔接,落实文物违法案件移送、涉案文物移交等制度。文物资源密集、安全形势严峻的地方可设立专门的警务室,加强文物安全保护工作监督指导,强化相关场所及周边治安秩序管理。建成运行覆盖全省城乡的文物行政执法监控平台,提高文物保护数字化、信息化和文物行政执法科技化水平。

(四)强化执法督察

完善文物保护监督机制,畅通文物保护社会监督渠道。加强层级监督,完善案件分级管理、应急处置、挂牌督办等机制,依法对市、县级履行文物保护职责情况进行督察,对大案要案和文物安全事故进行调查督办,集中曝光重大典型案例,对影响恶劣的要约谈当地政府相关负责人。加强省级文物行政执法督察力量,做到凡案必查、督办必复。

五、落实促进文物事业发展的保障措施

（一）完善工作机制

各地要建立由政府牵头、相关部门配合的文物工作推进机制，发挥协调指导和监督作用。文物资源丰富的地区可在文化广电新闻出版局增挂文物局牌子，依法履行文物保护工作职能。各地在行政管理体制改革和机构改革中要加强文物保护行政管理机构和专业文物保护机构建设，将文物行政部门作为城乡规划协调决策机制成员单位。在文化行政综合执法改革中，文物行政执法工作只能加强、不能削弱。建立健全文物保护工作评估机制，每年对本行政区域内文物保存状况进行一次检查评估，发现问题及时整改。

（二）明确各方责任

各级人民政府依法履行监督管理和保护传承的主体责任，在文物保护中发挥主导作用，把文物工作列入重要议事日程，作为地方领导班子和领导干部综合考核评价的重要参考，为文物行政部门依法履行职责创造条件，实现文物资源依法有效保护。各级文物行政部门要守土尽责，转变职能，强化监管，切实提高素质能力和依法管理水平。发展改革、财政、住房城乡建设、国土资源、规划、公安、文化、海关等部门和单位要依法履行职责，在行政许可和行政审批项目中加强协调配合，形成合力。建立文物安全事件（案件）责任追究、文物保护责任终身追究和文物保护工程勘察设计、施工、监理、技术审核质量负责制，对导致文物和国家财产遭受损失的，依法依纪追究相关单位和人员的责任。

（三）强化人才支撑

积极参与国家文博人才培养"金鼎工程"，充分发挥高等院校、科研院所及相关文博机构的作用，加快培养文博领军人才、科技人才、技能人才、复合型管理人才，以及文物保护修复、水下考古、展览策划、法律政策研究等紧缺人才，重视民间匠人传统技艺的挖掘、保护和传承，形成结构合理、布局优化、适应江苏文博事业发展需要的人才队伍。文化综合行政执法机构要根据当地工作需要，配备必要的文物行政执法专业人员。进一步发挥南京博物院、东南大学等国家文物保护重点科研基地的作用，建立一批省级文物保护科研基地。加大县级文物行政管理、文物行政执法以及非国有博物馆专业人员、管理人员培训力度，适当提高文博高级职称评定比例，落实扶持奖励政策，推动全省文博人才队伍均衡化、专业化、正规化。

（四）加大政策扶持

保持公共财政文物保护和管理支出与经济社会发展总体水平及政府财力增长相适应,省级财政设立文物保护专项扶持资金。按照财权与事权相匹配、支出责任与财政事权相适应的原则,市、县、乡级人民政府应当将本辖区内公共文物保护专项经费(含公共博物馆纪念馆的人员经费、运转经费以及必要的文物征集经费)纳入本级财政年度预算。探索对文物资源密集区的财政支持方式,在土地置换、容积率补偿等方面给予政策倾斜。鼓励捐献文物、捐赠资金,对其捐赠支出可按规定在计算其应纳税所得额时予以扣除。利用公益性基金等平台,采取社会募集等方式筹措资金,解决产权属于私人的不可移动文物保护维修的资金补助问题。逐步将文化创意产品开发纳入文化文物单位评估定级标准和绩效考核范围,落实完善财政、税收、金融等关于创意产品的支持政策,文化创意产品开发收入可用于加强公益文化服务、藏品征集、继续投入产品开发、对有关人员予以绩效奖励等。

（五）鼓励社会参与

建立健全社会力量参与文物保护奖励激励机制,推广政府和社会资本合作(PPP)模式。鼓励众创、众筹,引导社会力量广泛参与相关产品研发、生产和经营。培育发展文物博物馆行业组织,建立文物保护和博物馆服务志愿者及民间义务文保员队伍。指导支持城乡群众自治组织保护管理使用区域内一般不可移动文物。规范民间合法收藏文物,支持企事业单位、社会团体和公民等依法设立博物馆,提高办馆质量和社会服务水平。建立文物重要决策和重大方案专家论证和公众参与制度,提高文物保护透明度和参与度,形成全社会共同参与的良好局面。

江苏省人民政府

2016 年 9 月 30 日

三、省政府办公厅关于做好文化文物单位
文化创意产品开发工作的通知

苏政办发〔2016〕148号

各市、县(市、区)人民政府,省各委办厅局,省各直属单位:

为深入发掘我省文化文物单位馆藏文化资源,推动文化创意产品开发,加快文化创意产业发展,根据《国务院办公厅转发文化部等部门关于推动文化文物单位文化创意产品开发若干意见的通知》(国办发〔2016〕36号)和《省政府关于进一步加强文物工作的实施意见》(苏政发〔2016〕124号)精神,现就做好我省文化文物单位文化创意产品开发有关工作通知如下。

一、切实重视文化创意产品开发工作

江苏文化底蕴丰厚、文物资源丰富,加强文化文物单位文化创意产品开发是让优秀文化资源"活起来"、提升文化产业发展水平的重要途径。中央对此高度重视,国务院办公厅专门发文进行部署,提出了"十三五"时期文化文物单位文化创意产品开发的总体要求和目标任务。各地各有关部门要认真落实国家决策部署,将文化文物单位文化创意产品开发工作摆上应有位置,抓紧研究落实,努力开发更多具有创造性的特展临展、服务公众的社会教育项目和文化创意衍生商品,加快形成投入机制健全、品牌优势凸显、产业链条清晰、产业布局合理、市场竞争力强的文化创意产业体系,努力满足广大人民群众日益增长、不断升级和个性化的物质精神文化需求。

二、创新文化创意产品开发模式

鼓励有条件的文化文物单位在确保公益目标、保护好国家文物、做强主业的前提下,依托馆藏资源,结合自身实际,采取合作、授权、知识产权作价入股、独立开发等多种模式进行文化创意产品开发。文化文物事业单位要严格按照分类推进事业单位改革的政策规定,坚持事企分开的原则,将文化创意产品开发与公益服务分开,原则上以企业为主体参与市场竞争。鼓励社会力量通过众创、众包、众扶、众筹,以文化创意设计企业为主体,利用限量复制、加盟制造、委托代理等形式参与文化创意产品开发。

支持文化资源与创意设计、旅游、演艺、影视等相关产业跨界融合,更多融入公共空间、公共设施、公共艺术的规划设计,延伸相关产业链条。

三、完善文化创意产品营销体系

支持有条件的文化文物单位充分利用线上线下平台和展会活动推广产品。在保证公益服务前提下,将自有空间用于文化创意产品展示、销售,鼓励有条件的单位在国内外旅游景点、重点商圈、交通枢纽等开设专卖店或代售点。鼓励文博单位结合陈列展览、主题活动、馆际交流等开展相关产品推广营销。结合构建中小学生利用文化场馆学习的长效机制,开发一批符合青少年群体特点和教育需求的优质文化创意产品。配合优秀文化遗产和展览进乡村、进社区、进校园、进军营、进企业,依托流动博物馆(图书馆)、社区博物馆,加强文化创意产品宣传和推广。鼓励文博单位积极申报"互联网＋中华文明行动计划",创新文化产品开发和传播手段。

四、优化收入分配激励机制

从事文化创意产品开发取得的事业收入、经营收入和其他收入等按规定纳入本单位预算统一管理,用于加强公益文化服务、藏品征集、继续投入文化创意产品开发、对符合规定的人员予以绩效奖励等。参照激励科技人员创新创业的有关政策完善引导扶持激励机制。探索将试点单位绩效工资总量核定与文化创意产品开发业绩挂钩,文化创意产品开发取得明显成效的单位可适当增加绩效工资总量,并可在绩效工资总量中对在开发设计、经营管理等方面作出重要贡献的人员按规定予以奖励。国有文化文物单位要探索建立文化创意产品开发收益在相关权利人之间的合理分配机制。

五、稳步推进试点示范工作

选择一批有条件的市级博物馆、美术馆、图书馆、文化馆、纪念馆开展试点工作,试点单位由省文化厅、省文物局确定。允许试点单位开办符合发展宗旨、以满足民众文化消费需求为目的的经营性企业,在开发模式、收入分配和激励机制等方面进行探索,试点期限为 2 年。试点工作中,要牢固树立质量意识、精品意识,加强品牌建设,防止一哄而上、盲目发展。加强知识产权保护,培育一批拥有较高知名度和美誉度的文化创意品牌和若干骨干文化创意产品开发示范单位,形成可供借鉴的成功经验和成熟做法,并在全省逐步推广。

六、强化组织推进和政策保障

各级政府要加强对文化文物单位文化创意产品开发工作的统筹协调,各级文化文物行政部门要牵头组织开展工作。编制、发展改革、教育、财政、人力资源社会保障、税务等部门要制定相关扶持政策和优惠措施,通过现有渠道,完善投入方式,强化人才培养,指导文化文物单位健全文化创意产品开发经营管理制度和收入分配机制。研究将文化创意产品开发纳入专项建设基金和各级文化产业发展专项资金支持范围,纳入文化产业投融资服务体系支持和服务范围。认真落实推进文化创意和设计服务与相关产业融合发展的税收政策。探索建立文化创意产品开发对文化文物单位公共文化服务、藏品征集、社会教育等公益事业的反哺机制。

江苏省人民政府办公厅

2016 年 12 月 12 日

四、江苏省"十三五"文物事业发展规划

前　言

　　江苏具有悠久的历史和深厚的文化底蕴,是中华文明的重要发祥地之一。江苏是文物资源大省,文物事业在文化建设迈上新台阶、弘扬优秀传统文化、探索地域文明、构建社会主义核心价值体系、促进经济社会发展等方面,具有十分重要的作用。

　　为深入贯彻落实党的十八大和十八届三中、四中、五中全会精神和习近平总书记系列重要讲话,特别是视察江苏重要讲话精神,全面提升我省文物保护管理水平,依据《中华人民共和国文物保护法》、《历史文化名城名镇名村保护条例》、《博物馆条例》、《江苏省文物保护条例》、《国家"十三五"时期文化改革发展规划纲要》、《国务院关于进一步加强文物工作的指导意见》、《江苏省国民经济和社会发展第十三个五年规划纲要》、《江苏省"十三五"文化改革发展规划》等,编制本规划。

第一章　发展背景

　　"十二五"期间,在省委省政府的正确领导下,在国家文物局的指导下,江苏文物事业得到快速发展,各级党委政府和社会各界对文物保护工作进一步重视,江苏文物大省的地位进一步确定,文物保护成果服务经济社会发展大局的作用进一步彰显。但在发展过程中仍然存在一些问题,在一定程度上制约我省文物事业的发展。

一、取得的成绩

表 7-1　江苏省"十二五"文物事业发展指标完成情况统计表

指标性质	项目	规划指标	实际完成情况
约束性指标	世界文化遗产保护规划编制启动率	100%	100%
	国家级大遗址保护规划编制	2处	完成
	1至6批全国重点文物保护单位的重大文物险情排除率	100%	100%
	地市级以上中心城市拥有功能健全的博物馆	1座	完成
	地市级以上中心城市功能健全的博物馆达标率	100%	100%
	国有博物馆一级文物的建账建档率	100%	100%

指标性质	项目	规划指标	实际完成情况
约束性指标	一级风险单位中的国有文物收藏单位防火、防盗设施达标率	100%	未完成(属国家文物局审批权限)
	"县县有博物馆"目标达标率	100%	完成
	第七批全国重点文物保护单位的重大险情排除率	100%	完成
预期性指标	第三次文物普查成果数据库的建档率	100%	100%
	世界文化遗产、列入国家100处大遗址保护项目库的2处大遗址、国家一级博物馆的监测预警平台建成率	100%	100%
	申报国家考古遗址公园	2~3个	1个
	公布省级大遗址保护名录	10~20个	14处
	建设省级考古遗址公园	3~6处	4处
	省级以上文物保护单位的完好率	90%	100%
	有管理机构、适合开放条件的省级以上文物保护单位的开放利用率	90%	完成
	二级以上馆藏文物的建档备案率	100%	完成
	二级风险博物馆安防达标率	80%	100%
	博物馆、纪念馆每年举办专题展览	800场以上	完成
	博物馆、纪念馆年均接待参观者的数量	5 000万人次以上	完成
	江苏数字博物馆建设	完成	完成
	地市级文物行政执法机构建成率	80%	100%
	县区级文物行政执法机构建成率	60%	97%
	建成省级文物安全示范区(示范单位)	3个	5个
	建成重点省级文物保护科研基地	2~3个	国家级2个
	扶持重点文物保护科技项目	1~2个	2个

(一)不可移动文物保护基础工作进一步夯实

新增全国重点文物保护单位106处,国家历史文化名城3座,中国历史文化名镇8座、名村7座、街区5个;新增省级文物保护单位188处,省级历史文化名城1座、名镇3座、名村1座。第三次全国不可移动文物普查共登录各类文物点20 007处。完成第六、第七批省级以上文物保护单位记录档案备案和保护范围及建设控制地带划定工作。启动江苏省文物保护单位信息管理系统及数据库建设。

（二）世界文化遗产工作成绩突出

2012年,大运河(江苏段)、中国明清城墙、无锡惠山祠堂群、江南水乡古镇、海上丝绸之路、扬州瘦西湖及盐商园林文化景观入选国家文物局调整公布《世界文化遗产预备名单》。2014年,中国大运河(江苏段)成功入选《世界文化遗产名录》。省政府出台《关于加强大运河(江苏段)遗产保护和管理工作的意见》,率先编制和公布大运河遗产保护规划,启动大运河江苏段沿线重点文物抢救保护工程。出台《关于进一步做好江苏世界文化遗产及预备名单监测管理工作的意见》,在全国率先建成苏州古典园林、运河沿线城市世界文化遗产监测预警平台。

（三）博物馆建设与管理水平显著提升

全省现有各级各类博物馆285家,其中国家一级博物馆5家、二级馆13家、三级馆19家。南京博物院改扩建工程顺利竣工,"一院六馆"面向公众全面免费开放。扬州、苏州、南通、淮安等地文化博览城、博物馆城、博物馆群建设稳步实施。积极配合国家文物局开展博物馆定级评估和运行评估,以及博物馆免费开放绩效评估试点工作,强化博物馆公共文化服务功能。

（四）考古发掘和大遗址保护规范有序

出台《江苏省考古调查、勘探、发掘经费管理办法》,进一步规范考古发掘申报、审批、验收、取费等环节。苏南考古工作站建成投入使用。启动太湖水下考古工作。配合重大基础工程建设,完成宁杭高铁、南水北调、泰东河等一批考古调查发掘项目。盱眙大云山江都王陵、泗洪顺山集遗址、扬州曹庄隋唐墓等先后入选全国十大考古新发现。公布两批江苏大遗址名录,无锡鸿山遗址入选国家考古遗址公园,扬州城遗址、无锡阖闾城遗址列入立项名单。

（五）文物法制建设稳步推进

制定出台《关于联合打击文物违法犯罪和加强文物安全工作的规定》、《江苏省宗教活动场所文物安全管理暂行办法》、《联合打击文物走私工作的规定》,指导南京等市出台了《南京城墙保护条例》、《镇江市文化遗产保护管理办法》等一批地方性法规和规范性文件,为文物事业发展提供制度保障。省委将文物保护纳入法治城市创建考评指标,省政府将文物工作纳入政府依法行政考核指标,为依法保护文物提供机制保障。大力推动文物法制和执法培训工作,促进基层执法水平提升。

（六）文物安全工作不断强化

联合省发改委、省文化厅等16厅局下发《关于加强和改进文物安全工作的指导意见》，对全省文物安全工作做出统一部署。创新文物安全管理理念，在全国率先创建"江苏省文物安全综合管理实验区"。积极推进文物保护单位和文博系统博物馆安防达标建设，提升文物安全防控水平，全省文物系统安全形势有效改善。

（七）文物科研宣传和对外交流成果丰硕

《江苏省志·文化遗产志》编纂完成，编辑出版一批文物保护相关书籍。南京博物院成为"纸质文物保护国家文物局重点科研基地"，东南大学成为"传统木构建筑营造技艺研究国家文物局重点科研基地"。加强文物保护宣传工作，建立省文物局门户网站信息保障考评机制，健全文物系统信息通联体系。

二、存在的问题

（一）文物管理体制机制性障碍仍然存在

经济建设与文物保护的矛盾依然存在，文物保护管理工作任务日益繁重；地方各级文物管理机构建设不均衡，部分地区相对滞后，文物管理力量不足；体制机制、工作方式不能适应文物事业发展要求。

（二）文物保护资金投入不足

各地经济发展水平存在差异，各级政府对文物事业重要性的认识不一，很多市、县（区）两级财政对文物保护事业的经费投入普遍严重不足，成为制约文物事业发展的主要瓶颈。

（三）文物法制工作急需加强

部分文物保护法规、规章、标准制度建设滞后于文物事业发展；地方性法规可操作性不强，引导功能较弱；文物法制宣传范围有待拓展，文物保护意识有待提升；基层文物执法能力水平有待提高。

（四）文物保护人才相对薄弱

文物保护人才数量依然不足，专业素质有待进一步提高，文博人才队伍结构需要进一步优化，基层管理力量薄弱与文物保护工作的要求不相匹配。

第二章　指导思想和基本原则

一、指导思想

以党的十八大和十八届三中、四中、五中全会精神为指导，秉持"创新、协调、绿色、开放、共享"五大发展理念，严格执行《中华人民共和国文物保护法》，全面贯彻落实《国务院关于进一步加强文物工作的指导意见》。适应国家对于文物事业发展的新要求，继续加强法规和制度建设，牢固树立保护文物也是政绩的科学理念，坚持"保护为主，抢救第一，合理利用，加强管理"的文物工作方针，围绕江苏经济社会发展大局和建设文化强省总体部署，推进江苏文物事业科学发展、创新发展、可持续发展，积极发挥文物事业在"迈上新台阶，建设新江苏"中的重要作用。

二、基本原则

（一）正确导向、科学发展原则

坚持党的十八大以来对文化遗产事业健康发展的正确导向，树立文化遗产是国家与民族走向未来的坚强基石，是文化自觉和文化自信的根本依据，是创新发展的宝贵资源，是建设具有地方特色和谐性城镇乡村的必要条件等正确导向，通过科学规划，积极引导文物事业绿色健康发展。

（二）保护为主、合理利用原则

坚持"保护为主、抢救第一、合理利用、加强管理"方针，遵循文物事业发展规律，开展依法科学保护。在保护文物本体的前提下，加大力度保护文物的自然环境和人文环境，协调处理保护和利用的关系，在保护中求发展，在发展中实现更好的保护。文物利用始终把社会效益放在首位，实现社会效益和经济效益的统一。

（三）以人为本、成果共享原则

文物事业作为公共文化服务体系的重要构成，应主动发挥在构建现代公共文化服务体系中的作用，促进公共文化服务规范化、标准化、均等化，保障和实现城乡人民的基本文化权益，满足人民群众日益增长的精神文化需求，推动文物保护成果最大限度地惠及全体人民。

（四）完善法制、依法行政原则

以文物保护法律法规为依据，以党的十八届四中全会精神为指引，把全面推进依法治国要求贯彻落实到文物事业发展中,积极创新文物依法行政体制机制,不断增强干部队伍依法行政意识和能力,有效规范行政权力运行。持续开展文物保护法律法规宣传普及工作,营造保障文物事业科学发展的良好社会氛围。

（五）深化改革、开拓创新原则

积极顺应国内外文物工作的新形势和新理念,转变文物工作思路,拓展文物保护新方法和新途径,加大文物科技保护力度,扩大文物保护人才培养渠道,注重文物管理体制机制改革,探索文物保护和利用模式的创新,以改革创新为动力,推动文物事业持续、协调发展。

第三章 发展目标

一、总体目标

与"第一个一百年"重大阶段性目标相衔接,立足"一带一路"、长江经济带、新型城镇化等发展战略,把握文化大发展大繁荣的历史机遇,推进全省文物事业迈上新台阶。到2020年,形成政府主导、社会参与、理念创新的文物保护机制;完善文物保护体系,各级各类文物及文化遗产得到全面有效保护与合理利用;构建主体多元、结构优化、特色鲜明、富有活力的博物馆体系,推进全省博物馆高品质均衡发展;形成共建共享、惠及全民的文物博物馆公共文化服务体系,全面提升博物馆建设质量和博物馆库房及展厅文物保存环境,加强馆藏文物预防性保护;加强文物安全和法制工作,建立科学完备、基础完善、责权明确、特色高效的文物法律及安全体系;与时俱进,创新发展,提升文物保护科技水平;加大文物资源的活化利用工作,大力发展文博创意产业,进一步加大文物保护单位对外开放力度,实现文物资源优势向产业优势转变;加快引进专业人才,优化人才结构,提升现有人员专业水平,建立结构合理、素质过硬的文博人才队伍。

二、具体指标

表7-2 江苏省"十三五"文物事业发展指标一览表

类别	项目	指标
夯实文物工作基础	省级以上文物保护单位"四有"工作	100%
	市、县级文物保护单位"四有"工作	全面启动
	新增省级文物保护单位	100处以上
	省级以上文物保护单位保护规划编制	100处以上
	全国重点文物保护单位安防、消防、防雷达标率	明显改善

类别	项　　目	指标
加强不可移动文物保护	红色遗产、名人故居、古民居和一批省级以上文物保护单位的维修保护与展示提升工程	100 项
	世界文化遗产点及预备名单遗产点完好率	100%
	海上丝绸之路、江南水乡古镇、中国明清城墙联合申报世界文化遗产准备工作	完成
探索地域文明	省级考古遗址示范公园建设	1—2 处
	江苏省大遗址名录	公布第三批
	江苏太湖水下文物资源调查	完成
提升博物馆品质	中小型博物馆展览提升工程	50 座
	中小型博物馆预防性保护及标准库房提升工程	50 座
	培育博物馆教育品牌项目	100 个
	全省博物馆纪念馆安全管理	全面改善
完善文物法制建设	《江苏省文物保护条例》	完成修订
	《江苏省文物法制宣传教育第七个五年规划》	编制完成
	市、县文物行政执法机构建成率	100%
	市级支队配备文物行政执法人员数量	3 名以上
	县(区)级大队配备文物行政执法人员数量	2 名以上

第四章　主要任务

一、完善文物法制建设

(一)文物法规体系建设

建立健全文物保护法规体系,根据新修订实施的《中华人民共和国文物保护法》,修订《江苏省文物保护条例》。有序推进"七五"普法和法制培训工作。发挥文明城市、法治城市创建考评指标和政府依法行政考核指标的评价作用,督促基层提升依法保护文物水平。

(二)文物行政执法

进一步加强文物行政执法工作,组织开展"法人违法案件专项整治行动(2016—

2018年)",提高文物违法行为打击力度。深化与公安、海关、住建、规划、国土、海洋渔业、宗教等部门文物行政执法协作配合,每年开展一次文物安全大检查,每两年开展一次打击文物违法犯罪专项行动。文物违法案件督办结案率达到100%。深化江浙沪文物行政执法区域合作,每两年开展一次跨区域文物安全交叉检查。组建江浙沪文物行政执法骨干队伍,出版《江浙沪文物行政执法论文集》、《江浙沪文物行政执法精品案例选编》等。完善江苏省文物行政执法监控平台建设,地级市建成率达到100%,鼓励、支持部分有条件的县(区)实现与地级市、省级平台联网。鼓励社会公众参与文物保护,遏制和减少文物违法行为的发生。

重点项目
《江苏省文物保护条例》修订:完善修订《江苏省文物保护条例》,推动将世界文化遗产、水下文化遗产、大遗址保护、考古勘探与发掘、文物安全、文物利用等纳入条例规范范围。 **《江苏省文物法制宣传教育第七个五年规划》编制**:指导各市文物法制宣传教育工作,各市结合本地区文物保护工作实际,制定七五普法实施方案,推动各地拓展普法宣传范围,有效提升文物普法宣传效果。 **文物行政执法培训班**:省文物局每年针对各级文物行政管理部门、执法机构、法规处人员开展一期文物行政执法培训班;地级市文物主管部门每年至少举办一期文物行政执法业务培训,并针对个案和具体工作情况开展至少一期专项培训。 **文物行政执法案卷评查活动**:每两年组织一次"文物行政执法案卷评查活动",规范文物行政处罚程序和执法行为,提升文物行政执法水平。 **文物行政执法机构建设**:市、县文物行政执法机构建成率达100%,市级支队配备3名以上文物行政执法人员、县(区)级大队配备2名以上文物行政执法人员。

二、规范不可移动文物保护

(一)文物保护及基础工作

继续完善文物保护单位"四有"工作,推进市县级文物保护单位记录档案备案工作,推进省级以上文保单位记录档案续补增订工作;会同省住建厅完善文物保护单位保护范围和建设控制地带划定工作,实现1—7批省级以上文物保护单位两线落图;结合"文化遗产解读工程",设立和完善各级文物保护单位和不可移动文物的保护标志和说明标志,开展其他方式的解读工作;制定并颁布实施《江苏省地下文物保护管理办法》,依法划定重点地下文物埋藏区范围,加强地下文物的保护和管理。

组织申报第八批省级文物保护单位,启动第八批全国重点文物保护单位的申报;继续推进省级以上文物保护单位保护规划编制,实施省级以上文物保护单位抢救性保护项目。开展红色遗产、名人故居、古民居、高校文物、宗教文物等抢救性保护与展示提升工程。

（二）世界文化遗产保护与管理

继续加强世界文化遗产保护基础工作及管理能力建设,完善大运河遗产管理体制。加强苏州古典园林、明孝陵和中国大运河(江苏段)三处世界文化遗产的日常管理。完成海上丝绸之路、江南水乡古镇联合申报世界文化遗产各项准备工作,稳步推进中国明清城墙遗产联合申报工作。加强世界文化遗产地和预备名单遗产点项目监测预警平台建设,完成明孝陵监测预警平台建设,完成中国大运河(江苏段)遗产监测预警平台提升改造,建成江苏省世界文化遗产监测预警平台。开展世界文化遗产地日常性监测及巡视工作,完善遗产地年度报告制度。积极促进世界遗产地对内对外交流合作,与南京大学合作举办"世界遗产论坛",开展江苏特色世界文化遗产保护管理模式研究。

（三）历史文化名城、名镇、名村与历史街区保护

会同省住房和城乡建设厅做好省级以上历史文化名城、名镇、名村和历史街区的推荐遴选工作,推动高邮、兴化申报国家历史文化名城。配合做好省级以上历史文化名城、名镇、名村和历史街区保护规划编制工作。以传统村落中集中连片文物建筑保护与利用工作为重点,实施历史文化名镇名村中重点文物抢救保护工程。

（四）考古与大遗址保护

改善地下文物的保护管理能力,配合重点基础建设工程项目,围绕大运河文化带建设以及江苏大遗址、国家考古遗址公园建设,做好相关考古调查、勘探和发掘工作。规范考古发掘工作申报程序,加强考古工地管理,提高考古工作管理水平。推进水下文化遗产调查和发掘,积累水下考古经验。完成第一批、第二批江苏大遗址保护规划编制工程,组织申报并公布第三批江苏大遗址。做好大遗址和考古遗址公园保护与建设,组织无锡阖闾城遗址、扬州城遗址、高邮龙虬庄遗址等大遗址申报国家考古遗址公园。推动考古基础设施建设,完成1—2个地方考古工作站建设,提升考古研究工作条件,改善考古工作环境。加强考古成果的转化与宣传展示,及时完成考古报告的编辑出版工作,促进考古出土文物的保护与研究,推动公众考古事业的发展。

<table>
<tr><td colspan="1" align="center">重点项目</td></tr>
</table>

文物保护规划编制：实施完成100处省级以上文物保护单位保护规划编制，实现对文物保护的规范化和制度化。

红色遗产和名人故居保护与展示：完成南京梅园新村纪念馆、泰州人民海军诞生地、盐城中共华中工委旧址、镇江新四军茅山抗日根据地、常州唐荆川宅、扬州周氏盐商住宅等100处红色遗产、名人故居和古民居的抢救性保护与展示提升工程，使全省红色遗产、名人故居、古民居保护利用水平得到显著提升。

世界文化遗产保护：完成海上丝绸之路、江南水乡古镇、中国明清城墙遗产点的保护与环境整治；完成江苏省世界文化遗产检测平台建设。

大运河(江苏段)文化带建设：全面推进大运河文化带建设，完成中国大运河(江苏段)遗产保护规划修编工作，完成大运河遗产保护与展示示范工程，促进运河遗产科学保护与合理利用。

江苏地域文明探源：开展顺山集新石器早期文化、秦淮河流域史前文化和古徐国及黄淮流域先秦文化的调查、发掘和研究，开展江南地区史前考古学文化中玉器原料的来源研究。

水下文物考古：启动水下文物资源调查工程，推进江苏内水水域水下文物资源的调查，完成江苏太湖水下文物资源的调查，选择一批重要水下文物点进行考古发掘，积累水下考古经验。

完成一批省级以上文物保护单位的抢救性保护与展示提升：完成高邮龙虬庄考古遗址示范公园建设；启动徐州狮子山楚王陵、徐州龟山汉墓、常州三星村遗址、淮安泗州城遗址、连云港藤花落遗址、南京直立人化石地点、苏州草鞋山遗址等一批考古遗址公园建设工程。

实施高校重点文物保护与利用工程，完成对金陵大学旧址、金陵女子大学旧址、国立中央大学旧址、中央体育场旧址等高校重点文物的修缮，提高展示利用水平。

实施苏州文庙、吴江文庙、六合文庙、扬州天宁寺、清江文庙、淮安文通塔、镇江甘露寺铁塔、常州清凉寺、万绥东岳庙等宗教文物保护展示工程，打造江苏宗教文化遗产保护展示示范区，展现江苏丰富的宗教文化。

三、加强可移动文物保护与利用

(一)可移动文物普查及其成果应用

完成对各地上报的文物信息进行网上审核和现场复核工作，编制可移动文物名录和可移动文物收藏单位名录，建立可移动文物编码系统及可移动文物收藏单位编码系统。完成对普查数据的统计与分析，总结全省第一次可移动文物普查工作，编制可移动文物普查档案和普查工作报告。配合完成第一次全国可移动文物普查项目结项评估和审计工作。利用可移动文物普查成果，建立江苏省可移动文物信息管理系统及数据共享平台。

(二)可移动文物科技保护和修复

实施博物馆文物保护实验室提升工程，有较好基础的国家一级博物馆及大馆以建立重点实验室为目标，重点加强科研基础研究类仪器设备的提升和人才队伍的建设。文物保护修复基础较薄弱的市县级博物馆，以建立文物保护修复室为目标，加强常规仪器设备和实用型文保修复装备、修复材料的配套，并对修复人员进行系统培训,推进省级可移动文物修复基地建设。加强可移动文物修复资质审批与项目管理,规范并严格执行文物修复行业标准,鼓励并支持有条件的博物馆等相关单位申报,提升馆藏文物的保护水平。同时实施博物馆馆藏珍贵文物的修复工作。

四、提升博物馆综合质量

(一)优化博物馆体系

深入宣传贯彻《博物馆条例》,加强规划引导,实现博物馆质量数量协调发展,构建主体多元、结构优化、特色鲜明、富有活力的博物馆体系,促进博物馆公共文化服务标准化、均等化。推进行业博物馆和专题博物馆建设,支持非国有博物馆发展,提高非国有博物馆的办馆质量,引导非国有博物馆提升业务运行和社会服务水平。

(二)提升博物馆展陈质量和保存环境

实施完成50座中小型博物馆展览提升工程,增加原创性展览内容,突出地域文化特色和博物馆的优势,采用多元化的传播手段,贴近社会公众,增强陈列展览的吸引力。推动文物保护与现代科技融合创新,推进智慧博物馆建设。鼓励博物馆之间开展展览交流合作,举办各种联展、巡展、互换展览,扩大博物馆展览社会影响,弘扬优秀传统文化。

完成50座中小型博物馆预防性保护及标准库房提升工程,同时提升馆藏文物保护科研水平,完成对博物馆进行文物健康评测、展厅和库房监控预警、环境调控、文物保护实验室改善等方面的提升工作,改善馆藏珍贵易损文物保存环境。

(三)完善博物馆管理机制建设

加强行业组织建设,搭建博物馆资源共享平台。建立博物馆综合评价体系。按照"分类推行、循序渐进、积极稳妥、不断完善"的基本原则,逐步全面推进理事会制度建设工作。完善非国有博物馆法人治理结构。

(四)深化博物馆服务功能

大力开展展览陈列进校园、进社区、进乡村,设立流动展览车等流动展览项目。完善博物馆青少年教育功能,推进将博物馆教育纳入国民教育体系工作,针对青少年开发博物馆教育课程,开展博物馆与地方中小学建立博物馆教育合作联盟试点工作,建立《博物馆青少年教育项目库》,培育100个江苏博物馆青少年教育文化品牌项目。

重点项目

博物馆建设：实施南京博物院艺术馆、南京城墙博物馆、海门江海文化博物馆、溧阳市博物馆、涟水县博物馆等建设项目，加快专题博物馆、区县博物馆建设。
    博物馆青少年教育：实施青少年教育课程项目开发，并研发配套的教材教具，对偏远的地方实施博物馆青少年教育网络课堂应用，加强相关教师培训工作，并开展流动展览进校园与教育体验活动相结合。建立《博物馆青少年教育项目库》，培育100个江苏博物馆青少年教育文化项目。
    博物馆展陈提升：实施南京博物院智慧博物馆建设、南京博物院南迁文物展示馆提升项目。完成南京太平天国历史博物馆、淮安市博物馆、周恩来纪念馆、盐城中国海盐博物馆等50座中小型博物馆展览提升工程，提高博物馆展陈质量。
    博物馆预防性保护及标准库房提升：完成南京博物院朝天宫库房效能提升；实施50座中小型博物馆预防性保护及标准库房提升工程，包括：灌云县博物馆、连云港市博物馆、睢宁县博物馆、盐城中国海盐博物馆、南通博物苑等可移动文物预防性保护工程，南京市博物馆、盱眙县博物馆、江阴市博物馆、徐州博物馆等博物馆文物库房提升工程。
    流动展览车：以南京博物院为试点，实施流动展览车项目，让博物馆流动进社区、进学校、进企业，惠及广大民众。

五、强化文物安全管理

（一）文物安全综合管理实验区建设

加强全省文物安全工作，推广文物安全综合管理实验区经验，推动各市、县（区）建成文物安全综合管理实验区，每年完成1—2个地级市、3—5个县（区）建成"江苏省文物安全综合管理实验区"。

（二）文物安全达标及安防提升

全面开展省级以上文物保护单位重大险情排查工作，实施安防、消防、防雷达标工程，达标率达到50%以上。加大安防工程经费投入，完成全国重点文物保护单位及文物系统博物馆安全防范达标及提升工作。

重点项目

文物安全综合管理实验区建设：实施南京、无锡、扬州、宿迁等11个地级市，昆山市、泰兴市、沭阳县等10个区县文物安全综合管理实验区建设。
    博物馆安防提升改造：实施扬州博物馆、南通博物苑自然标本库、常州博物馆、沛县博物馆新馆、丰县新建博物馆、连云港市博物馆、南京民俗博物馆、南京市博物馆、太平天国历史博物馆等安防系统提升改造工程。
    全国重点文物保护单位安全技术防范：实施南京薛城遗址、常州近园、南通韩公馆、连云港孔望山摩崖造像、淮安文通塔等一批全国重点文物保护单位安全技术防范工程。

六、增强文物工作综合能力

(一)文博人才素质提升

以改革创新为动力,以全面提高人才队伍为主线,通过交流学习、在岗培训等多种形式,积极推进文博人才素质提升工作。联合省内高校和文博单位,创建"江苏省级文博人才教育培训基地",探索独具江苏特色、符合文博单位用人特质的文博人才素质提升的新途径。同时,加强现有文物事业人才队伍绩效考核,将文物保护、学术研究、创新思维等纳入人才能力建设综合评价考核指标。

(二)文博信息化建设

开展文物数字应用技术研发,出台《江苏省文物博物馆信息化编码规范》,应用到文物保护、博物馆建设等文物事业领域。完成江苏省文物综合性数据中心建设,利用信息技术进行文物工作的科学决策、宏观管理。建设江苏省文物数据异地容灾备份中心,保障数据信息安全。积极推进智慧博物馆建设,建立以互联网为主要传播依托,以馆藏数字文化资源为基础,以网络媒介为传播平台的,集全省馆藏珍贵文物为主要内容,面向全体社会公众共享的公共数字博物馆。

(三)文物宣传和对外交流

开展经常性、普及性的文物法制和文物常识主题宣传活动,创新文物事业宣传方式,利用"5·18"国际博物馆日、"文化遗产日"等重大节庆活动,营造文物保护氛围,通过手机互联网等新媒体、传统媒体、志愿者队伍等多种途径提升文物事业的宣传力度。积极主动参与国家"一带一路"、"长江经济带"等重点外事项目,加强与境外相关机构的联系,拓展文物事业的对外交流渠道与合作方式。全面实施文化遗产解读工程,不断增强基层群众文物保护意识,促进文化遗产的保护和传承。

重点项目
江苏省文物局教育培训基地建设及培训:建设江苏省文物局教育培训基地,对全省文博干部、文物基层队伍、技术人员等进行系统培训,探索江苏特色文博人才培养新途径。 　　**南京博物院智慧博物馆建设**:以南博数字化资源、信息化平台为基础,疏理、整合可用于公共文化服务的数字资源,基于"互联网＋",联合全省博物馆的文化遗产资源,多方面探索博物馆所蕴藏的丰富文化资源为社会文化、经济建设服务的有效方法,提升江苏省文化建设与服务的水平。 　　**江苏省文物综合性数据中心建设**:实施"江苏省文物综合性数据中心建设",包含"江苏文物事业数据管理系统"、"江苏省文物数据中心",利用信息技术进行文物工作的科学决策、宏观管理。 　　**江苏省文物数据异地容灾备份中心**:建设江苏省文物数据异地容灾备份中心,对所有相关的数据信息进行永久备份,实时开通衔接,以保证遇灾难、故障时,相关系统能够正常运行。

七、深化文物资源合理利用

（一）文物展示与利用

开展深化我省文物保护单位开放利用及其纳入公共文化服务体系探索，在科学测算、观众（游客）承载力允许并确保安全的条件下，积极探索文物保护单位开放工作融入公共文化服务体系的实践。在全省开展文物资源合理化利用自查自纠活动，纠正文物资源不合理利用情况，杜绝以利用之名破坏文物资源。

（二）文物市场管理

依法规范社会文物市场管理，建立文物市场管理体制和文物流通机制，依法管理和规范文物拍卖、销售等经营单位的文物经营行为，加强部门间的协作，打击非法文物交易与文物走私。

（三）文博创意产业开发

加大扶持开展文博创意产品的研发力度，通过试点建立严格规范、实际操作性强的文创产业研发模式，探索与展览策划相结合的文化创意产业新形式、新途径，培育江苏博物馆文化产品研发基地。建立多渠道资金的筹集机制，从制度、组织、宣传、知识产权等方面给予引导和扶持，打造江苏文博创意产业品牌。

重点项目
江苏博物馆文创产品研发基地：以南京博物院"江苏省博物馆商店联盟"为龙头，整合全省文物资源和营销网络，建立统一的博物馆文创平台，开发馆藏文物衍生品和文化产品，探索推广连锁经营模式。

第五章 保障措施

一、加强制度建设，提高法治意识

以依法治国战略部署为指引，加强文物法制建设，建立健全与《中华人民共和国文物保护法》相配套的制度体系，建立完善文物保护、博物馆事业发展、文物执法和安全等相关工作制度，通过法律和制度保障文物事业健康有序发展。完善各级文物保护执法机构及队伍建设，强化人才培养，提升文物行政执法效能。严格执行行政执法督察制度，做到"有法必依、执法必严、违法必究"，促进建成严格的法治监督体系。拓宽文物法制和执法业务培训范围，提升文物依法管理和执法水平。推动文物行政执法与刑事司法衔接,健全文物违法犯罪责任追究和责任倒查机制,建立文物保护责任终身追究制,提高法律的威信和尊严。加大文物保护普法宣传,提高全社会文物保护法治意识,建立社会监督体系,提升全民共保、全民共享文物资源水平。

二、健全协作机制,提升管理效能

发挥各级政府对文物保护管理工作及规划实施工作的领导、指导和协调职能,建立健全和不断完善文物保护部门联动协作制度,建立考核、激励、问责和监督机制,将文物事业工作指标纳入科学发展考核评价体系,纳入各级领导干部的绩效考核体系。加强文物保护工作职能部门互动和协调能力,强化各级政府文物保护工作的属地管理职能,提升文物工作整体管理水平和"规划"落实执行能力。

进一步简政放权,依法按规减少审批事项,简化审批环节,提高审批效率,加强监管评估,推动文物行政部门由办文物向管文物、由管微观向管宏观、由管部门向管行业的转变,强化政策调节、社会管理、公共服务功能,综合运用各种手段提高管理效能,大力提升管理精准化、规范化水平。

三、拓宽投入渠道,激活资金效益

健全以政府公共财政投入为主、多元化文物事业经费投入机制,各级政府按照属地管理、分级负担的原则,将公共文物保护经费列入政府财政预算,加大对经济薄弱地区的转移支付力度。文化创意产品开发取得的事业收入、经营收入和其他收入等按规定纳入本单位预算统一管理,可用于加强公益性文化服务、藏品征集、继续投入文化创意产品开发、对符合规定的人员予以绩效奖励等。积极支持设立各类公益性文物保护基金,引导设立民间文物专项保护基金,拓宽社会资金投入文物事业领域的有效途径,实现文物保护的全民性和可持续性。鼓励企业、个人和其他社会组织兴办博物馆,在博物馆的设立条件、提供社会服务、规范管理、专业技术职称评定、财税扶持政策等方面,公平对待国有和非国有博物馆。完善文物保护资金绩效评估体系,加强文物保护经费使用监督审计工作,规范资金使用管理,有效发挥资金使用效益。

四、改善人才结构,壮大文博队伍

以改善人才队伍结构为重点,实施人才战略。完善人才引进政策,积极引进海外人才、社会人才、科技人才、创新人才,参与重大文物保护科技项目和重点文物保护工程,建立健全高级人才跟踪培养服务制度。同时,通过社会招聘、委托培养等一系列途径,大力引进与培养复合型专业化人才,进一步健全文物部门与高等院校、科研院所合作共建、联合培养文物博物馆人才的工作机制。建立江苏省文物事业单位人才供需信息平台,为我省文物事业单位人才供需提供通畅渠道。培养一支既懂文博业务、又有管理知识,年龄梯次和专业结构基本合理的新型的专业人才队伍。

第六章　规划实施

贯彻实施本"规划",是各级党委和人民政府的重要职责。

为实施本"规划",江苏省各市应组织编制完成本地区的文物事业发展规划。保证文物事业发展规划与江苏省经济社会发展规划相衔接,与世界遗产保护、历史文化名城保护以及城乡建设、非物质文化遗产保护、旅游业、文化产业、公共文化服务体系构建等相关规划相协调。

加强对规划实施的组织领导和统筹协调,推动将文物保护责任目标纳入各地政府责任目标考核体系,建立分级分层落实责任机制,做到规划落实责任有主体,经费投入有渠道,工作任务有保障。

各级文物行政部门建立规划评估机制与规划实施动态调整机制,加强对规划执行情况的评估监督,及时通报规划实施情况。在 2018 年和 2020 年,分别对本规划的执行情况进行中期评估和期末评估。

五、省政府关于公布第四批省级非物质文化遗产代表性项目名录的通知

苏政发〔2016〕5 号

各市、县(市、区)人民政府,省各委办厅局,省各直属单位:

省文化厅确定的第四批省级非物质文化遗产代表性项目名录和省级非物质文化遗产代表性项目名录扩展项目名录,已经省人民政府批准,现予公布。

江苏省人民政府

2016 年 1 月 14 日

第四批省级非物质文化遗产代表性项目名录(共计 94 项)

(一)民间文学(共计 8 项)

序号	编号	项目名称	申报地区或单位
299	JSⅠ-38	苏东坡传说	常州市天宁区
300	JSⅠ-39	朱元璋传说	盱眙县
301	JSⅠ-40	镜花缘传说	连云港市
302	JSⅠ-41	丁兰刻木传说	丰县
303	JSⅠ-42	周七猴子传说	邳州市、新沂市
304	JSⅠ-43	九龙口传说	建湖县
305	JSⅠ-44	秦淮传说故事	南京市秦淮区
306	JSⅠ-45	孟郊与游子吟的故事	溧阳市

(二)传统音乐(共计 1 项)

序号	编号	项目名称	申报地区或单位
307	JSⅡ-27	古筝艺术	扬州市

(三)传统舞蹈(共计 3 项)

序号	编号	项目名称	申报地区或单位
308	JSⅢ-37	冻煞窠	溧阳市
309	JSⅢ-38	黄塍跑马阵	宝应县
310	JSⅢ-39	盾牌舞	宜兴市

(四)传统戏剧(共计 5 项)

序号	编号	项目名称	申报地区或单位
311	JSⅣ-18	淮红戏	宿迁市宿豫区
312	JSⅣ-19	越剧(竺派艺术)	南京市
313	JSⅣ-20	黄梅戏	盱眙县
314	JSⅣ-21	皮影戏	南京市秦淮区
315	JSⅣ-22	木偶戏(七都提线木偶)	苏州市吴江区

(五)曲艺(共计 7 项)

序号	编号	项目名称	申报地区或单位
316	JSⅤ-16	肘鼓子	连云港市赣榆区
317	JSⅤ-17	洋钎说书	启东市
318	JSⅤ-18	淮海琴书	淮安市淮阴区
319	JSⅤ-19	宣卷(无锡宣卷)	无锡市滨湖区
320	JSⅤ-20	兴化锣鼓书	兴化市
321	JSⅤ-21	沛县荷叶落子	沛县
322	JSⅤ-22	莲花落	海安县

(六)传统美术(共计 7 项)

序号	编号	项目名称	申报地区或单位
323	JSⅥ-40	常州烙画	常州市武进区
324	JSⅥ-41	农民画(六合农民画、邳州农民画、射阳农民画)	南京市六合区、邳州市、射阳县
325	JSⅥ-42	沙地灶头画	启东市
326	JSⅥ-43	连云港贝雕	连云港市赣榆区
327	JSⅥ-44	盆景技艺(孟河斧劈石盆景、苏派盆景)	常州市新北区、常熟市
328	JSⅥ-45	面塑(姜堰面塑、阜宁面塑)	泰州市姜堰区、阜宁县
329	JSⅥ-46	瓷刻(南京瓷刻、大丰瓷刻)	南京市玄武区、盐城市大丰区

(七)传统技艺(共计 26 项)

序号	编号	项目名称	申报地区或单位
330	JSⅦ-91	传统绳带编制技艺	泰州市高港区
331	JSⅦ-92	吴罗织造技艺(四经绞罗织造技艺、纱罗织造技艺)	苏州市工业园区、吴中区
332	JSⅦ-93	传统鸟笼制作技艺(扬派雀笼传统制作技艺、苏派鸟笼制作技艺)	扬州市,苏州市姑苏区

序号	编号	项目名称	申报地区或单位
333	JSⅦ-94	古籍修复技艺	南京大学图书馆
334	JSⅦ-95	高港宫灯制作技艺	泰州市高港区
335	JSⅦ-96	皮毛制作技艺	南京市江宁区
336	JSⅦ-97	宜兴龙窑烧制技艺	宜兴市
337	JSⅦ-98	宜兴陶传统仓储技艺	宜兴市
338	JSⅦ-99	青铜失蜡铸造技艺	苏州市相城区、姑苏区,苏州工艺美术职业技术学院
339	JSⅦ-100	草编(下邳蒲扇编织技艺、新沂蓑衣编织技艺、射阳草编技艺)	睢宁县、新沂市、射阳县
340	JSⅦ-101	锡帮菜烹制技艺	无锡市
341	JSⅦ-102	苏帮菜烹制技艺	苏州市
342	JSⅦ-103	淮帮菜烹制技艺	淮安市
343	JSⅦ-104	京苏大菜烹制技艺	南京市鼓楼区
344	JSⅦ-105	淮安全鳝席烹制技艺	淮安市
345	JSⅦ-106	太湖船菜	无锡市
346	JSⅦ-107	太湖船点	无锡市梁溪区
347	JSⅦ-108	清水油面筋	无锡市新吴区
348	JSⅦ-109	何首乌粉制作技艺	滨海县
349	JSⅦ-110	高邮咸鸭蛋制作技艺	高邮市
350	JSⅦ-111	羊肉烹制技艺(藏书羊肉制作技艺、码头汤羊肉烹饪技艺)	苏州市吴中区、淮安市淮阴区
351	JSⅦ-112	酱油酿造技艺(浦楼白汤酱油酿造技艺、华士冰油酿造技艺)	淮安市清浦区、江阴市
352	JSⅦ-113	永和园面点制作技艺	南京市秦淮区
353	JSⅦ-114	安乐园清真小吃制作技艺	南京市秦淮区
354	JSⅦ-115	王兴记小吃	无锡市梁溪区
355	JSⅦ-116	共和春小吃制作技艺	扬州市广陵区

(八)传统医药(共计18项)

序号	编号	项目名称	申报地区或单位
356	JSⅧ-19	常州屠氏中医内科疗法	常州市钟楼区
357	JSⅧ-20	然字门内科中医术	扬州市
358	JSⅧ-21	春字门内科中医术	扬州市
359	JSⅧ-22	龙砂医学诊疗方法	无锡市

序号	编号	项目名称	申报地区或单位
360	JSⅧ-23	张简斋中医温病医术	南京市秦淮区
361	JSⅧ-24	万寿堂胃病疗法	灌南县
362	JSⅧ-25	中医肝病疗法(肝胆疾病中医外治法、汤氏肝病疗法)	江阴市、宜兴市
363	JSⅧ-26	朱氏诊法(咽喉诊、脐腹诊)	江阴市
364	JSⅧ-27	金陵洪氏眼科	南京市秦淮区
365	JSⅧ-28	吴氏疗科	苏州市吴中区
366	JSⅧ-29	金陵中医推拿术	南京市秦淮区
367	JSⅧ-30	针灸(陈氏针灸、朱氏针灸疗法、宋氏耳针)	泰州市姜堰区,扬州市,苏州市姑苏区
368	JSⅧ-31	金陵杨氏中药炮制技艺	南京市秦淮区
369	JSⅧ-32	骨康外敷药酒炮制技艺	淮安市清河区
370	JSⅧ-33	黄氏玉容丸制作技艺	如皋市
371	JSⅧ-34	传统中医膏方制作技艺(雷允上膏方制作技艺)	苏州市
372	JSⅧ-35	益肾蠲痹法治疗风湿病技术	南通市开发区
373	JSⅧ-36	梨膏糖制作技艺	无锡市梁溪区

(九)传统体育、游艺与杂技(共计7项)

序号	编号	项目名称	申报地区或单位
374	JSⅨ-8	太极拳(孙氏太极拳)	镇江市
375	JSⅨ-9	史式八卦掌	溧阳市
376	JSⅨ-10	刘氏自然拳	连云港市连云区
377	JSⅨ-11	形意拳	灌云县
378	JSⅨ-12	江南船拳	苏州市
379	JSⅨ-13	六步架大洪拳	丰县
380	JSⅨ-14	十五巧板	扬州市邗江区

(十)民俗(共计12项)

序号	编号	项目名称	申报地区或单位
381	JSⅩ-16	中秋节(扬州中秋拜月)	扬州市
382	JSⅩ-17	虞山三月三报娘恩	常熟市
383	JSⅩ-18	邓尉探梅	苏州市吴中区
384	JSⅩ-19	吴桥社火	扬州市江都区

序号	编号	项目名称	申报地区或单位
385	JSⅩ-20	渔沟花鼓会	淮安市淮阴区
386	JSⅩ-21	上鹞灯	常熟市
387	JSⅩ-22	雨花石鉴赏习俗	南京市,南京市六合区
388	JSⅩ-23	淮北盐民习俗	连云港市
389	JSⅩ-24	江苏省菱塘回回习俗	高邮市
390	JSⅩ-25	扬中河豚食俗	扬中市
391	JSⅩ-26	徐州伏羊食俗	徐州市
392	JSⅩ-27	沛县汉宴十大碗食俗	沛县

省级非物质文化遗产代表性项目名录扩展项目名录(共计67项)

(一)民间文学(共计4项)

序号	编号	项目名称	申报地区或单位
2	JSⅠ-2	梁祝传说	南京市高淳区
6	JSⅠ-6	吴歌(白洋湾山歌、阳澄渔歌、昆北民歌、石湾山歌)	苏州市姑苏区、苏州市相城区、昆山市、常熟市
7	JSⅠ-7	宝卷(吴地宝卷)	常熟市、张家港市
144	JSⅠ-28	谜语(无锡灯谜、淮安灯谜、平望灯谜、南通灯谜)	无锡市、淮安市,苏州市吴江区,南通市

(二)传统音乐(共计6项)

序号	编号	项目名称	申报地区或单位
8	JSⅡ-1	吟诵调(苏州吟诵、苏州吟诵)	苏州市,太仓市
11	JSⅡ-4	民歌(六合民歌、兴化民歌、通东民歌、牛歌)	南京市六合区、兴化市、海门市、阜宁县
16	JSⅡ-9	江南丝竹	昆山市
21	JSⅡ-14	十番音乐(十番锣鼓、木渎十番)	宜兴市、苏州市吴中区
148	JSⅡ-21	宜兴丝弦	宜兴市
150	JSⅡ-23	锣鼓乐(东浦丝弦锣鼓、洋渚圣旨锣鼓、新沂锣鼓)	常州市金坛区、溧阳市、新沂市

(三)传统舞蹈(共计6项)

序号	编号	项目名称	申报地区或单位
31	JSⅢ-8	龙舞(陆家段龙舞)	昆山市
37	JSⅢ-14	渔篮花鼓	无锡市锡山区
152	JSⅢ-17	花船舞(三河花船)	洪泽县

序号	编号	项目名称	申报地区或单位
153	JSⅢ-18	莲湘（甪直连厢）	苏州市吴中区
154	JSⅢ-19	高跷（竹镇高跷、临泽高跷）	南京市六合区、高邮市
161	JSⅢ-26	灯舞（常熟滚灯、春城马灯阵舞、马灯阵舞）	常熟市、句容市、镇江市润州区

（四）传统戏剧（共5项）

序号	编号	项目名称	申报地区或单位
41	JSⅣ-4	锡剧	江阴市、宜兴市、张家港市
42	JSⅣ-5	淮剧	涟水县、兴化市
45	JSⅣ-8	淮海戏	灌云县
46	JSⅣ-9	童子戏	沭阳县
169	JSⅣ-13	常州滑稽戏	常州市

（五）曲艺（共计5项）

序号	编号	项目名称	申报地区或单位
49	JSⅤ-1	苏州评弹	无锡市
50	JSⅤ-2	常州评话	常州市
54	JSⅤ-6	苏北琴书	沭阳县
56	JSⅤ-8	邳州大鼓	邳州市
177	JSⅤ-13	小热昏	无锡市梁溪区、宜兴市

（六）传统美术（共计8项）

序号	编号	项目名称	申报地区或单位
57	JSⅥ-1	年画（南通木版年画）	南通市
63	JSⅥ-7	苏绣（苏州发绣）	苏州市姑苏区
70	JSⅥ-14	玉雕（苏州玉雕、徐州玉雕、邳州玉雕）	苏州市吴中区、徐州市鼓楼区、邳州市
74	JSⅥ-18	竹刻（金陵竹刻）	南京市玄武区
76	JSⅥ-20	泥塑（孤山泥狗子、邳州泥玩具、南京泥人、太平泥叫叫）	靖江市、邳州市、南京市玄武区、镇江市京口区
78	JSⅥ-22	灯彩（南通灯彩）	南通市
182	JSⅥ-31	象牙雕刻（仿古牙雕、仿古牙雕）	南京市秦淮区、江宁区
257	JSⅥ-34	木雕（苏州红木雕刻、佛像雕刻、常州红木浅刻、泰州木雕）	苏州市，苏州市吴中区、常州市武进区、泰州市高港区

（七）传统技艺（共计 21 项）

序号	编号	项目名称	申报地区或单位
84	JSⅦ-4	缂丝织造技艺（苏州缂丝织造技艺、南通缂丝织造技艺）	苏州市相城区，南通市
86	JSⅦ-6	传统建筑营造技艺（香山帮传统建筑营造技艺、徐州民居传统营造技艺）	常熟市、徐州市云龙区
87	JSⅦ-7	传统砖瓦制作技艺	昆山市、苏州市相城区
88	JSⅦ-8	南京金箔锻制技艺	南京市江宁区
89	JSⅦ-9	家具制作技艺（明式家具制作技艺、通作家具制作技艺、精细木作技艺）	常州市，苏州市吴中区，南通市，南通市崇川区、句容市、扬州市广陵区、江阴市
90	JSⅦ-10	苏州漆器制作技艺	苏州市
98	JSⅦ-18	民族乐器制作技艺（扬中箫笛制作技艺、赵氏二胡制作技艺、柳琴制作技艺）	扬中市、丹阳市，徐州市
103	JSⅦ-23	传统木船制作技艺（七桅古船制作技艺、古船制作技艺）	苏州市吴中区、常熟市
107	JSⅦ-27	酿醋技艺（恒升香醋酿造技艺）	丹阳市
108	JSⅦ-28	酿造酒酿造技艺（樱桃酒酿造技艺、糯米陈酒酿制技艺、黑杜酒酿造技艺）	连云港市，海安县、江阴市
109	JSⅦ-29	蒸馏酒酿造技艺（泰州白酒酿造技艺、丰县泥池酒酿制技艺、沛县酿酒技艺）	泰州市高港区、丰县、沛县
110	JSⅦ-30	南京板鸭盐水鸭制作技艺	南京市
187	JSⅦ-35	传统棉纺织技艺（雷沟大布制作技艺、丰县棉纺织技艺）	张家港市、丰县
191	JSⅦ-39	毛笔制作技艺（徐氏毛笔制作技艺）	南京市浦口区
196	JSⅦ-44	柳编（盐都柳编）	盐城市盐都区
199	JSⅦ-47	配制酒制作技艺（窑湾绿豆烧）	新沂市
200	JSⅦ-48	绿茶制作技艺（雨花茶制作技艺）	南京市玄武区
202	JSⅦ-50	糕点制作技艺（阜宁大糕制作技艺、惠山油酥制作技艺）	阜宁县、无锡市梁溪区
208	JSⅦ-56	素食制作技艺（鸡鸣寺素食制作技艺）	南京市玄武区
212	JSⅦ-60	酱菜制作技艺（甪直萝卜制作技艺）	苏州市吴中区
219	JSⅦ-67	汤面制作技艺（东台鱼汤面制作技艺）	东台市

(八)传统医药(共计 8 项)

序号	编号	项目名称	申报地区或单位
113	JSⅧ-2	膏药制作技艺(蒋氏骨伤膏药制作技艺、邱氏烫伤膏制作、徐州祛腐生肌膏医药、吴氏膏药)	涟水县、兴化市,徐州市,盐城市亭湖区
283	JSⅧ-7	丁氏痔科医术(无锡丁氏痔科疗法)	无锡市
284	JSⅧ-8	黄氏喉科疗法	无锡市
286	JSⅧ-10	周氏妇科疗法	江阴市
289	JSⅧ-12	儿科疗法(塘桥陆氏中医儿科、谦字门儿科中医术、兴化史氏中医幼科疗法)	张家港市,扬州市,兴化市
290	JSⅧ-14	骨伤疗法(常州朱氏伤骨科疗法、刘氏骨伤疗法)	常州市天宁区,无锡市
291	JSⅧ-15	正骨疗法(谢氏正骨疗法、许氏正骨疗法)	江阴市、泰州市姜堰区
292	JSⅧ-16	接骨术(张氏接骨)	南京市浦口区

(九)传统体育、游艺与杂技(共计 1 项)

序号	编号	项目名称	申报地区或单位
227	JSⅨ-4	摚石锁(无锡花样石锁、海陵摚石锁、姜堰摚石锁)	无锡市新吴区、泰州市海陵区、泰州市姜堰区

十、民俗(共计 3 项)

序号	编号	项目名称	申报地区或单位
118	JSⅩ-2	元宵节(新安灯会、马庄灯俗、方巷走北习俗、沙沟游走灯会)	灌南县、徐州市贾汪区、南京市六合区、兴化市
120	JSⅩ-4	庙会(妈祖祭、杨桥庙会、圣堂庙会、茅山东岳庙会、彭祖庙会、泰山庙会)	太仓市、常州市武进区、苏州市相城区、兴化市、徐州市铜山区、徐州市泉山区
233	JSⅩ-11	海州湾渔俗	连云港市

数据篇

2016 年江苏省分市分行业地区生产总值

（本表按当年价格计算，单位：亿元）

行　　业	南　京	无　锡	徐　州	常　州	苏　州	南　通	连云港	淮　安	盐　城	扬　州	镇　江	泰　州	宿　迁	总　计
地区生产总值	10 503.02	9 210.02	5 808.52	5 773.86	15 475.09	6 768.20	2 376.48	3 048.00	4 576.08	4 449.38	3 833.84	4 101.78	2 351.12	78 275.39
按三次产业分														
第一产业	252.54	135.19	542.88	152.67	221.81	366.66	301.56	324.61	533.91	251.39	137.78	240.00	275.23	3 736.23
第二产业	4 117.32	4 346.78	2 513.85	2 682.46	7 277.46	3 170.30	1 049.90	1 268.15	2 050.02	2 197.63	1 870.40	1 933.89	1 139.97	35 618.13
第三产业	6 133.16	4 728.05	2 751.79	2 938.73	7 975.82	3 231.24	1 025.02	1 455.24	1 992.15	2 000.36	1 825.66	1 927.89	935.92	38 921.03
按行业分														
农、林、牧、渔业	265.02	154.74	563.19	163.03	247.02	401.08	321.08	330.91	565.86	266.59	157.88	248.99	282.26	3 967.65
农业	164.51	91.00	385.97	98.31	117.36	207.73	168.36	227.21	280.78	142.17	92.50	156.58	179.70	2 312.18
林业	13.90	10.57	10.89	1.00	13.33	2.67	8.74	8.13	16.96	6.09	5.46	2.40	10.93	111.07
畜牧业	18.54	13.39	119.35	14.46	16.22	64.59	50.82	54.45	135.45	31.78	17.21	39.39	38.84	614.49
渔业	55.59	20.23	26.67	38.90	74.91	91.67	73.64	34.82	100.72	71.35	22.61	41.63	45.76	698.5
农、林、牧、渔服务业	12.48	19.55	20.31	10.36	25.21	34.42	19.52	6.30	31.95	15.20	20.10	8.99	7.03	231.42
工业	3 581.72	3 977.58	2 122.58	2 428.84	6 709.02	2 633.06	851.82	1 071.99	1 771.68	1 925.92	1 728.00	1 679.83	976.89	31 458.93
采矿业	11.35	0.80	128.69	3.75	2.43	0.00	7.67	35.60	9.53	65.44	11.82	0.00	5.69	282.77
制造业	3 467.25	3 833.20	1 933.43	2 371.91	6 521.38	2 547.23	792.14	1 000.08	1 726.56	1 814.37	1 658.97	1 658.63	958.82	30 283.97
电力、热力、燃气及水生产和供应业	103.12	143.58	60.46	53.18	185.21	85.83	52.01	36.31	35.59	46.11	57.21	21.20	12.38	892.19
建筑业	537.06	369.68	393.60	254.20	569.78	539.40	198.08	196.70	280.77	272.30	142.40	255.40	163.48	4 172.85
批发和零售业	1 174.06	1 460.27	825.76	791.99	2 047.44	720.40	231.59	241.99	452.60	316.40	380.62	303.05	196.43	9 142.6

续表

行　　业	南京	无锡	徐州	常州	苏州	南通	连云港	淮安	盐城	扬州	镇江	泰州	宿迁	总计
交通运输、仓储和邮政业	306.21	195.19	414.78	194.83	478.02	229.08	102.76	106.20	165.75	149.14	142.46	190.42	83.95	2 758.79
住宿和餐饮业	183.00	259.90	110.60	140.50	439.43	146.61	32.18	83.05	66.09	71.12	81.58	94.65	43.22	1 751.93
信息传输、软件和信息技术服务业	746.87	210.42	83.36	125.60	390.91	128.40	34.92	53.68	76.70	98.77	73.50	72.32	55.19	2 150.64
金融业	1 241.76	686.76	279.53	341.94	1 333.77	435.51	106.71	121.84	213.30	234.85	220.00	214.06	107.87	5 537.9
房地产业	711.47	467.49	221.86	328.68	1 015.15	490.37	146.81	239.36	283.89	274.08	275.74	293.09	146.90	4 894.89
租赁和商务服务业	338.74	444.38	113.34	329.55	668.57	242.86	63.99	133.24	76.55	246.83	106.00	171.45	49.97	2 985.47
科学研究和技术服务业	347.12	87.93	57.63	71.55	216.47	88.03	15.47	22.09	26.49	68.66	72.29	33.07	5.87	1 112.67
水利、环境和公共设施管理业	65.05	54.65	22.38	108.03	94.83	29.61	13.42	24.76	25.66	36.96	27.92	30.24	7.72	541.23
居民服务、修理和其他服务业	136.97	179.59	174.37	114.30	200.15	142.54	11.89	82.13	131.64	56.67	62.30	105.95	24.19	1 422.69
教育	324.07	193.43	130.42	112.59	359.60	180.19	92.27	108.01	126.73	136.60	96.18	100.47	71.00	2 031.56
卫生和社会工作	150.00	95.53	150.92	52.05	236.35	104.35	37.92	63.64	89.65	72.79	63.37	61.03	30.85	1 208.45
文化、体育和娱乐业	101.85	92.28	17.95	92.23	73.03	49.67	7.95	27.62	21.18	27.47	68.20	34.97	10.40	624.8
公共管理、社会保障和社会组织	292.05	280.20	126.28	123.95	395.55	207.04	107.62	140.79	201.54	194.23	135.40	212.79	94.93	2 512.37

2016 年江苏省分地区分行业城镇单位从业人员数

（单位：万人）

项　目	南京	无锡	徐州	常州	苏州	南通	连云港	淮安	盐城	扬州	镇江	泰州	宿迁	总计
总　计	205.19	113.34	99.82	68.50	288.69	205.34	47.48	68.75	87.43	102.13	47.97	110.00	48.58	1 493.22
按登记注册类型分														
国有单位	49.86	19.73	34.88	15.98	29.59	20.58	15.80	16.52	23.94	17.91	13.78	14.76	12.60	285.93
城镇集体单位	2.22	4.81	3.50	1.41	4.34	2.33	2.25	1.93	2.06	2.45	1.60	2.86	0.59	32.35
其他单位	153.10	88.81	61.45	51.11	254.76	182.44	29.42	50.29	61.42	81.78	32.58	92.38	35.40	1174.94
内资单位	113.71	42.07	53.78	23.25	71.32	149.45	23.38	37.88	51.47	66.66	18.74	79.76	28.33	759.8
股份合作单位	0.47	0.37	0.17	0.14	0.5	0.59	0.23	0.2	0.19	0.14	0.11	0.26	0.27	3.64
联营单位	0.17		0.06	0.03	0.04	0.10	0.03	0.06	0.01	0.25	0.20	0.02		0.97
有限责任公司	89.20	28.81	41.05	16.57	47.93	113.71	18.17	30.44	40.45	47.82	12.58	70.45	19.74	576.92
股份有限公司	21.14	12.27	11.86	6.00	21.49	33.71	4.47	6.60	9.81	17.38	5.04	8.27	6.97	165.01
其他	2.72	0.62	0.63	0.51	1.36	1.35	0.48	0.58	1.00	1.07	0.81	0.76	1.36	13.25
港、澳、台商投资单位	12.30	14.36	4.17	13.95	57.59	12.87	2.21	8.57	3.94	8.11	7.70	4.42	5.39	155.58
外商投资单位	27.10	32.37	3.50	13.91	125.85	20.12	3.83	3.84	6.02	7.00	6.15	8.21	1.68	259.58
按企业、事业、机关分														
企业	169.22	95.51	73.64	54.46	260.71	186.57	34.28	54.65	68.54	88.18	36.53	96.88	37.73	1256.9
事业	27.36	13.23	18.91	10.31	19.53	13.55	9.74	10.67	13.49	9.13	7.70	9.43	8.12	171.17
机关	7.67	4.54	7.07	3.71	6.51	5.01	3.38	3.27	5.22	4.59	3.64	3.47	2.56	60.64
按国民经济行业分														
农、林、牧、渔业	0.16	0.14	1.36	0.05	0.02	0.54	0.80	0.51	1.67	0.03	0.08	0.18	0.05	5.59
采矿业	0.10		5.84		0.05		0.70	0.37	0.14	0.88	0.10		0.22	8.4

续表

项　目	南京	无锡	徐州	常州	苏州	南通	连云港	淮安	盐城	扬州	镇江	泰州	宿迁	总计
制造业	48.44	62.51	22.47	32.79	200.77	46.63	10.79	21.82	24.02	26.73	23.90	29.01	17.53	567.41
电力、热力、燃气及水生产和供应	1.70	1.00	0.85	0.57	1.42	0.84	0.66	0.52	0.72	0.66	0.64	0.57	0.41	10.56
建筑业	40.44	9.11	26.94	7.63	12.00	119.30	10.08	22.10	28.80	47.86	4.18	55.31	13.03	396.78
批发和零售业	18.21	5.07	3.57	2.04	10.44	3.74	1.88	1.76	2.46	1.71	1.43	2.54	1.28	56.13
交通运输、仓储和邮政	14.32	3.10	4.73	2.02	7.17	2.96	3.12	1.99	2.84	2.47	1.25	2.71	0.96	49.64
住宿和餐饮业	4.71	2.19	0.48	1.63	3.79	0.55	0.25	0.50	0.84	0.88	0.49	0.38	0.21	16.9
信息传输、软件和信息技术服务业	14.15	2.66	0.69	0.68	3.87	0.94	0.55	0.60	0.65	0.99	0.39	0.70	0.45	27.32
金融业	4.44	3.94	2.68	2.37	6.19	4.42	2.37	1.90	3.06	1.79	1.93	2.29	0.69	38.07
房地产业	5.44	2.01	1.07	0.87	5.64	1.21	0.46	1.02	1.07	1.07	1.03	0.84	0.51	22.24
租赁和商务服务业	7.93	1.52	2.04	1.88	4.38	3.30	1.53	0.91	1.61	1.62	0.98	1.39	0.33	29.42
科学研究、技术服务业	8.20	1.59	1.12	1.12	2.56	1.88	0.77	0.52	0.76	1.28	0.92	0.88	0.20	21.8
水利、环境和公共设施管理业	2.35	1.07	1.50	1.13	1.99	1.13	0.96	1.05	1.07	0.77	0.81	0.69	0.93	15.45
居民服务、修理和其他服务业	0.79	0.40	0.14	0.06	0.65	0.17	0.27	0.15	0.26	0.15	0.05	0.10	0.01	3.2
教育	14.82	6.65	10.49	5.54	10.14	7.69	5.19	6.27	7.37	6.02	3.81	4.98	6.01	94.98
卫生和社会工作	6.71	4.32	5.74	3.20	6.74	4.11	2.54	2.41	3.70	2.56	2.19	2.93	2.31	49.46
文化、体育和娱乐业	2.68	0.65	0.46	0.80	0.90	0.36	0.20	0.26	0.50	0.39	0.29	0.23	0.14	7.86
公共管理、社会保障和社会组织	9.61	5.40	7.63	4.11	9.95	5.56	4.37	4.09	5.88	4.26	3.51	4.26	3.31	71.94

2016 年江苏省分地区分行业规模以上文化及相关产业企业基本情况

项　目	南京	无锡	徐州	常州	苏州	南通	连云港	淮安	盐城	扬州	镇江	泰州	宿迁	总　计
规模以上文化制造业企业基本情况														
企业单位数(个)	155	294	104	301	455	369	157	126	186	158	184	114	233	2 836
年末从业人员(人)	34 376	80 158	19 768	100 782	220 038	81 784	22 747	21 832	38 016	39 103	40 507	19 138	36 809	755 058
资产总计(万元)	2 734 732	7 139 196	999 357	6 042 404	20 823 800	4 572 938	1 252 090	1 133 106	2 520 236	1 714 227	4 917 973	1 307 629	1 936 626	57 094 315
营业收入(万元)	9 559 842	10 563 952	2 894 532	8 274 048	22 198 264	8 171 106	2 948 777	3 607 264	4 688 420	4 654 577	5 593 325	3 478 459	2 894 534	89 527 099.6
营业利润(万元)	300 892	555 024	259 297	647 484	1 397 218	561 649	213 913	206 900	252 949	305 159	361 008	265 999	231 206	5 558 698.5
限额以上文化批发和零售业企业基本情况														
企业单位数(个)	207	87	156	111	151	113	42	37	117	38	45	51	26	1 181
年末从业人员(人)	31 791	4 508	5 085	6 091	9 632	3 153	1 100	910	2 304	997	1 022	1 838	1 762	70 193
资产总计(万元)	13 812 926	932 780	293 976	533 772	1 458 851	272 747	124 934	91 168	192 936	138 229	132 701	171 695	598 604	18 755 317.3
营业收入(万元)	19 568 045	2 219 190	836 479	1 923 999	3 633 631	493 018	281 449	209 279	433 038	171 112	479 733	376 670	425 435	31 051 077.6
营业利润(万元)	271 359	22 365	65 920	108 000	75 407	36 145	9 729	20 530	41 471	6 999	27 855	17 913	69 796	773 488.4
重点文化服务业企业基本情况														
企业单位数(个)	965	249	158	441	416	360	46	199	230	131	156	126	84	3 561
年末从业人员(人)	126 757	32 539	10 662	65 914	64 553	19 254	4 570	7 973	11 730	10 294	9 159	11 105	5 491	380 001
资产总计(万元)	19 740 381	7 587 070	1 018 586	7 816 863	7 515 767	2 018 305	540 061	464 889	892 776	905 297	2 770 892	1 250 388	665 965	53 187 239.6
营业收入(万元)	11 028 138	2 184 342	418 316	3 065 856	3 183 813	970 246	132 089	505 817	428 510	302 273	599 930	473 895	304 406	23 597 629.4
营业利润(万元)	781 363	211 342	43 707	472 481	216 697	60 498	6 089	46 688	57 125	8 505	86 234	31 044	26 879	2 048 651.1

2016 年江苏省各地区文化部门文化产业增加值综合情况

单位名称	总产出（千元）	中间消耗（千元）	增加值（千元）	劳动者报酬（千元）	生产税净额（千元）	固定资产折旧（千元）	营业盈余（千元）
总　　计	15 210 812	8 870 163	6 340 649	3 631 540	45 275	634 706	2 029 128
省　　级	911 576	425 235	486 341	393 658	15 583	73 214	3 886
南　京　市	986 595	497 032	489 563	438 545	5 846	40 685	4 487
无　锡　市	758 643	350 166	408 477	284 252	4 888	109 228	10 109
徐　州　市	357 173	73 383	283 790	244 196	639	35 135	3 820
常　州　市	7 993 900	5 759 060	2 234 840	224 424	1 675	29 888	1 978 853
苏　州　市	1 676 756	817 491	859 265	722 380	6 311	124 949	5 625
南　通　市	382 838	113 441	269 397	223 144	1 293	44 433	527
连云港市	183 913	53 845	130 068	106 050	1 640	20 621	1 757
淮　安　市	360 710	144 200	216 510	184 747	465	30 505	793
盐　城　市	370 857	126 467	244 390	215 037	2 051	24 597	2 705
扬　州　市	421 381	158 076	263 305	227 655	1 521	32 436	1 693
镇　江　市	271 259	105 116	166 143	137 232	723	27 024	1 164
泰　州　市	295 005	114 362	180 643	158 158	393	20 188	1 904
宿　迁　市	240 206	132 289	107 917	72 062	2 247	21 803	11 805

2016 年各地区文化产业示范园区、基地其他文化企业机构综合情况

	机构数（个）	从业人员数（人）	资产、负债		损益利分配（千元）						实际使用建筑面积（万 M²）	实际拥有产权面积（万 M²）	增加值
			资产总计	负债合计	营业收入	营业成本	营业利润	营业外收入	营业外支出	利润总额			
江苏省	95	28 186	117 599 318	65 607 948	24 322 133	21 469 670	2 852 463	877 827	241 746	3 488 544	5 713.705	79.549	7 714 678
江苏省本级	7	1 327	1 030 350	300 775	724 331	736 286	-11 955	84 113	74 162	-2 004	7.402	3.762	74 266
南京市	8	427	3 764 940	2 270 715	378 511	305 158	73 353	19 547	1 664	91 236	36.696	0.280	193 257
无锡市	19	3 713	29 471 365	17 267 253	6 274 976	5 779 150	495 826	95 665	21 331	570 160	204.825	14.443	1 392 898
徐州市	11	1 225	930 622	570 799	378 820	351 965	26 855	3 145	328	29 672	29.812	7.776	90 911
常州市	11	3 886	27 433 321	14 771 506	9 790 172	8 265 218	1 524 954	467 811	18 384	1 974 381	153.562	0.300	3 061 567
苏州市	10	10 389	11 416 878	5 792 517	3 561 646	3 100 215	461 431	152 115	113 958	499 588	5 071.472	1.286	2 073 178
南通市	5	224	641 364	529 037	79 942	79 344	598	5 662	8	6 252	18.500	6.960	23 957
连云港市	1	60	59 340	27 160	44 266	32 083	12 183	50		12 233	0.300		18 183
淮安市	2	65	6 278	1 981	280	1 080	-800	55	2	-747	0.600	0.600	1 121
盐城市	2	96	709 396	625 706	3 270	5 037	-1 767	22 056	9 536	10 753	23.200	0.700	16 710
扬州市	4	1 928	2 696 159	1 062 234	776 312	738 505	37 807	6 856	80	44 583	23.871	16.717	155 736
镇江市	3	730	18 824 734	10 581 379	566 619	525 309	41 310	7 105	87	48 328	93.437		135 959
泰州市	7	2 887	20 192 293	11 642 539	1 019 470	937 140	82 330	12 819	2 187	92 962	18.061	6.651	298 232
宿迁市	5	1 229	422 278	164 347	723 518	613 180	110 338	828	19	111 147	31.967	20.074	178 703

2016年江苏省文化部门机构、从业人员综合年报

（单位：人）

| | 总计 | | | | | 按执行会计制度分类 | | | | | | 按单位所属部门分 | | | | | |
| | 机构数（个） | 从业人员数 | 专业技术人才 | | | 事业 | | | 企业 | | | 文化部门 | | | 其他部门 | | |
			正高级职称	副高级职称	中级职称	机构数（个）	从业人员数	专业技术人才	机构数（个）	从业人员数	专业技术人才	机构数（个）	从业人员数	专业技术人才	机构数（个）	从业人员数	专业技术人才
总　计	21 506	169 337	1 217	2 600	7 489	2 372	27 964	12 400	19 134	141 373	13 434	2 383	32 365	15 306	19 123	136 972	10 528
一、文化合计	2 248	56 083	1 054	2 270	6 503	1 960	20 428	9 948	288	35 655	10 966	2 073	26 252	13 195	175	29 831	7 719
公有制艺术表演团体	112	5 859	281	825	1 764	91	3 494	2 748	21	2 365	1 917	112	5 859	4 665			
公有制艺术表演场馆	119	3 446	33	41	222	24	419	142	95	3 027	811	93	2 045	460	26	1 401	493
公共图书馆	114	3 439	48	307	1 038	114	3 439	2 347				113	3 380	2 307	1	59	40
文化馆	113	2 144	47	210	803	113	2 144	1 705				113	2 144	1 705			
文化站	1 282	5 071				1 282	5 071	1 314				1 282	5 071	1 314			
艺术展览创作机构	77	734	91	117	209	77	734	575				76	730	573	1	4	2
艺术教育业	13	804	31	143	274	13	804	660				13	804	660			
文化科研机构	8	101	16	18	25	8	101	86				8	101	86			
文化行政主管部门	113	3 064				113	3 064					113	3 064				
其他文化机构	297	31 421	507	609	2 168	125	1 158	371	172	30 263	8 238	150	3 054	1 425	147	28 367	7 184
二、文物合计	426	7 805	163	330	986	412	7 536	2 452	14	269	83	310	6 113	2 111	116	1 692	424
博物馆	317	6 524	156	293	869	317	6 524	2 254				201	4 832	1 830	116	1 692	424

续表

| | 总计 | | | | | | 按执行会计制度分类 | | | | | | 按单位所属部门分 | | | | | |
	机构数(个)	从业人员数	专业技术人才	正高级职称	副高级职称	中级职称	事业 机构数(个)	从业人员数	专业技术人才	企业 机构数(个)	从业人员数	专业技术人才	文化部门 机构数(个)	从业人员数	专业技术人才	其他部门 机构数(个)	从业人员数	专业技术人才
文物保护管理机构	50	456	160	1	16	68	50	456	160				50	456	160			
文物科研机构	4	61	38	5	10	8	4	61	38				4	61	38			
文物商店	8	196	71		6	36				8	196	71	8	196	71			
其他文物机构	47	568	12	1	5	5	41	495		6	73	12	47	568	12			
三、市场合计	18 832	105 449	2 385							18 832	105 449	2 385				18 832	105 449	2 385
娱乐场所	7 345	48 464								7 345	48 464					7 345	48 464	
互联网上网服务营业场所(网吧)	9 941	29 037								9 941	29 037					9 941	29 037	
非公有制艺术表演团体	332	5 304	1 982							332	5 304	1 982				332	5 304	1 982
非公有制艺术表演场馆	104	2 350	403							104	2 350	403				104	2 350	403
经营性互联网文化单位	257	10 695								257	10 695					257	10 695	
艺术品经营机构	534	5 508								534	5 508					534	5 508	
演出经纪机构	319	4 091								319	4 091					319	4 091	

参考文献

[1] 成都市文化产业与人才建设研究课题组.文化产业的人才支撑体系研究——以成都为例[M].北京:科学出版社,2009.

[2] 池静娴.江苏影视产业现状及问题[J].传媒与发展,2016:39-40.

[3] 郭新茹,王洪涛.创新融合视角下中国高校文化产业人才培养模式研究——以南京师范大学为例[J].传播与版权,2016(11):164-166.

[4] 郝文军.非物质文化遗产传承人特点及其传承效果研究[J].商业时代,2013(7):145-146.

[5] 贺英.中国文化创意产业人才集聚影响因素的实证研究[D].湖南大学,2015.

[6] 胡惠林.变革与创新:2009 中国文化产业新突破[M].云南:云南大学出版社,2009.

[7] 胡长深.宿迁市文化产业发展中存在的问题及对策研究[J].市场经济与价格,2016(3):40-41.

[8] 黄鹭新,胡天新.艺术创意人才空间集聚的初步研究——以北京的艺术家集聚现象为主要研究案例[C].和谐城市规划—2007 年中国城市规划年会论文集,2007.

[9] 纪峰,王建彦,"互联网＋"时代文化产业创新浅议[J].合作经济与科技,2016,33(6S):50-51.

[10] 纪峰,王建彦.宿迁文化产业创新发展浅议[J].合作经济与科技,2016(12):45-46.

[11] 焦建俊.谱写江苏新闻出版广电工作新篇章[J].中国新闻出版广电报,2017:1-4.

[12] 焦眉.江苏影视产业与地域文化互动机理及优化调控[D].江苏师范大学,2017.

[13] 鞠肃.新闻出版业体制改革面临的问题及对策分析[J].新闻研究导刊,2016,7(11):269.

[14] 雷海涛.创意产业发展效率评价研究——以我国主要城市创意产业为例

[D].福州大学硕士学位论文,2011年.

[15] 刘天睿.北京市文化创意产业高端人才培养模式研究[D].中央民族大学,2012.

[16] 柳邦坤,樊晶晶.江苏淮河文化产业发展问题的探讨——以淮安为例[J].江苏商论,2016(4):55-58.

[17] 孟召宜,陈晓楚等.江苏动漫产业的地域文化特征及其嵌入性研究[J].中国文化产业评论,2016:220-241.

[18] 沈亚运.江苏文化创意产业现状与对策[J].重庆第二师范学院学报,2016,29(3):22-25.

[19] 石劲松.文化产业融合式发展路径初探——以镇江市广播电视台为例[J].现代企业文化,2016(30):139-140.

[20] 唐震,杨晓龙."十三五"南通文化产业发展面临的瓶颈及对策[J].南通职业大学学报,2016,30(2):40-44.

[21] 王登佐.盐城地域文化与文化产业发展研究[J].盐城工学院学报(社会科学版),2016,29(3):7-11.

[22] 徐伟,高芊芊."一带一路"背景下连云港市文化产业发展策略[J].连云港师范高等专科学校学报,2016,33(4):13-16.

[23] 喻丽君.杭州文化创意产业人才培养模式研究[D].浙江工业大学,2012.

[24] 张敬斋."互联网+"背景下徐州汉文化产业转型发展的战略思考[J].价值工程,2016,35(31):42-43.

[25] 张明磊.陕西省战略性新兴产业的人才发展研究[D].西安建筑科技大学,2012.

[26] 张胜冰.文化创意人才的地域集聚与环境要素的关系[J].福建论坛(人文社会科学版),2011.

[27] 赵智慧,夏胜洁.创意人才生存现状调查分析与对策研究——以杭州市为例[J].科技管理研究,2011(21):127-130.